U0515813

河南博物院学术文库

天地之中

——嵩山地区的文化观念

张得水　主编

文物出版社

图书在版编目（CIP）数据

天地之中：嵩山地区的文化观念／张得水主编．—北京：文物出版社，2018.12

ISBN 978-7-5010-5807-5

Ⅰ.①天… Ⅱ.①张… Ⅲ.①古建筑-文化遗产-登封 Ⅳ.①K928.71

中国版本图书馆CIP数据核字（2018）第249527号

天地之中

——嵩山地区的文化观念

主　　编：张得水

责任编辑：智　朴
责任印制：张　丽

出版发行：文物出版社
地　　址：北京市东直门内北小街2号楼
邮　　编：100007
网　　址：http://www.wenwu.com
邮　　箱：web@wenwu.com
经　　销：新华书店
印　　刷：北京京都六环印刷厂
开　　本：787mm×1092mm　1/16
印　　张：19
版　　次：2018年12月第1版
印　　次：2018年12月第1次印刷
书　　号：ISBN 978-7-5010-5807-5
定　　价：300.00元

本书版权独家所有，非经授权，不得复制翻印

河南博物院学术文库
编辑委员会

主 任 委 员： 万　捷　马萧林

副主任委员： 丁福利　葛聚朋　张得水　信木祥

委　　　员：（以姓氏笔画为序）

丁福利　万　捷　马萧林　王景荃

刘　康　李　琴　张建民　张得水

单小明　武　玮　林晓平　信木祥

郭灿江　曹汉刚　葛聚朋　翟红志

序

前不久收到张得水先生发给我的《天地之中——嵩山地区的文化观念》书稿，嘱我为其作序。我读了这部书稿之后，深感其份量之重、体系之完备，在同类书中是颇具特色的。

本书的核心是“中”，此“中”是相对国家空间“东西南北”之“四方”而言的。就中国历史文化来说，我们世世代代生存的这一“空间”，从“东西南北”之“四方”，发展为“东西南北中”之“五方”的认知，实际上是经过了一个相当长时期的历史发展过程。这与“文明形成”“国家出现”直接相关，可以说没有“中”的“凝聚”理念，就谈不到中华文明的形成与“国家”的出现，就不能维系“多元文化”的“一体”，更不能形成“中华五千年不断裂文明”。

古人把“中”与“山”相连，这因为“国家”又称“江山”“山河”，国家“空间”凝聚在“山”，是因为“山”是“江山”与“山河”的同类项，是国家的象征，因此帝王去世被称为“驾崩”，“崩”为山之溃，可以说“山”也成为人格化的帝王之象征，如秦始皇陵称为“骊山”、汉高祖陵墓称为“长山”（又称“长陵”）等。

“江山”即“天下”，“得中原者得天下”的成语说明“天下”被中国古人认为就是国家。“天下”的载体是“天”和“地”，所谓“天”在上，“地”在下，把“天”与“地”结为一体，是古老中国人的哲学、政治智慧。而“天”与“地”各自的“中”，是“天地”的最佳结合点。古人认为“天”之“中”即“北斗星”，“地”之“中”是以“北斗星”为坐标的天地之间的直线决定的，而这一直线的确认是先民通过“圭表”等古老“天文仪器”完成的。

中华先民寻找“地”之“中”有着久远历史，从考古发现来看，早在6400多年前的河南濮阳西水坡45号墓发现的人骨左右两侧分别置放的蚌壳堆塑龙与虎及逝者足下摆放的人骨之北斗形状，学者研究认为这一场景是古人寻找“地中”的物化佐证。

更新的资料是出土文献《清华简 · 保训篇》的竹简记载，我们祖先对“中”

的追求，早在“五帝时代”已经成为国家政治任务，“五帝”之一的虞舜“求中”之地就在历山，学者研究认为历山在今豫东北的濮阳与鲁西南的菏泽一带，到了东周时期的经商之人还认为“陶为天下之中”，此处之“陶”即今菏泽一带。虞舜之后的夏禹结束了“五帝时代”，开启中国历史上的“王国时代”。根据《清华简 · 保训篇》记载，四千多年前，商汤的六世祖上甲微就受命夏禹，为其“求中”于“嵩山”，形成了“天地之中”。就“地”之空间而言，“地”的“东西南北”之“四方”变成“东西南北中”的“五方”。这也就奠定了此后中华文明的“天地之中”。

考古发现进一步也佐证了《清华简 · 保训篇》关于上甲微为夏禹“求中”于嵩山的记载，如：嵩山所在地之登封王城岗遗址被考古学界一般认为就是历史文献记载的“禹都阳城”；“大嵩山”地区考古发现的新密新砦城址、偃师二里头遗址等被认为是夏代中晚期都城遗址。“大嵩山”地区早商的郑州商城遗址、偃师商城遗址考古发现，又说明夏代开创“嵩山”为“天地之中”的观念被商代继承。三千年前的西周青铜器“何尊”铭文的“宅兹中国”，更被西周统治者作为国家的重要政治理念，并为此后历代王朝所继承。东周时代提出的“择中建国（都）”“择中建宫（宫庙）”，以及至中古时代晚期大金王朝的海陵王建都燕京，而认为“燕京乃天地之中”，其都城之名曰“中都”，可见“天地之中”理念的延续与发展，表现了“中”的理念成为世世代代为中华各个族属所共同遵守的最高“准则”，形成一代又一代的代代相传的“华风”。

从遥远的古代形成的“大嵩山”地区作为国家的中心，已经不只是“国家地理”意义上的“中部”，更为重要的是成为国家政治理念上的“中”，即代表“国家”的“中”与“国家”的“东西南北”之政治、社会层面的“中正”“中和”与“公允”，这就从“形而上”奠定了中华五千年不断裂文明的基本支撑“国家大一统”主导思想。因此“宅兹中国”使中华历史文化的核心观念凝聚于“中”。继“宅兹中国”之后，在中华文化中出现的“五岳”，是按照“东西南北中”定位的，而“嵩山”因夏商周均以大嵩山地区为“择中建国（都）”之地，嵩山理所当然成为“五岳”之“中岳”，也就是“天地之中”。

据上所述，可以说“嵩山”的“天地之中”确立，与中国历史上的夏商周“王国时代”出现、中华五千年不断裂文明的“中和”核心理念的形成是同步的，“嵩山”的“天地之中”使中华大地的“东夷”“西戎”“南蛮”“北狄”与“中原”融为一体，形成中华文明生生不息的“中和”政治价值观，而“中和”的核心是“中”，“中”是中华民族的“立国”之本、之根，“中”是“和”的保证。

“嵩山”之“天地之中”的确立，又使国家“大传统”的“物化载体”汇聚于此，它们从不同方面反映了与“中”密切相关的各类物化载体遗存，得水先生主编的《天地之中——嵩山地区的文化观念》中对此进行了深入、全面而有说服力的阐述，如意识形态领域的儒教之嵩阳书院、佛教禅宗祖庭的少林寺、道教第六洞天之中岳庙等。它们集聚于嵩山是因嵩山是“天地之中”，汇聚于“中”反映了“中”的凝聚力及对“中”的认同。

《天地之中——嵩山地区的文化观念》通过嵩山地区上述及当地更为丰富的古代历史物化载体遗存的研究，进一步指出，现存中国历史上最早的古代“观星台”建筑（元代），它应是“周公测影”天文设施的延续，而“周公测影”又是“宅兹中国”的“科学支撑”。“宅兹中国”通过“五岳”及“中岳嵩山”认定，进一步确认了“中国”之“中”，也就是“天地之中”。又如：太室阙、少室阙、启母阙与中国古代“汉式佛教”的杰出遗存嵩岳寺塔、会善寺、少林寺等古代建筑，它们均与“中”密切相关，均因嵩山“正气居六合之中”（《唐嵩岳少林寺碑》）、“嵩高得天下之中也”（《会善寺戒坛记》）而创建于此。

本书的文化观念的实质是“中”在中国历史文化的核心地位。中国历史证明，正是“中”的核心观念保障了“中华五千年不断裂文明”的延续与发展，也正是“中”使中国作为世界上的泱泱大国，几千年来统一成为国家历史发展的主流。回溯世界史的发展，当东罗马灭亡之后，欧洲形成至今的几十个国家，我们更应该看到嵩山的“天地之中”之“中”的观念之提出，是国家认同的重要思想基础。中华民族的“和合”思想则是“中”的有机组成部分，“中”与“和”形成的“中和”理念就是中华民族的历史文化的核心价值观，“中和”观念作为中国历史的核心文化，作为继承中国优秀历史文化传统当代中华民族，“中”与“中和”观念又是现实的。从这一角度来说，《天地之中——嵩山地区的文化观念》的重要学术意义是一目了然的！因此，我钦佩得水先生为奉献给时代与社会的这样一部好书！

刘庆柱

2018 年 12 月

目录

第一章

绪论

2010年8月1日，登封“天地之中”历史建筑群通过第34届世界遗产大会审议表决，成功列入《世界文化遗产名录》，成为中国第39处世界文化遗产。其中，“天地之中”观念是嵩山历史建筑群申报世界文化遗产的核心文化价值，也是对中国朴素宇宙观的高度概括。建筑群包括周公测景台和观星台、嵩岳寺塔、太室阙和中岳庙、少室阙、启母阙、嵩阳书院、会善寺、少林寺建筑群等8处11项优秀的历史建筑，从礼制、宗教、科技、书院等不同的文化层面诠释着“天地之中”这一古老而传统的文化观念，成为这一观念的重要物质载体。关于“天地之中”观念的起源与形成，已有相关的研究成果，如王邦维的《洛州无影与“天下之中”》[①]，关增建的《中国天文学史上的地中观念》[②]，李久昌的《周公“天下之中”建都理论研究》[③]等，分别从古人的天文观、有夏以来的建都理论等进行解析，丰富和廓清其文化内涵。同时随着资料的不断完善和研究的深入，我们也越来越深刻地认识到“天地之中”观念是多元文化融汇的结果，它既是一个自然地理概念，更是一个人文的观念，集中体现了嵩山地区、中原地区乃至中华文明发展的脉络，它的产生和发展一开始就与古人的天体结构学说、宗教意识形态、政治等密切相关。

一、嵩山地区的地理概念

嵩山位于河南省西部，东西横卧，雄峙中原，古时曾称外方、嵩高、崇高。西周时称“岳山”；周平王迁都洛阳后，定嵩山为“中岳”；唐武则天证圣元年（695年）封禅嵩山时，改中岳为神岳；五代后称中岳嵩山。嵩山属伏牛山系，主脉在登封境内，连绵60多公里，是黄河流域与淮河流域的分水岭。海拔最低为350米，最高处为1512米，主峰峻极峰1492米。太室、少室东西并峙，重峦叠嶂，风景秀丽，有嵩山七十二峰之说。据中外地质学家考察，在古老的太古宙时期，嵩山是一望无际的大海；在经历了23亿年前的“嵩阳运动”、8亿年前的“中岳运动”、5亿~6亿年前的“少林运动”三次大的地壳运动之后，逐渐形成了山脉，结束了地质史上的元

① 王邦维：《洛州无影与“天下之中”》，《四川大学学报》（哲学社会科学版）2005年第4期。

② 关增建：《中国天文学史上的地中观念》，《自然科学史研究》2000年第5期。

③ 李久昌：《周公“天下之中”建都理论研究》，《史学研究》2007年第9期。

古代，进入了古生代的寒武纪和奥陶纪；又经过约2亿年，此处地壳上升至海平面以上，因其受风化和剥蚀作用，形成了嵩山地区的含煤地层。2亿3千年前后，在中国的版图上，又发生了一次延续很长时间的地壳运动，即南北广大地区的“燕山运动”，嵩山地区受到南北方向的推挤，形成了今天的山势地貌（图1）。

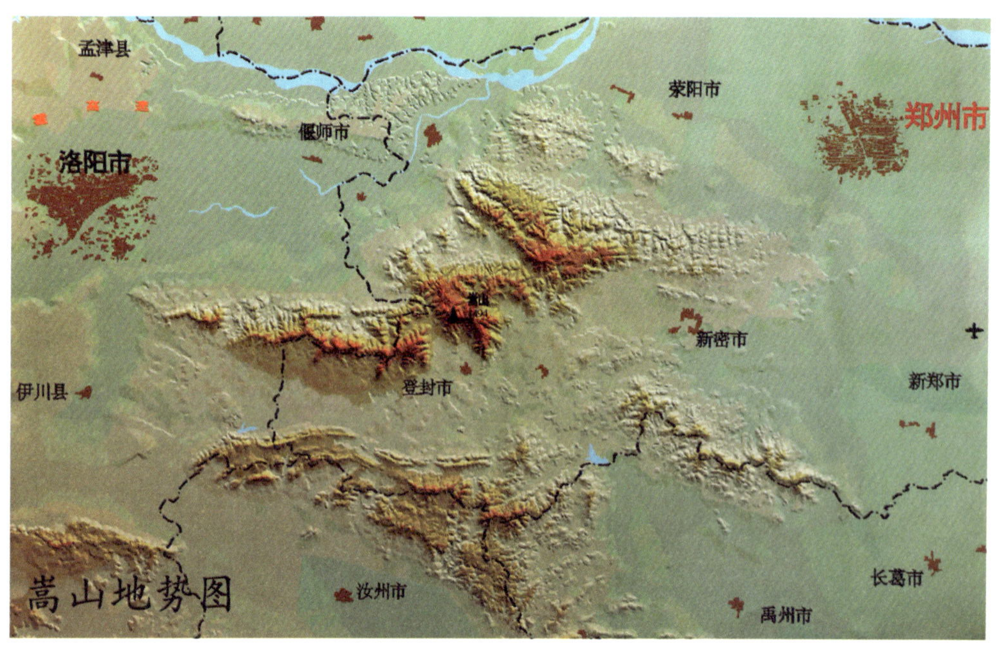

图1　嵩山地势图

关于嵩山地区的地理范围，学术界曾有不同的表述。如近年来由周昆叔、张松林等提出了嵩山文化圈的概念，并对这一文化圈的范围进行了界定：“嵩山位于中原腹心地区，横卧于黄河中下游之南，自西向东有万安山、三尖山、安坡山、马鞍山、档阳山、少室山、太室山、五指岭、尖山、大隗山、具茨山等依次排列，东西绵延达100余公里，自南向北有箕山、太室山、马鞍山、五指岭、万山、广武山，直达黄河，南北绵延尽百公里，如果向南把许昌、禹州，向西把汝州、伊川、宜阳、偃师、洛阳等包括在内，面积可能超过2万平方公里。”[①] 也就是说，其文化圈的范围，并非局限于以少室、太室为主脉的登封一地，而是延展到登封周边更为广阔的地区，西边到豫西中低山区，北与伊洛平原黄土丘陵相连，东接豫东平原，南与伏牛山地相望。张振犁所述的嵩山文化区范围则更为广大，“狭义指包括北至黄河，南至河南襄城一带，东至虎牢关，西至华山，方圆数千里的（包

① 张松林、张莉：《嵩山文化圈初论》，《中华文化与嵩山文明研究》（第一辑），科学出版社，2009年。

含河洛文化)地域。……简单地说，嵩山文化区基本上涵盖中原腹地沿黄河、洛河、伊水两岸的广大河谷、盆地、平原的肥沃地带。”[①] 崔炎寿认为，嵩山地区“西起洛阳龙门以东，经伊川县、汝州市、偃师市、登封市、巩义市、新密市、新郑市、禹州市、直到郑州附近，绵延百余公里，宽 30 余公里，占地面积 3000 多平方公里。”[②] 张新斌通过文献的考证，指出古代文献中所界定的“嵩山之域”，“实际上以郑州与洛阳之间的地区为主，这个区域可以称之为中心区，而登封作为嵩山主峰的所在地，无疑应为中心区中的核心区。至于北至黄河，西至洛阳市区，东至郑州市区，包括偃师、巩义、登封、荥阳、新密、新郑、伊川、汝州、郏县、襄城、禹州等县市，应属广义的嵩山地区。”[③] 王星光认为，地理学意义上的嵩山地域则包括了洛阳以东、郑州以西、郏县和汝州以北、黄河以南的广袤地区[④]。

由以上表述综合来看，嵩山地区既是一个地理概念，同时又是一个包含诸多文化共性的文化圈。它并非指狭义的登封一地，而是指包括登封在内，以登封为中心，以太室山、少室山为主体，包括伊川、偃师、巩义、荥阳、新密、新郑、禹州、汝州等地的广大地区（图 2）。这一地区位于郑洛之间，在地形地貌上，历经“嵩阳运动”“中岳运动”以及“少林运动”之后，构造复杂，平行或交错的断层造成许多浅山丘陵或谷间盆地，如低丘中的大金店、登封与芦店盆地、汝颍谷地、溱洧谷地等。主要的河流在嵩山北麓有伊河、洛河、汜河，南麓有颍河、贾鲁河、汝河，分属于黄河和淮河两大水系，自西向东、南、北方向分流，并有许许多多的支流汇入，形成了河谷交错、密集的水系。嵩山位于北温带南缘，气候上属北温带季风型大陆性气候（图 3）。

嵩山地区受蒙古冷气压、热低压、极地大陆高压和冷暖气团、太平洋副热带气团影响，四季分明。夏季炎热多雨，冬季寒冷干燥，春季雨少风多，秋季昼暖夜凉。光热资源丰富。山南无霜期平均 222.5 天，山北无霜期平均 234 天，年平均降水嵩山南部为 604.4 毫米，北部为 583 毫米。这里的土壤水平分布处于棕壤向黄棕壤过渡的褐土地带，复杂多样的中山丘陵地貌和河川交错的地形，形成了极为丰富的土壤类型，其中有山地棕壤、褐土、砂姜黑土、潮土、水稻土等。棕壤分布于海拔 800 米以上的中山地区，褐土（俗称黄土）主要分布于 200~800 米的浅山丘陵、黄土丘陵和谷地两侧的台地上，黄土层一般厚达 10 米以上。而且这一带

① 王剑松：《走近嵩山》，大众文艺出版社，2004 年。

② 崔炎寿：《中岳嵩山》，黄河水利出版社，2000 年。

③ 张新斌：《嵩山历史地理若干问题探论》，《中原文明与嵩山文明研究》（第一辑），科学出版社，2009 年。

④ 王星光：《李家沟遗址与中原农业的起源》，《古都郑州》2013 年第 4 期。

图2　嵩山太室山

图3　嵩山卫星影像图

黄土层属黏黄土，即细黄土，细砂含量少于15%，黏土含量超过25%，这些都有利于原始农业的产生与发展。尤其是经过多年耕种形成壤土（河边）及黑垆土（塬上），母质肥沃，垂直节理发育，有利于毛细现象生成，可把下层的肥力及水分带到地表，具有“自然肥效”，肥力高，并且土质疏松，利于用石铲、木耒等原始农业生产工具进行开垦与试种直播，也利于开挖水井及水渠等进行农田灌溉。潮土主要分布于河流两侧冲积平原和地势较低的洼地中，是河流冲积后经人类耕种而熟化的土壤。马兰黄土多为风积，主要分布于沿黄河的丘陵地带。从古生物地理来看，在当时这里是森林与森林草原的过渡带，处于亚热带的森林边沿，因此出现了喜暖湿的植物和耐寒耐旱的植物并存的现象。这里有十分丰富的亚热带植物和动物种类。动物群中，既有麂、野猪等出没于森林，又有鹿类、野兔等追逐于草原之上，并可放牧黄牛、山羊等；湖沼之内可供麋、獐、貉、鹤、龟、鳖、鳄、鱼、蚌、螺等水生和喜湿动物活动与生存①。嵩山地区中山、低丘、盆地、谷地等多地貌类型，温暖湿润的气候、星罗棋布的河汊湖泊，肥沃疏松的黄土地以及处于亚热带边沿的生物地理特征，既有益于聚落的发展，又有利于农业的产生。早在8000年前的裴李岗文化时期，这里已成为耕文化的中心，也因此成为人类早期理想的居住场所。

二、“天地之中”与中国古代的天文观

登封“天地之中”历史建筑群成功申报世界文化遗产，吸引了世人的广泛关注。普遍认为，嵩山历史建筑群是中国古代礼制、宗教、科技和教育等各种主要建筑类型的代表作品，集中反映了中华民族对“天地之中”的认定、信仰和崇奉，凝聚了中华古老文明的精髓，成为东方传统文化的典型物化代表，具有全球突出普遍价值。新闻媒体更是旗帜鲜明地以“世界遗产展现中国文化概念”为标题进行宣传报道。然而，也有一些文化学者对“天地之中”这一概念产生疑问或异议，甚至认为“天地之中”成为世界文化遗产，是对文化的一种嘲讽。“自从哥白尼时代以来，人类自认为在宇宙中心的狂妄幻想就不再成立。哥白尼先生只是发明了一个太阳中心说，就付出了生命的代价，而梵蒂冈的道歉一直拖了300多年。后来，大家发现，以宇宙之大，太阳也并不是中心，地球那更是如同银河系的一粒草芥，而人类其实不过是若干微尘罢了。”的确，从现代科学技术的角度来看，“天地之中”是一个伪

① 张居中：《环境与裴李岗文化》，《环境考古研究》（第一辑），科学出版社，1991年。

科学、伪命题，宇宙间并不存在着所谓的天地中心。然而，从历史发展的角度，古人对宇宙万物的认知客观上存在着一个渐进的过程，现代理论结构的形成是人类经过数千年乃至上万年的实践中不断获得的。其中，“天地之中”观念是古人宇宙结构理论的重要组成部分，反映的是中国古代先民对宇宙的阶段性认识。

天文学是我国古代最发达的自然科学之一。郑州大河村遗址出土的太阳纹、日晕纹彩陶片，表明早在距今5千多年前的仰韶文化时期，就已经有了观测天象的记录（图4）。到了龙山文化时期，在山西陶寺遗址，考古发现有4千多年前古人观象授时的天文观测与宫殿遗址[①]。到了商代，甲骨文中有很多天文的记载，涉及商代天文观、天学体系、天象观测和历法编算等内容，且已有了四方和相关神的观念。[②]战国秦汉时期形成了以历法和天象观测为中心的完整的体系。在长期的生产实践中，先民们形成了认识天地的宇宙结构理论。其中，影响最大的就是盖天说和浑天说。

图4　郑州大河村遗址出土天文图像彩陶片

一般认为，盖天说作为中国古代的天体结构学说，起源于商周之际，到战国时期形成完整的思想体系。最主要的依据是基于《晋书·天文志》所载的“天圆如张盖，地方如棋局”，即天圆地方的认识。实际上，这种“天圆地方”宇宙观的认识，远可追溯到距今四五千年前的新石器时代。在江浙地区良渚文化遗址出土的玉琮，其内圆外方的造型，张光直先生认为是巫师贯通天地的神器[③]。《周礼·春官·大宗伯》记载：“以玉作六器，以礼天地四方，以苍璧礼天，以黄琮礼地，以青圭礼东方，以赤璋礼南方，以白琥礼西方，以玄璜礼北方，皆有牲币，各放其器之色。”古人主张天圆地方，“以苍璧礼天”，那是因为天是圆的，又是苍色（青色）的缘故；“以黄琮礼地”，那是因为地是黄而方的。古人以玉的颜色和形制，

---

① 何驽、严志斌、王晓毅：《山西襄汾陶寺城址发现大型史前观象祭祀与宫殿遗迹》，《中国文物报》2004年2月20日。《山西襄汾县陶寺城址发现陶寺文化大型建筑基址》，《考古》2004年第2期。

② 胡厚宣：《释殷代求年于四方和四方风的祭祀》，《复旦学报》（人文科学版）1965年第1期。

③ 张光直：《谈“琮”在中国古史上的意义》，《文物考古论集》，文物出版社，1986年。

来配合阴阳五行之说，从而产生了祭祀天地四方的礼器。它所表现的，正是“承天象地、天圆地方”的观念。后来这种说法遭到了曾子等人的怀疑，如《大戴礼》中记有曾子在《天圆篇》提到“天圆而地方，则是四角之不揜也？”即圆形的天和方形的大地无法吻合。于是在“天圆地方”的基础上进一步提出天和地都是拱圆形的观点，天地形体相似，二者分离，天在上，地在下，即《周髀算经》卷下所载的“天象盖笠，地法复槃”。《晋书·天文志》中表述为“其言天似盖笠，地法覆盘，天地各中高外下。北极之下，为天地之中，其地最高，而滂沲四隤，三光隐映，以为昼夜。”这两种观点记载在大约战国时期成书的《周髀算经》中，后人遂将盖天说称为周髀说，《周髀算经》也因之成为盖天学说的经典。西汉以前，盖天说在古天文学领域占据统治地位。

浑天说始于西汉时期巴郡的落下闳，经鲜于妄人、耿寿昌、杨雄等人的发展传承，到东汉时张衡的《浑天仪注》，形成完整体系。洪颐煊《经典集林》载有汉张衡的《浑天仪图注》，其中说：“浑天如鸡子。天体圆如弹丸，地如鸡中黄，孤居于内，天大而地小。天表里有水。天之包地，犹壳之裹黄。天地各乘气而立，载水而浮。”浑天学派认为天体是一个浑圆的球体，球的一半在地面上，另一半在地面以下。大地是包在天壳内的一个圆形平面，它有中心和半径，它的中心叫“地中”。

浑天说体系形成以后，盖天说并没有销声匿迹，而是在争论中二者互为借鉴，共同发展，成为中国古代最为主要的两大天体结构理论。“在中国历史上，浑天说既没有独霸天下，盖天说也没有退出舞台，而是差不多从浑天说一出现，两者就合流了，实际上形成了‘浑天盖地’的折中思想。”①而且，无论是盖天说，还是浑天说，或者是浑盖之争的相当长的历史时期内，天文大地测量一直是天文学研究中的一项重要工作。其中最著名的是以八尺圭表测量，两种学说都在使用，这就是《晋书·天文志》所记载的“凡日景于地，千里而差一寸”。即用一根垂直于平地的八尺表竿以测日影，通过观测每天中午竿影的长短，得出南北两地距离千里，夏至日中午影长差一寸，即“千里寸差”。直到唐代开元年间在著名科学家一行的主持下由南宫说等人测量子午线，才推翻了这种认识。从盖天说到浑天说，从周公测景到一行的测量子午线，以及元代郭守敬的“四海测量”等，可以看出人们对天体、对天文不断认识的过程。而正是在这一认知过程中，历经千百年来历史发展，文化的碰撞，积淀了根深蒂固的中华传统文化因子，“天地之中”观念也正是其中的代表。

① 李迪：《盖天说在中国天文学史上的地位》，《内蒙古师范大学学报》（自然科学版）2002年第3期。

西周初年，周公基于天圆地方的认知，以土圭测景以定地中。他是如何做到的呢？《周礼·大司徒》有明确记载："以土圭之法测土深、正日影，以求地中。日南则影短多暑，日北则景长多寒，日东则景夕多风，日西则景朝多阴。日至之景，尺有五寸，谓之地中。"即以圭表测得的夏至时日影长度为一尺五寸来定义地中。据郝本性先生等研究，殷周时期的古"中"字的构形，便是一种最古老最原始的天文仪器，即萧良琼先生所说的"圭表"，通过它可以测量方位和四时的变化[①]。以现代科学的角度来看，用这种方法测得的"地中"不止一个，而是无数个。然《周礼·大司徒》又说："日至之影，尺有五寸，谓之地中。天地之所合也，四时之所交也，风雨之所会也，阴阳之所和也。然则百物阜安，乃建王国焉。"这样，"地中"的测量，不仅具有天文学上的意义，同时又加进了人文的因素。《周易》说："天地絪缊，万物化醇，男女构精，万物化生。"东晋郭璞《古本葬经》："夫阴阳之气，噫而为风，升而为云，降而为雨，行乎地中而生气，生气行乎地中，发而生乎万物。"天地、阴阳交合是万物发生之源，天地、阴阳交合的地方（地中）乃是万物发源之地，同样也是文明社会的发源之地，建王国之地，即政治的中心。可见周公测量"天中"，是通过天文、地理环境、气候、生态、政治（建王国之地）等综合考量的结果，说明"地中"的观念源于古人对天体结构的认识，但并不仅局限于此，从一开始它就是天文和人文观念结合的产物。正如许顺湛先生所说，"以中岳嵩山为标志的'天地之中'是具有科学、政治、文化、宗教、神话综合性的人文理念，不能机械地去理解。"[②]

三、"天地之中"观念与中国古代的山岳崇拜

澳大利亚文化遗产专家朱丽叶·拉姆齐在评估验收"天地之中"历史建筑群时，曾深有感触地说，"3天考察，我认识了'中'字……少林寺、观星台、中岳庙、嵩阳书院的碑刻上总是出现这个字，这充分说明了一个民族在人文方面对'天地之中'的崇拜和认可。"[③]这人文方面的背景，除了上述中国古代天文观之外，还包涵了源自远古的天神和山岳崇拜、嵩山地区华夏文明之源和核心的地位以及政治上的"择天下之中而立国"传统建都理论等。

中国古代的山岳崇拜作为自然崇拜之一，由来已久。《墨子·天志下》云："故

---

① 郝本性：《中字的构成及早期的涵义》，《古都郑州》2002年第1期。

② 许顺湛：《"天地之中"解读》，《古都郑州》2001年第3期。

③ 见中国新闻社稿《登封"天地之中"入世遗，中国先民独特宇宙观西方认可》，《古都郑州》2010年第3期。

昔也三代之圣王，尧、舜、禹、汤、文、武之兼爱之天下也。从而利之，移其百姓之意焉，率以敬上帝、山川、鬼神。”又如《尚书·尧典》记载舜在接受禅让的时候，“肆类于上帝，禋于六宗，望于山川，遍于群神”[1]。在万物有灵观念的支配下，古代先民基于对大自然的敬畏和对自然现象的模糊认识，产生了原始的山岳崇拜。《韩诗外传》曰：“夫山者，万民之所瞻仰也，草木生焉，万物植焉，飞鸟集焉，走兽休焉，四方益取与焉。生万物而不私，育群物而不倦，出云导风，天地以成，国家以宁。”[2]然而，原始先民对山岳的崇拜，也并不是逢山必拜，逢山必祭，而是祭拜与本部落本部族生存发展密切相关的山岳。《国语·周语上》曰：“昔夏之兴也，融降于崇山……商之兴也，梼杌次于丕山……周之兴也，鸑鷟鸣于岐山。”韦昭注云：“融，祝融也。崇，崇高山也。”崇高山即嵩山。《淮南子·地形》高诱注曰：“少室太室在阳城，嵩高山之别名”。嵩山及其周围地区是夏部族聚居的地方，也是文献记载的“禹居阳城”的地方。《史记·夏本纪·正义》引《括地志》云：“阳城县在嵩山南二十三里。”春秋战国时期的阳城遗址，就在今登封市告成镇境内。尤其是自1977年以来，在靠近阳城遗址的地方发现登封王城岗大型龙山文化城址，多认为与禹都阳城有关。至于商王朝兴起的丕山，据郑杰祥先生考证，丕山即今河南荥阳的大伾山，“早在先秦时期，人们已经明确地认识到商王朝兴起和建都之地，当在丕山即今河南荥阳大伾山的周围地区，郑州商城作为商代最早的王都亳邑正位于此山东侧不远的地区。”[3]周族兴起的岐山，文献记载和考古发掘资料相互印证，是自古公亶父以来周族兴起并不断发展壮大的聚居地。从三代时期对山的崇拜来看，夏人以其核心聚居区内的嵩山为崇拜和祭祀对象；商人以亳都附近的丕山为崇奉对象，迁都之后，也是在所控制区内祭祀山神。殷墟卜辞中有大量的“燎于山”“燎于岳”“岳燎”等记载，就是有关商代晚期山岳崇拜的珍贵材料，其中有贞问吉凶、收成、求雨止雨等，所祭的山当然距商王或贵族不会太远，至少是在商王朝控制的核心范围内。郝本性先生考证，殷卜辞中的岳神，缘自嵩岳。据对殷卜辞的整理，关于岳的贞问有566条，其中46条是作为人名而用的，其他皆用来指称殷人祝祷的对象——岳神，也即金文中所称的“天室山”。至于周人，最初崇奉岐山，如《周易·升卦》六四爻辞云：“王用享于岐山，吉，无咎。”武王伐纣，取得中原地区的统治权后，占据了“有夏之居”，开始崇奉嵩山。最为典型的例子就是西周青铜器“天亡簋”铭文中，记载了周武王登天室山举行祭祀大典的重要历史事件。铭文记载：“乙亥，王又（有）

---

① 《尚书》卷一《尧典》，见孙星衍撰《尚书今古文注疏》，中华书局1986年版，第38~41页。

② 韩婴撰，许维遹校释：《韩诗外传》，中华书局，1980年，第111页。

③ 郑杰祥：《“丕山”所在与商都亳邑》，《中国历史文物》2010年第6期。

大豊（禮）。王凡（般，盤）三（应为“四”，脱落了一画）方，王祀于天室，降。天亡又（佑）王，依（殷）祀于不（丕）顯考文王，事喜（饎）上帝……”[①]天亡簋所记实为武王在克殷后返周的途中到嵩山顶上举行的一次祭祀活动，希望依托嵩山的护佑而永葆天命。天室即太室山。由此来看，早期人类所祭祀的山，首先是在本部族或政权的中心区域，其次是认为所祭祀的山与本部族、本统治政权休戚相关。山是最接近天神的地方，是人与天神沟通的媒介。“在传统文化中，山被普遍认为是世界的中心，是最便于人神沟通与交流的地方。在殷周时期，中心又被赋予特别重要的内涵，而嵩山正是担当了中心这样一个举足轻重的角色。”[②]夏商周三代均有祭祀和崇拜嵩山的传统，这是因为夏商周三代王朝均以嵩山及周围地区为聚居中心，同时也是政权的中心。这个传统，到后期仍有延续。秦、汉之后，帝王祭祀嵩山不断，嵩山成为历代帝王接天通地、永固江山、昌盛国运的祭祀、封禅对象。据统计，从周武王开始至清末，历史上有史可查于嵩山巡狩、祭祀、封禅的帝王就有 68 位。从文献记载来看，古人不祭拜自己辖区外的山，也是有一定依据的。西周以前有“祭不越望”的礼制，《论语 · 八佾》就记载了鲁国季孙氏旅祭泰山而为孔子所讥的故事：“季氏旅于泰山，子谓冉有曰：‘女能救与？’对曰：‘不能。’子曰：‘呜呼！曾谓泰山不如林放乎？’”祭祀泰山是天子和诸侯的专权，季孙氏只是鲁国的大夫，他竟然也去祭祀泰山，所以孔子认为这是一种僭越行为。《史记·封禅书》引马融注曰：“旅，祭名也。礼，诸侯祭山川在封内者。今陪臣祭泰山，非礼也。”又如《公羊传》僖公三十一年云：“诸侯山川有不在其封内者，则不祭也。”诸侯在自己的封内祭山，天子在疆域内祭山，所以就有了武王伐纣获得胜利后的首次封禅嵩山。不去祭祀自己控制范围之外的山，一是力不能及，二是失去了祭祀的意义。祭祀的目的是为了得到山神的保佑，并以祭祀的形式达到天人相通。嵩山之所以得到三代的崇拜和祭祀，是与嵩山地区位于河洛间“三代之居”的地位分不开的。正像林沄先生所说，“当时人心目中真正的‘中’，实际上是指阳城和洛邑之间的那座太室山。因为它是传统的通天圣山，故被认为是‘天下之中’的表识。”[③]

四、“天地之中”观念与嵩山地区的华夏文明源头地位

嵩山地区不仅具有“天地之中”的地理优势，更重要的，它是中华文明起源与

① 王辉：《商周金文》，文物出版社，2006 年，第 35 页。

② 郝本性：《中字的构成及早期的涵义》，《古都郑州》2012 年第 1 期。

③ 林沄：《天亡簋“王祀于天室”新解》，《史学集刊》1993 年第 3 期。

发展的核心地区。已有多位学者以华夏文明的源头命题论证嵩山地区的历史地位，并指出嵩山地区是中华文明的起源和核心地区。如杜金鹏的《华夏文明之根——嵩山地区在华夏文明起源及早期发展中的地位》[①]、周昆叔等的《论嵩山文化圈》[②]、许顺湛的《嵩山——古代文化的一座丰碑》[③]、张松林等《嵩山文化圈在中国古代文明进程中的地位与作用》[④]、任伟的《天地之中嵩山地区的文明核心》[⑤]等。以嵩山为中心的广大地区，是传说中黄帝和炎帝所代表的部落集团活动的核心地带，在以后的发展中，又以这两个集团为基础，与周围各部族集团通过长期的战争、交流、融合，最终在以嵩山为中心的河洛地区形成了以华夏族为主体的融合中心。

考古学的研究表明，嵩山是全国旧石器时代晚期地点分布最为密集的地区，也是研究现代东亚人起源的重要地区。其中位于嵩山东麓的荥阳织机洞遗址，是中国北方地区目前发现的规模较大、遗存较丰富的 2 万 ~10 万年间古人类居住的洞穴遗址，具有旧石器文化南北交流甚至于哺乳类动物南北迁徙的“驿站”作用。荥阳奶奶庙遗址，距今约 4 万年，为认识中国境内及东亚地区现代人类及其文化起源与发展等重要史前考古的关键课题提供了非常重要的新资料。地处嵩山东麓低山丘陵区的新密李家沟遗址，距今约 1 万年，为中国旧、新石器时代过渡等学术课题提供了十分重要的考古学证据。处于嵩山南麓丘岗地貌向黄淮平原区过渡的边缘带的许昌灵井遗址，发现了距今 8 万 ~10 万年左右的人类头盖骨化石，出土了许多石制品和动物化石，包含大量古人类行为信息。尤其是灵井遗址头盖骨化石的出土为我们探寻现代人演化的链条，提供了关键材料。进入新石器时代以来，裴李岗文化 - 仰韶文化 - 河南龙山文化 - 二里头文化是嵩山地区文化发展中的链条，环环相扣，自成序列，并在长期的发展中，充分体现出了史前文化的融合性特点和核心地位。距今 9000~7000 年的裴李岗文化时期，在嵩山地区开启了农耕时代和定居生活。目前在河南发现的裴李岗文化遗址有 160 余处，重点分布在豫西山地东部边缘的丘陵地带，以及豫中和豫南的黄淮平原地区，特别是在嵩山周围地区最为密集。到了距今 7000~5000 年的仰韶文化时期，嵩山地区在物质文化、精神文化等的各个领域发展表现得更为突出。以大河村遗址命名的仰韶文化大河村类型和以汝州闫村命名的闫

① 杜金鹏:《华夏文明之根——嵩山地区在华夏文明起源及早期发展中的地位》,《中原文物》2002 年第 2 期。

② 周昆叔等:《论嵩山文化圈》,《中原文物》2005 年第 2 期。

③ 许顺湛:《嵩山——古代文化的一座丰碑》,《中原文物》2000 年第 2 期。

④ 张松林等:《嵩山文化圈在中国古代文明进程中的地位与作用》,《郑州商都 3600 年学术研讨会暨 2004 年年会论文集》,《中国古都研究》(第二十一辑),2004 年。

⑤ 任伟:《天地之中嵩山地区的文明核心》,《中国文化遗产》2012 年第 4 期。

村类型遗址，集中分布在嵩山及其周边地区。郑州西山遗址，发现了迄今中原地区最早的史前城址，距今约 5300~4800 年。城墙采用先进的方块版筑法，是当时国内发现年代最早、建筑技术最为先进的早期城址，它开启了后世大规模城垣建筑规制的先河。郑州大河村遗址，发现有保存完好的仰韶时期的连间房屋建筑，遗址中出土完整或可复原的陶、石、骨、角、蚌等各类遗物约 5000 件。其中有大量精美的彩陶，这些彩陶表面多饰白、红陶衣，其彩绘内容有几何、动植物、天文等 30 余种纹饰，形象生动传神。尤其是那些描绘大自然的太阳纹、月亮纹、星座纹等纹饰为全国新石器时代遗址中所罕见。此外，遗址中还发现了属于东夷文化体系的大汶口文化遗存，以及属于苗蛮文化系统的屈家岭文化遗存，显示了中原古文化与邻境诸原始文化之间的交流与互动关系，也是我国古代文化大融合的考古学见证。这一时期，也正是古史传说中黄帝部族活动的时期。史书记载黄帝都有熊（今河南新郑），以河南新郑为中心的豫中部地区是黄帝族的发祥地。至今，在河南的新郑、新密以及其他地区，仍有与黄帝有关的传说或史迹。步入距今 4600~4000 年之间的龙山时代，聚落社会出现了分化，部族之间的纷争也频繁发生，聚落中心城址相继出现。目前已经发现有 10 座中原龙山文化时期的城址，其中嵩山地区就有 4 座。嵩山东麓的新密古城寨城址，至今仍较好地保存着三面城墙和南北相对两个城门缺口。城址面积 17.6 万平方米，城墙现存高度最高处达十五六米，规模宏大，墙高沟深，气势雄伟。南东北三面有护城河，西面以溱水为自然屏障。城址内还发现一组规模较大、分布密集的夯土建筑基址群，其中的一座廊庑式夯土高台建筑，面积达 383.4 平方米，可称为后世大型宫殿和廊庑式建筑之滥觞。新密新砦城址，是一处龙山文化晚期和新砦期的大型城址，发现有城垣和外壕、城壕、内壕三重防御设施，以及大型建筑基址，出土有铜容器残片等高规格的遗物。根据文献记载，该遗址很可能与夏代早期都城夏邑有关，或为夏启之居。位于登封市告成镇五渡河与颍水交汇处的王城岗遗址，是古文献记载的“禹都阳城”的地方。城址面积达 30 万平方米，城内发现有夯土基址、祭祀坑、青铜器残片、玉石琮、白陶器等遗迹遗物，都说明遗址应为嵩山东南麓颍河上中游重要的中心聚落之一。据文献记载和传说，嵩山一代是夏族先公建立夏王朝的主要活动区域，王城岗古城可能是夏鲧之城，后为禹都阳城。王城岗高耸的城墙，已经跨进了文明社会的门槛。此外，位于嵩山南麓颍河上游的禹州瓦店遗址，主要由西北台地和东南台地两部分组成，其面积达 100 余万平方米，是目前所知河南境内的大型龙山文化遗址，也是龙山时代颍河中游地区的中心聚落之一。禹州古称夏地，夏部族即居夏地而得名，阳翟是夏禹、夏启的主要活动地。禹州瓦店因此成为新石器时代晚期与夏文化密切相关的重要遗址，有可能与夏禹、启居阳翟和启之钧台之享有关。以偃师二里头遗址而命名的二里头文化，分布范围北抵黄河以北，南及丹江边缘，西至渭水下游，东达豫东大平原。其中心即在今嵩山周围的伊、洛、颍、汝河谷平原，即嵩山北侧的洛阳盆地，南侧的颍、汝河流域。众多考古学家认为，二里头文化遗址就是夏代都城遗址，即夏斟鄩的所在地。数十座大中型夯土建筑基址，宽阔整洁的中心主干道网，各种手工业作坊遗址，数百座不同级别的墓葬，为数众多的陶器、铜器、玉器等出土文物，其规格、气势、制作工艺、品种、数量均令人惊叹不已，显示出了王者的气派。位于郑州市西北郊的荥阳市的大师姑遗址，发现有二里头文化中晚期的大型城址，总面积约 51 万平方米，由城垣和城壕两部分组成，城址在商代早期继续沿用。郑州商城与偃师商城作为嵩山周围的两座商代城址，是商汤灭夏后建立的早期都城，因此而成为夏商的分界。郑州小双桥、荥阳关帝庙是另外两处重要的商代遗址，是商代文化在嵩山地区发展的重要见证。最近在荥阳沟赵，又发现了东周时期、二里头文化时期和新砦期大、中、小三座城址，遗址涵盖了从龙山文化到东周多个时代，延续时间长，年代序列相对完整，为夏商时期年代谱系的研究提供了新的资料。前已述及，武王伐商后曾在嵩山举行祭祀或封禅活动，这是与周人“因有夏之居”是密切相关的。《史记集解》引徐广曰：“《周书·度邑》曰：‘武王问太公曰，吾将因有夏之居也，南望过于三涂，北詹望于有河。’”周人之所以选择嵩山地区“定天保，依天室”，同样是与这里深厚的文化根脉分不开的。由此可见，从旧石器时代人类在嵩山地区的繁衍生息，到新石器时代文化的继承与发展，最终在嵩山地区诞生中国历史上第一个奴隶制国家，其中包含的文化核心、文明核心，无疑是“天地之中”观念形成一个重要因素。

五、“天地之中”观念与早期国家的“择中建都”

自进入文明时代以来，中国早期的国家政权始终是以嵩山地区为核心建立起来的。《史记·封禅书》称：“昔三代之居，皆在河洛之间，故以嵩高为中岳。”新中国成立以来，登封王城岗城址、新密新砦城址、禹州瓦店遗址、郑州商城、偃师商城、东周王城等一系列的考古发现，使人们对夏商周三代都城有了更新的认识，进一步证明三代时期政治中心的选择、都城的建立是紧紧围绕着嵩山而展开的。

20 世纪 60 年代出土的西周成王时期青铜重器“何尊”，铸有铭文“唯武王既克大邑商，则廷告于天曰：‘余其宅兹中国，自兹乂民’”[①]。《尚书·梓材》中周公也

---

① 马承源：《何尊铭文初释》，《文物》1976 年第 1 期。

提到“皇天既付中国民越厥疆土于先王”，即是说天神已经把中国的人民和土地托付给了周的先王。何尊铭文和传世文献中提到的“中国”，便是指以嵩山为中心的河洛地区。战国时期成书的《逸周书·作雒解》则将这里称为“土中”：“(成王)乃作大邑成周于土中”，“土中”即天下之中。

李久昌在《“天下之中”——中国古代第一个建都理论》[1]一文中对周公的“天下之中”建都理论进行了较为全面的分析，认为至少包含以下内容：一是地理意义上的“天下之中”，即《周礼·司徒》所言“日至之景尺有五寸，谓之地中。”以区域的中心作为“择中建都”的一个基本条件；其二是政治意义上的“天下之中”，“居天下之中以均统四方”；其三是经济中心，即《史记·周本纪》记载的“此天下之中，四方入贡道里均”，是“为天下之大凑”；其四是均教化的文化中心，“定天保，依天室”，靠近天室，以便于和至上神“天”相沟通，由此获得正统、合法的统治地位，是上天将天下的人民和疆土授予文王和武王，由他们去统治。

所谓“日至之景尺有五寸，谓之地中”，即以夏至时的日影长度为一尺五寸来定义地中。为什么是一尺五寸而不是其他？这是基于古人地隔千里、影差一寸的认识。《周礼·大司徒》郑玄注云：“景尺有五寸者，南戴日下万五千里，地与星辰四游升降于三万里之中，是以半之，得地之中焉。畿方千里，取象于日，一寸为正。”大理学家朱熹说得更为清楚：“《周礼》注云土圭一寸折一千里，天地四游升降不过三万里，土圭之景，尺有五寸，折一万五千里，以其在地之中，故南北东西相去各三万里。”[2]根据这一理论，周公测得的地中一说在洛邑，一说在阳城，即位于现在的登封告城镇，而以阳城说者居多。唐代贾公彦、东汉郑玄、郑众等注疏《周礼》，均以阳城为周公所定的“地中”。贾公彦疏云：“周公度日景之时，置五表。五表者，于颍川阳城置一表为中表，中表南千里又置一表，中表北千里又置一表，中表东千里又置一表，中表西千里又置一表。今言日南景短多暑者，据中表之南表而言，亦昼漏半，立八尺之表，表北得尺四寸景，不满尺五寸，不与土圭等，是其日南，是地于日为近南。景短多暑，不堪置都之事北。云‘日北’者，据中表之北表而言，亦昼漏半，表北得尺六寸景，是地于日为近北，是其景长多寒之事也。”在所置的五表中，只有在阳城能测得一尺五寸的表影，而五表中置于阳城的为中表，处于居中的位置。《隋书·天文志》记“昔者周公测影于阳城，以参考历纪。……先儒皆云：夏至立八尺表于阳城，其影与土圭等。”元初大天文

① 李久昌：《“天下之中”——中国古代第一个建都理论》，《郑州商都3600年学术研讨会暨中国古都学会2004年年会论文集》，《中国古都研究》(第二十一辑)，三秦出版社，2007年。

② [明]张九韶：《理学类编》卷一《天地》，文渊阁四库全书本。

家郭守敬组织“四海测验”，曾在阳城建台立表，实地观测。阳城一个重要的测验点，至今仍保留有郭守敬所建的登封观星台遗址。然而仅具备这一条还不行，依据现代科学，如在同一纬度上所测得的夏至时日影长度一尺五寸，并非阳城或洛邑一地，而是无穷个，所以古人以一尺五寸来定中，在其所赋予的天文意义的背后，是以当时周人视野中的区域中心位置而选定。

地中的选定，除了区域中心之外，它还必定是政治、经济和文化的中心。周人西出岐山，经过若干代人的经营，毫无疑问，其政治势力集中于岐山、沣镐一带，然而武王灭商以后，紧接着就是在嵩山举行祭祀大典，并着手营建东都洛邑。周人并没有把自己长期盘踞的西土作为中心，而是选在了禹都阳城，这是因为阳城除了具备“一尺五寸”影长之外，同时还具备政治、经济、文化中心的优势。如前所述，早在新石器时代，以嵩山为核心的周边地区，裴李岗文化、仰韶文化、龙山文化一脉相承，连续发展，已经形成了文化的中心；至夏商周三代，正如文献所记载，“三代之居，皆在河洛之间”，也就是在以嵩山为中心的整个嵩山地区。而且，从早期文明的发展来看，嵩山地区作为“三代之居”的地位始终没有动摇。夏代是在河洛地区诞生的我国历史上第一个奴隶制王朝，它标志着文明时代的到来。考古证明，二里头文化就是夏文化，二里头文化的分布范围北抵黄河以北，南及丹江边缘，西至渭水下游，东达豫东大平原，而其中心区域即在今以嵩山地区为中心的河洛地区。在偃师二里头遗址，还发现了大型的宫殿基址，从其宏大的规模和丰富的内涵来看，已具备王都之气。商汤灭夏后迁都西亳，其后仲丁迁隞，盘庚迁殷，商王朝的活动中心仍然在这一地区。考古发现的偃师商城、郑州商城、安阳殷墟正是商王都的所在。到了西周，西周王朝定都镐京，但基于洛阳的重要地位，武王在克商之后不久就想在有夏之居的伊、洛地区建立国都，后由周公付诸实施，营建洛邑。洛邑建成后，成王从丰镐迁入成周，成周实际上也享有国都的地位。到平王迁都洛邑，这里又成了东周的国都。三代将以嵩山为核心的周围地区作为统治中心，既有政治上的意图，也有经济上的目的。从政治上是“宅兹中国，自兹乂民”，而在经济则是要达到“天下之中，四方入贡道理均”。既有各方诸侯的进贡，又能够牢牢控制全国的资源，如铜矿、盐矿等，所以又成为经济的中心。这样就有足够的实力，在文化上对周围地区以影响，从而成为文化的中心。

嵩山地区又是中华早期文明中治教化的中心。最为突出的表现是中国古代礼乐制度在这一地区的确立。礼乐文化是一个长期的发展过程，由于嵩山文化圈的史前文化尤其是新石器时代文化的连续发展，使得礼乐文化虽然在史前没有文字

的记载，但却能相继不断的延续下来。后来文献记载很多有关伏羲氏、黄帝、炎帝时代的制度和发明，实际上都属于礼乐文化的范畴。如伏羲制嫁娶，作八卦，制耒耜，教民耕作等；黄帝筑作宫室，上栋下宇，作律历，定八音之制等，这些都是在进入文明时代以后，嵩山文化迅速形成的基础。在三代时期，尽管有所谓的三代“革命”，出现了政权的交替，有汤伐桀和武王伐纣，但一脉相承的礼乐文化在这一地区没有中断，反而有“殷因于夏礼”“周因于殷礼”，礼乐文化随着华夏共同体的不断扩大而进一步得到发展。到了周代，礼乐制度走向成熟和完备。尤其是在春秋时期，出现专门记载、讲述和指导礼仪活动的礼书，这就是所谓的三礼（《周礼》《仪礼》和《礼记》）。实际上除三礼之外，《易》《诗》《书》《春秋》《乐》都与当时的礼乐文化有关。可以看出，一个以礼为核心的自成体系的文化传统已经形成。虽然说在春秋以后，夏商周三代古礼遭到了破坏，但它的影响却是根深蒂固的，从某种意义上，它影响着中国社会的发展和文明道路。

“天地之中”观念在嵩山地区的起源与形成并不是孤立的，它是在历史演变过程中涵盖了天文、地理、政治、经济、文化等多种因素综合形成的一种人文观念，这种观念一旦形成，势必对整个社会历史、人们的行为模式产生深远的影响。其中，“择中建都”便是这一观念的集中体现。

第二章

『天地之中』观念的萌芽

——嵩山地区夏商文明核心地位的形成研究

嵩山地区自古中天下而立，称之为“天地之中”，被古人视为与天地沟通之所在，是中华民族古代文明的主要发祥地。其范围大致覆盖了河南中部环嵩山的伊洛河、汝河、颍河、双洎河和贾鲁河流域。嵩山地区是华夏文明的肇始地和核心地带，浓缩了中国古代文明发展的精华，以此形成的文化圈影响和推动着中华民族文化的发展。尤其是数千年以来，以嵩山地区为中心，多元文化在这里集聚与融合，谱写了中华民族文化最辉煌、最灿烂的篇章。

第一节　石器时代嵩山地区“天地之中”观念的孕育

“天地之中”观念产生于嵩山地区源远流长的古文化发展过程之中。依据目前考古资料，在夏商时期“天地之中”观念萌芽之前，嵩山地区即已积累了悠久丰厚而又一脉相承的文化积淀，其中在新郑唐户裴李岗文化遗址发现的布局有明显规律性的环壕聚落①、郑州形制规整的西山仰韶文化古城②以及嵩山地区龙山时代涌现的数量众多的古城址均孕育着“天地之中”的观念。

一、历史悠久的旧石器时代文化

据目前考古调查和发掘资料，嵩山地区有着非常丰富的与中国更早的旧石器传统一脉相承的旧石器时代遗存。据调查，仅在嵩山东南麓就新发现了300多处旧石器地点。

目前，嵩山地区发现的最早的旧石器时代遗址是距今10多万年的荥阳织机洞遗址（图5）。该遗址发掘面积近100平方米，地层堆积厚达20多米，发掘出土石制品6546件、大量古脊椎动物化石和烧骨，还有多处用火的痕迹，说明这里曾是

① 张松林，信应君，胡亚毅：《新郑唐户遗址发现裴李岗文化大面积居址》，《中国文物报》2007年7月13日第1版。

② 国家文物局考古领队培训班：《郑州西山仰韶时代城址的发掘》，《文物》1999年第7期。

图5　荥阳织机洞遗址

人类长期居住兼石制品生产地[①]。

较荥阳织机洞稍晚的旧石器时代遗址则是许昌灵井遗址。灵井遗址分布近万平方米，地层总厚达10余米，2005年6月进行首次考古发掘，面积90平方米，出土石制品和动物化石5452件。2006年发掘120平方米，石制品5690件。2007年发掘49平方米，除出土大量石制品和动物化石以外，在TG9深4.99米处（距基点）发现人类头盖骨化石，这是河南省境内第一个古人类头盖骨化石，据灵井动物群灭绝动物占44%的比例和光释光测年的初步实验结果，头盖骨化石出土层位时代为距今8~10万年[②]（图6）。

图6　许昌人头盖骨化石残块
（采自李占扬：《中原文化大典·古人类旧石器》，中州古籍出版社，2008年）

① 张松林、刘彦锋：《织机洞旧石器时代遗址发掘报告》，《人类学学报》2003年第1期。

② 李占扬：《河南许昌灵井旧石器遗址出土人类头盖骨化石》，《中国文物报》2008年1月25日第1版。

距今5万~3万年的旧石器时代遗址则为郑州老奶奶庙遗址。该遗址揭露面积近50平方米，发现3000多件石制品、12000多件动物骨骼及碎片、20余处用火遗迹，以及多层叠压、连续分布的古人类居住面。这处新发现非常清楚地展示了当时人类在中心营地连续居住的活动细节，展现了中原地区繁荣的旧石器文化与复杂的栖居形态①。

二、初露端倪的李家沟新石器时代早期文化

旧石器时代晚期到新石器时代早期文化叠压关系的地层剖面则在新密李家沟遗址发现的。该遗址发现了距今10500年至8600年左右连续的史前文化堆积。在堆积下部属于旧石器时代末期的典型细石器与局部磨制石锛陶片共存；中部则是以压印纹粗夹砂陶与石磨盘等为代表的早期新石器文化；最上部是典型裴李岗文化遗存。李家沟遗址是20世纪70年代裴李岗文化发现以来，中原地区史前考古发现的更早的新石器文化遗存。尤为重要的是，在新发现的早期新石器文化层之下，还发现与典型细石器共存的局部磨制石锛与陶片，为寻找中原地区旧、新石器过渡性遗存提供了地层学方面的可靠参照。黑垆土层中新发现的压印纹夹砂陶器与板状无支脚的石磨盘等文化遗存，则填补了中原地区从裴李岗文化到旧石器晚期文化之间的空白。总体来看，李家沟遗址多层文化的叠压关系，从地层堆积、工具组合、栖居形态到生计方式等多角度提供了中原地区旧、新石器时代过渡进程的重要信息，揭示了中原地区史前居民从流动性较强、以狩猎大型食草类动物为主要对象的旧石器时代，逐渐过渡到具有相对稳定的栖居形态的新石器时代的演化历史②（图7）。

三、独领风骚的裴李岗文化

裴李岗文化是1977年在河南新郑裴李岗遗址发现的（图8）。当时，发掘者发现该遗址所出的浅腹碗形鼎、筒形罐、鞋底形石磨盘、长条形石磨棒、两端均有圆弧刃的石铲在仰韶文化诸类型中都没有出现，由此认为裴李岗遗址应当不属于仰韶文化，但该遗址与河北邯郸磁山遗址出土的遗物有不少相似之处，所以认为

① 郑州市文物考古研究院、北京大学考古文博学院、郑州市二七区文化旅游局：《郑州老奶奶庙遗址暨嵩山东南麓旧石器地点群》，《中国文物报》2012年1月13日第4版。

② 郑州市文物考古研究院、北京大学考古文博学院：《新密李家沟遗址发掘的主要收获》，《中原文物》2011年第1期。

图7　新密李家沟遗址

图8　裴李岗遗址

裴李岗遗址是不同于过去所发现的各类新石器时代文化的另一种文化[①]（图9~11）。不久，陈旭先生在其《仰韶文化渊源探索》中因该类文化有一组特征鲜明的器物群，并据调查具有一定的分布范围，而明确该类文化为裴李岗文化。至于其与河

① 开封地区文管会等：《河南新郑裴李岗新石器时代遗址》，《考古》1978年第2期。

北磁山遗址出土文化遗存的关系，陈旭先生认为两者共同性是主要的，因此应属同一种文化，两者之间的差异性是因为它们是不同时期的文化遗存，所以裴李岗和磁山遗址是属同一个文化的两个不同类型，即裴李岗类型和磁山类型[①]。

图9 裴李岗文化石磨盘、石磨棒

图10 裴李岗文化乳钉纹红陶鼎

图11 裴李岗文化红陶三足壶

之后，学术界对该文化的命名进行了探讨，认为裴李岗和磁山文化遗存属于同一考古学文化的学者，因对两种文化遗存谁为主体文化的看法不同，有赞同陈旭先生裴李岗文化命名的[②]，也有另称为磁山文化[③]或磁山-裴李岗文化的[④]。随着考古发掘的进行、调查资料的不断丰富和相关研究的不断深入，裴李岗文化作为中原地区新石器时代一种考古学文化的命名，可以说已获得学术界的普遍认同。裴李岗文化的发现和命名在中国考古学史上具有重要的意义，不仅填补了中原地区新石器时代中期偏早阶段文化的空白，而且为仰韶文化来源研究提供了新资料。

① 陈旭：《仰韶文化渊源探索》，《郑州大学学报》（哲社版）1978年第4期。

② 李友谋、陈旭：《试论裴李岗文化》，《考古》1979年4期；许顺湛：《试论裴李岗文化》，《河南文博通讯》1980年第1期。

③ 严文明：《黄河流域新石器时代早期文化的新发现》，《考古》1979年第1期。

④ 夏鼐：《三十年来的中国考古学》，《考古》1979年第5期。

自裴李岗文化被命名后的30多年以来，在中原地区相继发现160余处裴李岗文化遗址，几乎分布于河南省各地。经过大规模发掘的遗址有新郑裴李岗[①]、密县莪沟北岗[②]、长葛石固[③]、舞阳贾湖[④]、汝州中山寨[⑤]、郏县水泉[⑥]、新郑唐户[⑦]、孟津寨根[⑧]等，经过试掘的遗址有淇县花窝[⑨]、登封王城岗[⑩]、巩义铁生沟[⑪]、瓦窑嘴[⑫]等(图12)。依据目前已发表的发掘或试掘的裴李岗文化遗址资料，学术界对裴李岗文化的分期问题进行了一些探讨，目前主要有四期说[⑬]和三期说[⑭]。其中，靳松安先生依据典型遗址将裴李岗文化分为早、中、晚三期六段，基本上代表了目前发现的裴李岗文化的各个不同发展阶段。同时，他依据对已发表的不同遗址碳十四测年数据的分析，把裴李岗文化的绝对年代大体推定在距今8500~7000年[⑮]。

根据学术界多年来对裴李岗文化遗存的研究可知，裴李岗文化的分布地域从早至晚有逐步扩大的趋势，早期遗存主要分布在豫中的嵩山周围地区，后扩展到豫中南部、豫北南部和豫西黄河沿岸地区。由于裴李岗文化延续时间较长，因此，不同地域的文化面貌也存在着一定的差异[⑯]。据此，学术界对裴李岗文化的类型划分进行了广泛的探讨，其中李友谋先生主张的划分为裴李岗、石固、贾湖三个类

---

① 开封地区文管会等:《河南新郑裴李岗新石器时代遗址》,《考古》1978年第2期；开封地区文管会等:《裴李岗遗址一九七八年发掘简报》,《考古》1979年第3期；中国社会科学院考古研究所河南一队:《1979年裴李岗遗址发掘报告》,《考古学报》1984年第1期。

② 河南省博物馆等:《河南密县莪沟北岗新石器时代遗址发掘简报》,《文物》1979年第5期；河南省博物馆等:《河南密县莪沟北岗新石器时代遗址》,《考古学集刊》(第一集)，文物出版社，1981年。

③ 河南省文物研究所:《长葛石固遗址发掘报告》,《华夏考古》1987年第1期。

④ 河南省文物考古研究所:《舞阳贾湖》，科学出版社，1999年版。

⑤ 中国社会科学院考古研究所河南一队:《河南汝州中山寨遗址》,《考古学报》1991年第1期。

⑥ 中国社会科学院考古研究所河南一队:《河南郏县水泉裴李岗文化遗址》,《考古学报》1995年第1期。

⑦ 河南省文物管理局南水北调文物保护办公室，郑州市文物考古研究院:《河南新郑市唐户遗址裴李岗文化遗存发掘简报》,《考古》2008年第5期；郑州市文物考古研究院，河南省文物管理局南水北调文物保护办公室:《河南新郑市唐户遗址裴李岗文化遗存2007年发掘简报》,《考古》2010年第5期。

⑧ 河南省文物局:《黄河小浪底水库考古报告(二)》，中州古籍出版社，2006年。

⑨ 安阳地区文管会，淇县文化馆:《河南淇县花窝遗址试掘》,《考古》1981年第3期。

⑩ 河南省文物研究所:《登封王城岗遗址的发掘》,《文物》1982年第3期。

⑪ 开封地区文管会:《河南巩县铁生沟新石器时代早期遗址试掘简报》,《文物》1980年第5期。

⑫ 河南市文物工作队，巩义市文物管理所:《河南巩义市瓦窑嘴新石器时代遗址的发掘》,《考古》1999年第11期。

⑬ 方孝廉:《裴李岗文化陶器分期和年代分析》,《中原文物》1986年特刊。

⑭ 缪雅娟:《沙窝李遗址分析——试论裴李岗文化分期》,《考古》1993年第3期；张江凯:《裴李岗文化陶器的谱系研究》,《考古与文物》1997年第5期。

⑮ 靳松安:《试论裴李岗文化的分期与年代》,《中原文物》2007年第6期。

⑯ 靳松安:《河洛与海岱地区考古学文化的交流与融合》，科学技术出版社，2006年。

图12　裴李岗文化遗址分布图

型[①]，和靳松安先生认为的应划分为裴李岗、贾湖、花窝、班村四个类型[②]的观点在学术界较有影响。不过，检索所有有关裴李岗文化类型划分的观点，以嵩山周围的颍河上游和伊洛河下游地区为主要分布地区的裴李岗类型均作为其首要的类型被提出，这毫无疑问说明了裴李岗类型在裴李岗文化中居于核心的地位。

据目前所见考古资料，已发掘或试掘的裴李岗文化遗址中，属于裴李岗类型的遗址占绝大多数，其中包括面积2万多平方米的裴李岗遗址，和面积达140余万平方米的特大型聚落遗址——唐户遗址。裴李岗类型在裴李岗文化中不仅年代

① 李友谋：《试论裴李岗文化类型的区分》，《郑州大学学报》（哲学社会科学版）1991年第6期。

② 靳松安：《河洛与海岱地区考古学文化的交流与融合》，科学技术出版社，2006年。

早，延续时间长，而且文化遗存最为丰富，包括中原地区年代最早、面积最大的环壕聚落、排列有序的公共墓地和数量众多、独具特点的文化遗物。因此，从裴李岗文化扩张的态势来看，突出地表现为以嵩山地区裴李岗类型为核心，随着年代的演进，分别向周边扩散。以目前的考古资料来看，这应该是嵩山地区核心地位形成的最早、最确凿的明证。

裴李岗文化的扩张，是以嵩山地区裴李岗类型为中心向四方辐射的发散式结构。然而，作为裴李岗文化先民生活的场所——聚落，则表现出一种向心式的、有序的结构和布局。以裴李岗文化目前面积最大的唐户环壕聚落为例，从平面布局分析，第Ⅳ区房址基本呈西北—东南向布局，分为南、北两组。北边一组共有房址 18 座，以面积最大、南北向的 F46 为中心，其外围的 F39、F40、F45、F47、F50 等 5 座房址门向基本朝向 F46。此外，F35、F36、F37、F38、F41 门向基本向南，环状分布于 F46 的前方，具有内向凝聚式布局。南面一组共有房址 16 座，该组房址以门向朝南的 F42 面积最大，周围的 F24、F26、F27、F29、F34、F43 等房址的门向朝向 F42，也具有以 F42 为中心布局的特征。西安半坡、临潼姜寨等仰韶文化遗址聚落布局为典型的内向凝聚式布局，聚落以广场为中心，房址分布在周边，门向均朝向广场，这种布局方式与唐户遗址裴李岗文化时期的房址布局相似。所以，唐户遗址裴李岗文化聚落中出现的内向凝聚式布局或与仰韶时代半坡、姜寨等遗址的内向凝聚式布局有相同的渊源（图 13）。

在 II 区东北部和 IV 区西北部共有房址 21 座，主要分布于 III 区东北部壕沟（G11）内侧阶地上。经勘探和发掘，初步认定该沟呈东南—西北向，向西呈环状与九龙河相接，为自然壕沟。它跨 II、III、IV 发掘区，已知长度 300 余米，宽约 10~20 米，最宽处达 40 米，深约 2~4 米。该组房址被有意识地选址于沟旁阶地上，房屋依沟的自然走向布局，既便于生活取水、排水及废弃物的处置，又利用了壕沟作为防御屏障[①]。

裴李岗文化先民死后埋葬的场所——墓葬，则表现出一种分群、有序、墓向一致的特点。如裴李岗遗址上层墓地至少由 3 块墓群所组成，各块墓群都经历了大体相同的时间过程，每一墓群中的墓葬排列方向也基本一致[②]。在贾湖遗址共发现墓葬 349 座，遗址的西、中、东部都有分布。贾湖墓葬大多分布较为密集，在

---

① 郑州市文物考古研究院、河南省文物管理局南水北调文物保护办公室：《河南新郑市唐户遗址裴李岗文化遗存 2007 年发掘简报》，《考古》2010 年第 5 期。

② 朱延平：《裴李岗文化墓地初探》，《华夏考古》1987 年第 2 期。

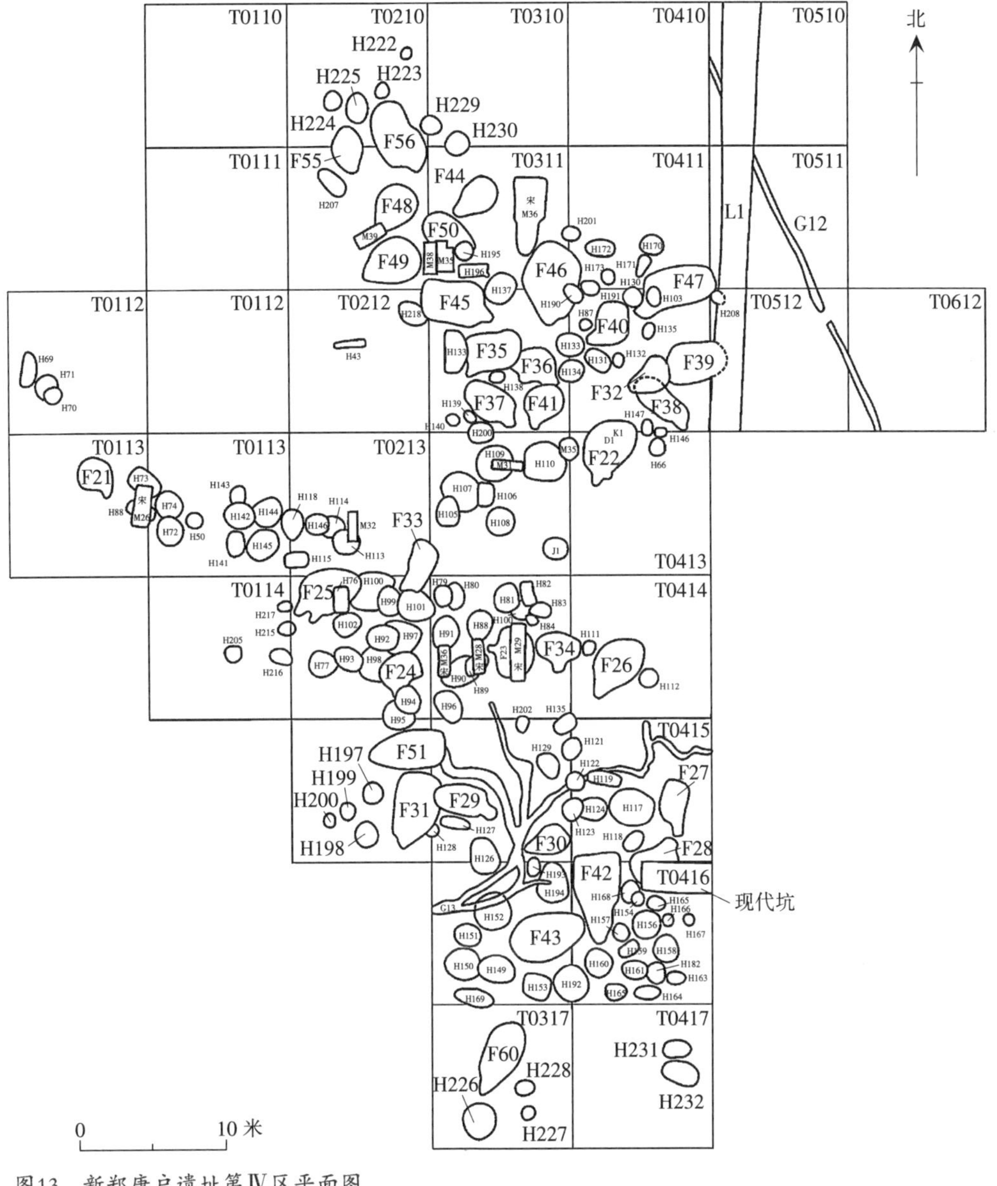

图13　新郑唐户遗址第Ⅳ区平面图

西部有 3 个墓葬群均存在 4~6 层墓葬层层叠压的现象。从墓葬分布规律观察，早期墓和中晚期墓分布不尽一致。墓向以西为主，次为西南，少量为西北向[①]。从表面上看来，裴李岗文化墓葬与其环壕聚落布局的向心性不同，其布局仅表现出有序性，其实这种特性表现出来的恰恰是向心性，因为每块墓地的形成，其位置、形制和方向都是遵循先例的，也就是说，每块墓地中最早的墓葬位置、形制和方

① 河南省文物考古研究所：《舞阳贾湖》，科学出版社，1999 年，第 139 页。

向都是后来埋葬此墓地的墓葬参考的标准，所以墓地中年代最早的墓葬就是该墓地的核心，因此，裴李岗文化的墓葬分布也与其聚落一样具有向心性。

四、丰富多彩的仰韶时代文化

学术界一般认为，中原地区仰韶文化是裴李岗文化的继承和发展[①]。仰韶文化是黄河中游地区一支重要的新石器时代文化，因 1921 年首先在河南省渑池县仰韶村被发现而命名。迄今为止，仰韶文化的发掘和研究经历了 80 多年的发展过程，成为中国新石器时代考古研究中发现时间最早、发现遗址最多、研究最为深入、影响也最广泛的中心课题。随着越来越多仰韶文化遗址的涌现和相关研究的深入，目前学术界对仰韶文化的概念并没有一致的认识，有学者将其作为一个时代的称谓，这是广义的仰韶文化，有的只将其作为典型仰韶文化的名称，即狭义的仰韶文化；还有的将包括典型仰韶文化和与之关系密切的文化统称为仰韶文化[②]。而实际上，仰韶文化中心分布区在关中－陕南－晋南－豫西，在这一范围之外的表现有相似特点的文化遗存，是仰韶文化影响的结果，因为这些遗存的来源与中心区域的仰韶文化并不完全相同。对于这些文化遗存，学术界一般将豫北冀南的该类文化遗存称为“后岗一期文化”或“大司空文化”，豫西南地区的称为“下王岗文化”，豫中地区的称为“大河村文化”或“秦王寨文化”[③]。其中豫中地区的仰韶文化遗存因延续时间最长、内涵最为丰富、分布范围最为广泛而成为中原地区仰韶文化的代表。

豫中地区的仰韶文化遗存，因其文化特征明显区别于其他地区的仰韶文化，而在 20 世纪 60 年代初就被单独划分为一个区域，称为“洛伊区”[④]，后有学者又将其称为“豫中区”[⑤]。在文化类型划分上，学术界则有诸多不同的看法。在该类文化遗存发现之初，杨建芳先生发现秦王寨遗址采集的部分陶器特征与关中和甘青地

---

① 陈旭：《仰韶文化渊源探索》，《郑州大学学报》（哲社版）1978 年第 4 期；安志敏：《略论华北的早期新石器时代文化》，《考古》1984 年第 10 期；石兴邦：《前仰韶文化的发现及其意义》，《中国考古学研究（二）》，科学出版社，1986 年。

② 中国社会科学院考古研究所：《中国考古学·新石器时代卷》，中国社会科学出版社，2010 年，第 207 页。

③ 中国社会科学院考古研究所：《中国考古学·新石器时代卷》，中国社会科学出版社，2010 年，第 208 页。

④ 安志敏：《中国新石器时代的仰韶文化和龙山文化》，《历史教学》1961 年第 8 期。

⑤ 苏秉琦：《纪念仰韶村遗址发现六十五周年（代序言）》，河南省考古学会等编：《论仰韶文化》，《中原文物》1986 年特刊（总第 5 号）；石兴邦：《仰韶文化》，《中国大百科全书·考古卷》，中国大百科全书出版社，1986 年，第 602 页。巩启明：《仰韶文化研究》，文物出版社，2002 年，第 146 页。

区的仰韶文化和马家窑文化有明显区别，因此首次将以这批采集陶器为代表的豫中地区的仰韶文化称为"秦王寨类型"①。大河村遗址发掘以后，发掘者即将大河村遗址第三期文化遗存归属"秦王寨类型"，而将与之在陶器群特征上有明显差异的第四期文化遗存则称之为"过渡期文化"②或"大河村类型"③，也有学者认为大河村遗址三、四期应属一种文化类型，称为"秦王寨类型"④"秦王寨文化"⑤或"大河村文化"⑥。而《河南考古四十年》赞同"大河村文化"的称谓，却将豫中、豫北和豫西南的晚于裴李岗文化和早于龙山时期文化的遗存全都归入"大河村文化"⑦。《中国考古学·新石器时代卷》则将大河村遗址龙山时代层以前的七期堆积均归入"大河村文化"⑧。

以上学术界对于豫中地区仰韶文化类型划分的讨论，其分歧主要集中在大河村遗址前七期文化遗存是否为同一性质的文化以及对该类文化遗存的称谓上。考察大河村遗址前七期文化遗存，从文化内涵的基本成分看，其各期之间在陶器虽存在一些差别，特别是前三期和后四期的陶器特征差别较为明显。但总体来看，这种差别在很大程度上是基于随着时间的演进而产生的阶段性差异，因为从发掘资料看，其前后期之间的继承关系十分明显，这在《郑州大河村》的结语中有很明确的表述⑨。更为重要的是，从该遗址仰韶文化前一期开始出现的土坑墓和瓮棺葬的葬俗在之后的四期仰韶文化遗存中都得到了继承和发展；而且该遗址仰韶文化一期出现的白衣彩陶和二期出现的地面式方形连间式房基在之后的各期也得到了继承和发展，这说明大河村遗址七期仰韶文化遗存应是连续在此居住了两千多年的同一族群的人创造的，因此应属同一性质的文化。并且据调查和发掘资料，该类文化遗存也有一定的分布范围，除大河村遗址外，还在郑州后庄王、郑州西山、西尚岗阳遗址，荥阳点军台、青台、秦王寨、楚湾遗址，巩义坞罗、喂庄、

---

① 杨建芳：《略论仰韶文化和马家窑文化的分期》，《考古学报》1962年第1期。

② 李昌韬：《秦王寨遗址与秦王寨类型》，《中原文物》；巩启明：《试论仰韶文化》，《史前研究》1983年创刊号。

③ 廖永民：《关于秦王寨类型与大河村类型的划分问题》，《中原文物》1981年第3期。

④ 吴汝祚：《太湖地区的原始文化》，《文物集刊》1980年第1期；安志敏：《中国的新石器时代》，《考古》1981年第3期。

⑤ 孙祖初：《秦王寨文化研究》，《华夏考古》1991年第3期。

⑥ 丁清贤：《关于"仰韶文化"的问题》，《史前研究》1985年第3期；张居中：《仰韶时代文化》，见《河南考古四十年》，河南人民出版社，1994年。

⑦ 河南省文物研究所：《河南考古四十年》，河南人民出版社，1994年。

⑧ 中国社会科学院考古研究所：《中国考古学·新石器时代卷》，中国社会科学出版社，2010年。

⑨ 郑州市文物考古研究所：《郑州大河村》，科学出版社，2001年，第574~578页。

喂庄西、龙谷堆、东沟、东山原、水地河，新密马鞍河、程庄，汝州谷水河，新郑唐户等遗址也有发现。因该类文化遗存既有一群典型遗迹和遗物，又有其一定的分布范围，因此符合考古学文化的命名原则。至于该类考古学文化的称谓，我们认为将其称为“大河村文化”较为符合考古实际，因为秦王寨遗址虽然发现比较早，但其一直没有被发掘，因此学术界对该类文化的认识在很大程度上依赖于大河村遗址的考古发掘资料。另外，有学者将豫中、豫北和豫西南的晚于裴李岗文化和早于龙山时期文化的遗存全都归入“大河村文化”的认识又有些过于宽泛，因为以目前的考古资料来看，豫北和豫西南晚于裴李岗文化和早于龙山时期的文化遗存显然和豫中地区的不同，学术界多已分别称为“后岗一期文化”和“下王岗文化”。所以，我们认为大河村遗址七期仰韶文化遗存应属于同一性质的考古学文化，该类文化可称之为“大河村文化”。

依据现有的考古资料，大河村文化比较集中地分布在以嵩山为中心的郑州地区，遗址多坐落在高出周围地面的土丘上。一般说来，积压的灰层比较厚。依据《郑州大河村》，大河村文化共分七期，包括了仰韶文化发展的全过程。在河南地区，特别是在郑州一带仰韶文化中有广泛的代表性。大河村文化前三期文化遗存时代较早，在中原地区仰韶文化中不多见。有些特征明显地继承了裴李岗文化的因素。有些仅能在仰韶早期文化的后岗类型、半坡类型和长葛石固同类型等找到相同或相似的因素。其中第三期开始出现成人土坑墓和幼儿瓮棺葬，瓮棺葬葬具均为使用生活用具，这一习俗一直延续到大河村文化第七期。大河村文化第四期开始出现该类文化代表性的白衣或米黄衣彩陶（图 14、15）。第五期开始出现地面上房屋建筑，平面多为方形或长方形。第六期开始出现地面上排房建筑，布局往往是两间或两间以上，东西并列成排，并出现套间。每间房子的迎门处或房角处有一个或两个面积约 1 平方米的方形烧火台。普遍采用“木骨整塑”的建筑方法（图 16）。建筑技术水平高，“木骨”发展成熟，火候较高，烧成整塑陶房。具有坚固耐用、防潮保温的优点。第七期的地面上建筑方法多样，有用红烧土块垒砌而成的，有用草拌泥建筑而成的，也有二者并用的，此外有用“木骨”建成的，但木骨技术明显退化。房基建筑质量和大小相差悬殊，有的面积大到 100 多平方米，而且地坪铺设十分讲究实用，有的仅有 1 平方米左右，而且十分简陋。在布局上多为单间的房基，也有少数房基相连的排房和外间及套间。另外，还发现了用小孩奠基和大型版筑夯土柱础。灰坑以袋状坑为主，亦有筒形坑及不规则形坑。多分布在房基附近，坑壁和底部抹一层砂质细泥或草拌泥，并用火烧烤，表面坚硬，平整光滑。第七期坑内时常

图14 大河村遗址出土彩陶钵

图15 大河村遗址出土彩陶双联壶

图16 大河村遗址房屋建筑基址

发现零星人骨和葬式特殊的墓葬及完整的猪骨架等，有的还出土大量的螺蛳壳和炭化的粟等。发现的第七期墓葬群中土坑墓多数集中在墓葬区内，并排列有序。盛行长方形竖穴土坑墓，单人仰身直肢葬。均无葬具，有随葬品的极少。随葬品也仅限于一两件小型生产工具，如陶纺轮、陶弹丸和骨针等。Ⅳ区中墓葬的方向

绝大多数为头南足北，I 区中的多头东足西。另外，还常在灰坑内发现屈肢葬、坐式葬和捆绑式的墓葬等。瓮棺葬除少数零散地分布在房基附近外，更多的是集中埋在土坑墓区内。一件葬具的绝大多数是口向上竖放，两件葬具的扣合，且多东西横放。以陶鼎、罐、盆、豆、大口尖底瓶、钵和缸等作葬具，其中以鼎作葬具的最多[①]。

大河村文化西山遗址还发现一座黄河流域年代最早的城址。依据发掘资料，该城址城门有 2 座，为北门和西门。其中西门设在西北隅，存宽约 17.5 米。西城门北侧的城墙上保留有南北向两排和东西向三排的基槽，槽内密布柱洞，从而将 9 米宽的城墙分隔成数间面积达 3~4.5 平方米的封闭的单元。由此推测，这里可能有望楼一类的建筑。西门外壕沟内的东、西两侧各有一个直径约 3 米的半圆形生土台，两个土台间壕沟的宽度仅有 2 米左右，推测这是为了架设板桥、方便通行而设立的。北门设在城址东北角，存宽约 10 米，平面形状略呈“八”字形。东、西两侧分别有略呈三角形的附筑城台，城台由长方形、梯形、三角形和近似菱形的小版块筑成，版块面积为 0.8 平方米左右。西侧城台曾遭破坏，故在其外侧补筑了一个长 4.5 米、宽 4.5 米的正方形城台（图 17）。

北门外侧正中横筑了一道护门墙。护门墙东西向，长约 7 米，宽约 1.5 米，夯筑十分坚硬。护门墙以南 2 米正对北门处有一条南北向的道路，纵贯城址东北部，编号为 L1。此路残长 25 米，宽约 1.75 米。路土厚约 0.25 米，用粗砂混合红烧土碎粒铺成。G9 在北门两侧断开，不相连属。L1 因受护门墙阻隔，分走两侧，并与城外的郊野相连（图 18）。

城内发现的 200 余座房基多已残破，从保存较好的几座来看，似有一定布局。如 F144、F129 分别位于 L1 的东、西两侧，门皆向北，朝向北城门。F136 位于城内东北部，门向西。F105 位于城内的西北部，两间并排，门皆开向东南。以上房基似可分为两组，即门向北的一组（如 F129、F144）和门向城内中心方向的一组（如 F136、F105）。西门内东侧有一座大型夯土建筑基址，略呈扇面形状，东西长约 14 米，南北宽约 8 米。其周围还有数座房基环绕。在此建筑基址的北侧是一个面积达数百平方米的广场。

城内发现了近 2000 座窖穴和灰坑。窖穴多是口小底大的袋状坑，壁底经过精细修整，有的在坑壁上掏有壁窝。其中，第二至四组的窖穴较小而浅，第五至七组的则大而深。在一些窖穴底部还发现了属于窖穴使用时期的排列有序的数组陶、

---

① 郑州市文物考古研究所：《郑州大河村》，科学出版社，2001 年，第 577 页。

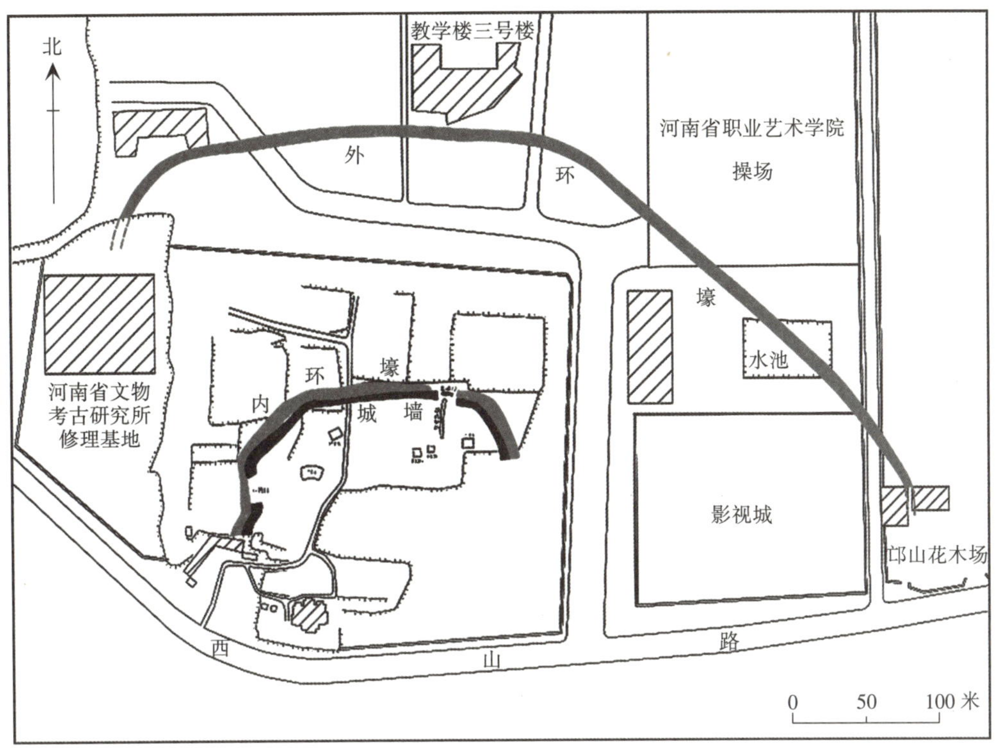

图17　西山遗址平面图

图18　西山遗址城墙剖面

石器。从大型袋状坑多分布于城址西北部来看，这类储物窖穴应该集中在聚落内部的地势高亢区[①]。

依据发掘简报，西山城址始建于第四组，第五组时曾大规模重建，到第七组时被废弃，也就是始建于大河村文化第六期，第七期时大规模重建，而废弃于大河村遗址龙山文化早期。其绝对年代，西山城址尚未作碳十四测定，比照附近的郑州大河村、荥阳青台等遗址同期遗存所做的测年结果，西山城址的年代距今5300~4800年。

由以上分析可以看出，以嵩山为中心的郑州地区内，大河村文化内涵极为丰富，发现有成排的地面建筑群，排列有序的墓地，储藏粮食或杂物的窖穴，独特鲜艳的白衣彩陶，以及中原地区年代最早、夯筑技术最先进的城址等。相较于同时期中原地区其他考古学文化，比如豫西的庙底沟文化和王湾一期文化、豫北的后岗一期文化或大司空文化、豫西南的下王岗文化等，大河村文化无疑处在文化发展水平的制高点。大河村文化在第六期和第七期曾进行大规模的扩张，依据考古资料，其文化分布范围扩展至淮河下游的豫东平原、黄河沿岸地带、晋南地区、伏牛山北麓[②]。同时，大河村文化也明显受到了周边同时期考古学文化的影响，如大河村文化第一期文化遗存时代较早，有些特征明显地继承了裴李岗文化的因素，同时受到豫北地区后岗一期文化、关中半坡文化的影响。大河村仰韶文化第二期和第三期与后岗一期文化关系密切，如陶罐形鼎、盆形鼎、双耳罐、小包口垂腹罐、敛口鼓腹弦纹罐、红顶钵、红顶盆、红顶碗、直口深腹圜底突饰缸等，在后岗一期文化中都能找到相同或相似的器形，《郑州大河村》甚至将此期暂命名为后岗类型[③]。考虑到大河村文化不见后岗一期文化风格的彩陶，并且其房屋建造方式明显不同，因此二者应不属于同一类型的文化遗存，而应是后者影响前者的结果。大河村文化第四期和第五期与庙底沟类型有较多相同因素，如彩陶中的钩叶纹、花瓣纹、圆点纹和直线纹等，陶器中的曲腹钵、曲腹盆等，《郑州大河村》由此将其归属到庙底沟文化。实际上，该两期文化房屋建筑方式与庙底沟文化的半地穴式明显不同，另外二者的日常生活用具组合也有显著差别，因此应不属相同性质的考古学文化，而是庙底沟文化影响大河村文化后引起的文化面貌的部分改变。大河村文化在其第六期和第七期因较大规模的扩张而与黄河下游和长江中游的同时期文化发生了接触，使得这一时期的

① 国家文物局考古领队培训班：《郑州西山仰韶时代城址的发掘》，《文物》1999年第7期。

② 孙祖初：《秦王寨文化研究》，《华夏考古》1991年第3期。

③ 郑州市文物考古研究所：《郑州大河村》，科学出版社，2001年，第578页。

大河村文化出现了少量山东大汶口文化和湖北屈家岭文化的陶器，说明此时大汶口文化和屈家岭文化对大河村文化施加了影响。由此可见，大河村文化无论在其最强势的第六期和第七期向外势力的扩张，还是周边同时期考古学文化对其产生的影响，都说明大河村文化至少在仰韶时代中晚期在中原地区文明化进程中有着核心的地位和作用。

有学者认为，大河村文化西山古城属于仰韶时代晚期，也属于黄帝时代晚期，而且正好出现在黄帝为国君的有熊国区域内，因此西山古城可称为黄帝时代古城，或简称为黄帝城[①]。相传黄帝即居“天下之中”。《淮南子·天文训》说：“中央土也，其帝黄帝，其佐后土，执绳而制四方。”这种以“土”居中央，以黄帝为统领四方之帝的思路，在思想上所遵循的即“尚中”原则[②]。而文献资料表明，黄帝居有熊，是有熊国君，并且在有熊建都，有熊国的地域在古代的郑国范围，郑国国都在新郑。根据文献记载，结合大河村文化分布区域，分析可见大河村文化很可能是有熊国文化，其分布区域大体上是有熊国的疆域[③]。仰韶时代以嵩山地区为中心的大河村文化分布区域应属当时人们所认为的“中央土”，也就是“天下之中”，因此黄帝在此筑城以为都。

五、承前启后的庙底沟二期文化

庙底沟二期文化以河南陕县庙底沟遗址第二期文化遗存而得名[④]，是中原地区继仰韶文化之后发展起来的一类考古学文化，主要分布在豫西、晋中南和关中地区。庙底沟二期文化的发现和确立，填补了仰韶文化和中原地区龙山时代文化之间的缺环。之后，随着考古发掘工作的快速开展，与该类文化相同或相似的文化遗存逐渐增多，其分布的范围亦逐渐扩大，由此学术界对该类文化的认识和了解亦愈加清晰。目前，学术界对庙底沟二期文化的认识已从将其看作一种过渡性遗存转变为一个独立文化阶段的代表遗存，也就是说，在庙底沟二期文化阶段不仅仅只有一个庙底沟二期文化，还存在着一些处于同一发展阶段的相关遗存，而庙底沟二期文化是这一阶段的主体[⑤]。目前，学术界一般认为，与其同时存在的有豫

---

① 许顺湛：《郑州西山发现黄帝时代古城》，《中原文物》1996 年第 1 期。

② 李久昌：《周公“天下之中”建都理论研究》，《史学月刊》2007 年第 9 期。

③ 许顺湛：《郑州西山发现黄帝时代古城》，《中原文物》1996 年第 1 期。

④ 中国科学院考古研究所：《庙底沟与三里桥》，科学出版社，1959 年。

⑤ 中国社会科学院考古所：《中国考古学·新石器时代卷》，中国社会科学出版社，2010 年，第 511 页。

中地区的大河村五期遗存、豫东地区的段寨中期类遗存、豫北冀南地区的台口一期类遗存等。

考古资料表明，庙底沟二期文化及其并存的这些文化遗存大多有其各自的源流，比如庙底沟二期文化由西王村文化发展而来，而在豫西、晋南和关中东部地区发展为三里桥类遗存，在关中西部地区发展为客省庄文化；豫中地区的大河村五期类遗存源于大河村文化，而发展为王湾三期文化；豫北冀南地区的台口一期类遗存是后岗二期文化的主要来源[①]；豫东地区的段寨中期类遗存则与造律台文化存在渊源[②]。其中分布于嵩山及周边地区的，并且与当地文化一脉相承的无疑应为大河村五期类遗存。以目前的考古资料来看，该类遗存是豫中地区庙底沟二期文化阶段的代表遗存，发掘者将其称为“龙山文化早期”[③]，后有学者称之为“王湾二期文化”[④]。同类遗存在洛阳王湾、偃师高崖、二里头，郑州林山砦、西山、站马屯，登封告城北沟、禹州瓦店、谷水河等均有发现。综合该类文化遗存内涵和特征，多数学者认为豫中地区存在一种与庙底沟二期文化不同，而相当于庙底沟二期文化阶段的独立的文化遗存。该类遗存分布范围基本与王湾三期文化相同，主要分布在豫中地区的伊河、洛河、颍河和汝河流域[⑤]。

综合分析大河村五期类遗存，其陶器的特征以夹砂和泥质灰陶为大宗，红陶次之。纹饰以绳纹为主，次为篮纹、附加堆纹和弦纹等，也有极少的彩陶。主要器类有鼎、罐、斝、瓮、缸、钵、盆、豆、碗、杯、壶、器盖等。生产工具则与仰韶文化时期差别不大。其居住建筑在大河村遗址发现的为地面上建筑，王湾遗址也可能是，但妯娌遗址发现的 15 座房基均为圆形半地穴式。该遗址似有一定的布局，其房基附近分布有圆形袋状窖穴，居住区西南有一条壕沟，沟西发现 50 多个灰坑，可能为仓窖区，该区之南是墓葬区。其墓葬与大河村和王湾遗址流行的成人长方形土坑墓、婴幼儿流行瓮棺葬不同，妯娌遗址墓葬表现出了鲜明的等级差别。妯娌遗址的墓葬可分大、中、小三类，大、中型墓一般有二层台，内置单棺，有的还用圆木构成椁，死者头部或棺底撒有朱砂。小型墓仅能容身，且无葬

---

① 段宏振：《试论华北平原龙山时代文化》，《河北省考古文集》，东方出版社，1998 年。

② 段宏振，张翠莲：《豫东地区考古学文化初论》，《中原文物》1991 年第 2 期；段宏振：《试论华北平原龙山时代文化》，《河北省考古文集》，东方出版社，1998 年。

③ 郑州市文物考古研究所：《郑州大河村》，科学出版社，2001 年。

④ 河南省文物局、水利部小浪底水利枢纽建设管理局移民局：《黄河小浪底水库文物考古报告集》，黄河水利出版社，1998 年。

⑤ 中国社会科学院考古所：《中国考古学·新石器时代卷》，中国社会科学出版社，2010 年，第 526 页。

具，随葬品亦极少见[①]。妯娌遗址发现的环壕聚落和具有明显等级差别的墓葬，为探讨豫中地区庙底沟二期文化时期的社会组织和发展阶段提供了难得的资料。

由此可见，大河村五期类遗存以目前的考古资料看虽内涵仍不太丰富，但其所在的地层关系和表现出来的文化面貌和特征则填补了豫中地区仰韶时代文化和龙山时代文化之间的空白，可以说大河村五期类遗存前承大河村文化，后启王湾三期文化，使得豫中地区，特别是嵩山及周边地区的史前文化连续发展，为中国古代文明和国家在这一地区的最终形成创造的极为重要的条件。

六、连续发展的龙山时代文化

龙山时代是用考古学文化命名的，最先是由严文明先生提出来[②]。其年代范围，学术界一般认为在公元前 26~前 21 世纪这一时期。此时，中原地区经仰韶文化发展到中原龙山时代诸文化，以山东为中心的海岱地区由大汶口文化发展到了典型龙山文化，以太湖流域为中心的长江下游地区由崧泽文化发展为良渚文化，以江汉平原为中心的长江中游地区由屈家岭文化发展为石家河文化。但是，这些由仰韶时代发展而来的龙山时代诸文化，除中原地区龙山时代诸文化之外，文化谱系均缺乏连续性，比如山东地区的典型龙山文化、长江中下游地区的石家河和良渚文化之后均进入明显的衰落期，且与后继文化之间或多或少存在缺环。而中原地区龙山时代诸文化中，与其后继文化——二里头文化关系最为密切的则为王湾三期文化。

王湾三期文化是指以王湾三期为代表的一类文化遗存，起初学术界一般将其称为“河南龙山文化”的一个地方类型——“王湾类型”[③]。后来随着考古资料的增多和研究的深入，越来越多的学者认为“河南龙山文化”中的各个类型各自有不同的特征、分布范围和渊源，这些类型应该分别单独命名为独立的考古学文化，因此“王湾类型”与“后岗类型”“王油坊类型”等被分别命名为“王湾三期文化”[④]“后

① 河南省文物局，水利部小浪底水利枢纽建设管理局移民局：《黄河小浪底水库文物考古报告集》，黄河水利出版社，1998 年。

② 严文明：《龙山文化和龙山时代》，《文物》1981 年第 6 期。

③ 李仰松：《从河南龙山文化的几个类型谈夏文化的若干问题》，《中国考古学会第一次年会论文集》，文物出版社，1979 年；郑杰祥：《河南龙山文化分析》，《开封师范学报》1979 年第 4 期；高天麟、孟凡人：《试论河南龙山文化“王湾类型”》，《中原文物》1983 年第 2 期。

④ 严文明：《龙山文化和龙山时代》，《文物》1981 年第 6 期；李伯谦：《论造律台类型》，《文物》1983 年第 4 期；董琦：《虞夏时期的中原》，科学出版社，2000 年。

岗二期文化”[①]“造律台文化”[②]等。特别20世纪90年代学术界在对夏文化和先商文化的研究探讨中，大部分学者认识到王湾三期文化和后岗二期文化的独立存在，尤其是以二里头文化为代表的夏文化来源于王湾三期文化的观点基本成为学术界的共识[③]。

王湾三期文化主要分布在河南省中部，其范围东起郑州左近，西至渑池，北达济源，南抵驻马店一带，位于中原的核心地区。目前在这一地区已发现六七百处同类遗址，分布非常密集。经过发掘的遗址有30余处，主要有洛阳王湾、西干沟、东干沟、矬李、西吕庙，孟津小潘沟，伊川白元，郑州站马屯、旮旯王、牛砦、大河村、二里岗、阎庄、马庄，荥阳点军台，新密新砦，济源苗店，登封王城岗、程窑，汝州煤山、北刘庄，李楼，禹州瓦店、吴湾，许昌丁庄，襄城台王，郾城郝家台和上蔡十里铺等。

王湾三期文化因分布范围较为广泛，因此不同地区间存在较明显的地区差异，因此学术界对其类型的划分进行了讨论，有学者主张划分为“汝洛型”和“郑州型”[④]，有的主张划分为“王湾类型”和“王城岗类型”[⑤]，还有的则主张划分为“郝家台类型”“王湾类型”和“煤山类型”[⑥]。由此可见，对于王湾三期文化类型的划分，无论何种观点，将以嵩山为中心分布区的“王湾类型”作为其中一种类型已成为学术界的共识。考虑到王湾三期文化的内涵和特征在嵩山南北地区差别较为明显，因此将其划分为“王湾类型”和“郝家台类型”的观点较为符合考古实际。

王湾类型分布中心在洛阳平原和嵩山周围，以王湾三期遗存为代表。该类型的许多遗址面积大、堆积厚。灰坑多为袋状。房屋有方形地面式和圆形半地穴式两种，但多为单间，地面经烘烤或抹以白灰面。墓葬多为竖穴土坑墓，单人仰身直肢，基本不见随葬品。石器多磨制，骨、蚌器占相当比例。陶器纹饰多方格纹，次为篮纹和绳纹，磨光黑陶比例较大，常见器形有圜底罐形鼎、折腹盆式斝、双耳罐、双腹盆、甑、大口鼓腹小平底罐、平底盆、钵、碗、带耳杯、刻槽盆等。极少见鬲。

---

① 严文明：《龙山文化和龙山时代》，《文物》1981年第6期。

② 董琦：《虞夏时期的中原》，科学出版社，2000年，第28页。

③ 《中国考古学·新石器时代卷》，中国社会科学出版社，2010年，第529页。

④ 王震中：《略论“中原龙山文化”的统一性与多样性》，见《中国院士文化论集》，文物出版社，1989年。

⑤ 董琦：《虞夏时期的中原》，科学出版社，2000年，第28页。

⑥ 韩建业、杨新政：《王湾三期文化研究》，《考古学报》1997年第1期。

目前发现的王湾三期文化的大多数城址均属于该类型的晚期，比如登封王城岗小城①和大城②、新密古城寨③、新砦龙山文化城址④、焦作徐堡⑤、博爱西金城⑥等。城址是文明社会的重要内容之一，标志着以血缘关系为纽带的氏族社会的解体和以阶级划分为基础的文明时代的到来，因此被看作是国家和文明起源和形成的重要标志。而这些城址，从其所处年代和地域分析，大多与文献记载夏代都邑有密切关系（图 19）。

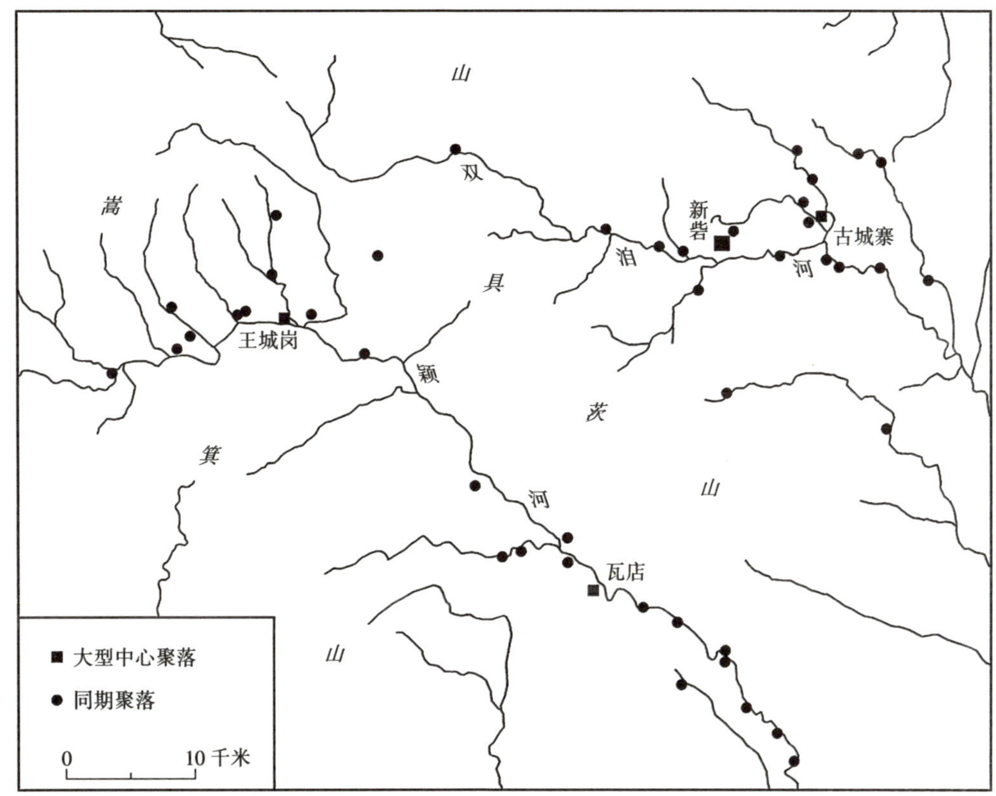

图19　嵩山东麓龙山文化遗址分布图

---

① 河南省文物研究所等：《登封王城岗与阳城》，文物出版社，1992 年，第 28~34 页。

② 方燕明：《河南登封王城岗遗址发现龙山晚期大型城址》，《中国文物报》2005 年 1 月 28 日；北京大学考古文博学院，河南省文物考古研究所：《登封王城岗考古发现与研究》，大象出版社，2007 年，第 221 页。

③ 河南省文物考古研究所等：《河南新密市古城寨龙山文化城址发掘简报》，《华夏考古》2002 年第 2 期。

④ 赵春青、张松林：《河南新密新砦遗址发现城墙和大型建筑》，《中国文物报》2004 年 3 月 3 日；中国社会科学院考古研究所河南新砦队、郑州市文物考古研究所：《河南省新密市新砦遗址东城墙发掘简报》，《考古》2009 年第 2 期。

⑤ 毋建庄、邢心田、韩长松等：《河南焦作徐堡发现龙山文化城址》，《中国文物报》2007 年 2 月 2 日。

⑥ 王青、王良智：《河南博爱西金城遗址发掘取得重要成果》，《中国文物报》2008 年 1 月 23 日。

王城岗小城为东西并列的两座小城组成，东城仅保存西南部，西城保存较为完整，大致呈方形，但东北部残缺，西城面积近 1 万平方米，东南角有一缺口，可能为城门。城内有殉人和殉家畜的奠基坑。王城岗大城紧邻小城的西侧，面积约 35 万平方米，保存有夯土城墙基和城壕，城内发现有祭祀坑、玉石琮和白陶器，还发现有几处大面积的夯土基址。王城岗小城和大城所在位置虽然相邻，但却并不共存，后者是在前者废弃不久即兴建，因此二者之间亦没有隶属关系。至于为何王城岗小城废弃不久即在其不远处兴建大城，限于资料，目前还无法确知其原因。不过鉴于王城岗小城东城被五渡河冲毁，那么王城岗大城的兴建也许与王城岗小城的突然废弃，而必须新建城防防御有关。王城岗大城和小城均发现有夯土建筑和奠基坑，明显有层级化的现象，因此应为区域权力中心。其中王城岗小城面积仅 2 万平方米，学术界多称其为城堡[①]，我们认为这比较符合考古实际。但是王城岗小城规模虽小，但其城内的夯土台基和奠基坑的存在，仍使其不失古国都城的性质。学术界根据相关文献记载，也做了一些推测，其中王城岗小城由于与文献记载“禹都阳城”的年代和地理位置相近，所以不少学者认为该城址可能与鲧或禹有关[②]。但是王城岗大城发现之后，又有不少学者认为王城岗大城应为禹都阳城，而王城岗城址则为鲧作之城[③]（图 20）。

古城寨城址平面呈圆角长方形，其南、北、东三面至今仍保存有夯土城墙，城内面积近 18 万平方米（图 21、22）。古城寨城内目前发现两座夯土高台建筑，其中一座（F1）位于城内中部略偏东北处，坐西朝东，南、北、东三面有回廊，为夯筑高台建筑，南北长 28.4 米，东西宽 13 米，面积 369.2 平方米。另外一座（F4）位于 F1 以北 7.4 米处，是一座廊庑式建筑，东起 F1 的东北，由三道墙基槽、门道、门卫房和众多的柱洞组成[④]。由于 F1、F4 房址的方向都出乎意料的一致，而且二者距离较近，因此，有学者认为二者应为一体的，其中 F1 是宫室建筑，F4 是其廊

---

① 董琦：《王城岗城堡遗址分析》，《文物》1984 第 11 期。

② 孙作云：《关于夏初史》，《河南文博通讯》1979 年第 1 期；李伯谦：《关于早期夏文化——从夏商周王朝更迭与考古学文化变迁的关系谈起》，《中原文物》2000 年第 1 期；马世之：《中国史前古城》，湖北教育出版社，2003 年，第 152 页；董琦：《王城岗城堡遗址分析》，《文物》1984 年第 11 期；安金槐：《试论登封王城岗龙山文化城址与夏代阳城》，《中国考古学会第四次年会论文集》，1985 年；安金槐：《河南夏商考古综述》，《华夏考古》1987 年第 1 期；河南省文物研究所等：《登封王城岗与阳城》，文物出版社，1992 年；贾峨：《关于登封王城岗遗址几个问题的探讨》，《文物》1984 年第 11 期；李先登：《夏文化与中国古代文明起源》，《中原文物》2001 年第 3 期。

③ 杨肇清：《略论王城岗遗址大城与小城的关系及其性质》，《中原文物》2005 年第 2 期；北京大学考古文博学院、河南省文物考古研究所：《登封王城岗考古发现与研究》，大象出版社，2007 年，第 788 页。

④ 河南省文物考古研究所等：《河南新密市古城寨龙山文化城址发掘简报》，《华夏考古》，2002 年第 2 期。

图20 王城岗龙山文化城址

图21 新密古城寨龙山文化城址

图22　新密古城寨城墙横断面

庑建筑，其结构犹如二里头遗址的宫殿建筑基址[①]。从时空方面进行对比分析，有学者认为古城寨城址很可能就是历史上的“祝融之墟”[②]。也有人认为古城寨一带为传说中的祝融之墟，亦黄帝所居轩辕之丘。极有可能传说中的黄帝集团中的大隗氏曾在此地筑城，故当地有“一夜鬼修城”的传说[③]。

禹州瓦店遗址面积约100万平方米，目前虽仍未发现城墙遗迹，但遗址内发现大规模的城壕遗存，环绕范围近40万平方米；其内发掘夯土建筑基址、宗庙或祭祀遗址、奠基坑等遗迹，出土有成组的有盖封顶盉、爵、觚、鬶、蛋壳陶杯等精致陶礼器，还有直径约15厘米的玉璧及玉铲、玉鸟等精美玉器，以及带灼痕的大卜骨等遗物。结合文献记载，这里或可与启都阳翟联系起来[④]。

而新砦、博爱西金城和温县徐堡龙山文化城址城内情况则还有待发掘，目前仅知新砦龙山文化城址平面呈近圆角方形，有三重围壕，城墙内面积约为70万平方米；如果将外壕与城墙之间的面积也计算在内，其面积达100万平方米左右。

---

① 高江涛：《中原地区文明化进程的考古学研究》，社会科学文献出版社，2009年，第194页。

② 马世之：《新密古城寨城址与祝融之墟问题探索》，《中原文物》2002年第6期。

③ 周书灿：《大隗氏与新密古城寨龙山古城》，《河南科技大学学报》(社会科学版)2005年第4期。

④ 杨育彬：《嵩山地区古文化溯源与发展问题探讨》，《黄河科技大学学报》2013年第1期。

焦作西金城城址平面呈圆角长方形，面积约 30 万平方米。焦作徐堡城址平面亦呈圆角长方形，复原面积约 30 万平方米。仅在城址中部发现一处面积 6000 余平方米平面呈不规则长方形的堆筑台地[①]。

郝家台类型分布在北汝河和沙河交汇地带，以郝家台龙山时期遗存为代表。郝家台遗址发现有夯土城垣。灰坑多呈圆形锅底状，袋形坑次之。房屋多为方形地面式排房，地面以铺白灰者较普遍，也有经火烤者。流行瓮棺葬，多在鼎、罐之上扣钵作葬具，也有土坑墓。陶器以篮纹和方格纹为主，绳纹很少见。流行矮乳足鼎，也有高足鼎、斝、深腹罐、刻槽盆、钵、圈足盘、瓶、觚等。

郝家台类型目前发现有郾城郝家台和平顶山蒲城店城两座城址。其中郝家台城址面积约 3.3 万平方米，平面呈长方形，城内目前仅发现有数座成排的房址，排房平面呈长方形，布局合理，排列有序。每排房长数十米、宽数米，坐北朝南，室内有红烧土地面，墙由草拌泥抹平[②]。蒲城店龙山文化城址大致呈东西向长方形，现存东、西、南面城墙，北面是湛河故道（北墙可能为河水冲毁），西墙（含城壕）残长 124 米，南墙中东部向北转折后又向东延伸，南墙全长 246 米，现存城址占地面积 4.1 万余平方米。蒲城店城内中北部探查出面积较大的夯土房址等遗存，南部发掘出龙山时期的房址、灰坑、陶窑、瓮棺葬以及圆形黄土台建筑基址等[③]。

比较王湾三期文化的两个类型，以嵩山地区为核心分布区的王湾类型处于明显的主导地位。而且从年代上来看，王城岗与古城寨、新砦三城址的年代与夏纪年比较接近。登封、新密都是环嵩山地区夏文化的核心区，从年代序列上看，王城岗城址废弃后，古城寨城址建立起来；古城寨废弃，新砦龙山文化城址修建起来；之后又废弃，新砦期文化城址则沿龙山城址外侧又构筑起来。这些城址的考古学文化性质都属于王湾三期文化王湾类型，在文化因素和器型特征上都前后承续，比较一致。由此可见，这些城址与夏王朝建立前后的关系非常密切。另外，王湾类型聚落的分级比较清楚，目前来看，其城址的面积或者遗址的面积，一般是在 30 万以上，有的大到 70 万，有的可能大到 100 万以上。在这些城外有小的城址分布。在这些小城址之外，又有很多 3 万~5 万平方米的小聚落围绕。有研究表明，郑洛地区王湾三期文化的聚落形态可划分为四级结构[④]。同时，王湾类型不少遗址出现了高规格的礼仪性建筑，比如说王城岗的大量的祭祀坑，在地基处理

① 毋建庄、邢心田、韩长松等：《河南焦作徐堡发现龙山文化城址》，《中国文物报》2007 年 2 月 2 日。

② 河南省文物研究所等：《郾城郝家台遗址的发掘》，《华夏考古》1992 年第 3 期。

③ 河南省文物考古研究所等：《河南平顶山蒲城店遗址发掘简报》，《文物》2008 年第 5 期。

④ 赵春青：《郑洛地区新石器时代聚落的演变》，北京大学出版社，2001 年。

的时候要用人来祭祀；古城寨都出现了大型的夯土基址。还有青铜器的出现，目前虽然没有完整青铜器，但是从王城岗出土的青铜器残片来看，这些青铜器不是一般的工具，应该是容器。

由此可见，王湾三期文化是中原地区龙山时代诸文化的中心，而以嵩山地区为核心分布区的王湾类型则是王湾三期文化的核心。从聚落形态来看，王湾类型不但已出现以城址为中心的聚落，而且存在多达四级的层级聚落结构。在埋葬制度上，仰韶时代流行的以氏族血缘关系为纽带的多人合葬墓在此时期消失，代之而起的是大量的随葬品很少甚至没有的单人墓，埋葬身首异处或肢体不全的尸首的乱葬坑在各个遗址发现较为普遍，并且存在一些大型夯土建筑基址或房址以成人或儿童做奠基的现象。以上现象均表明了这一时期贫富差别已相当显著，社会的阶层分化已非常严重。同时作为文明要素之一的青铜器亦在这一地区出现。在年代上，王湾三期文化的末期已进入中国历史上第一个奴隶制王朝——夏朝的纪年范围。由此可见，文明时代的到来和国家的出现在王湾三期文化末期的嵩山地区可谓呼之欲出了。

有学者认为，龙山时代即大约公元前3000年～前2500年以后，开始出现了以中原为中心的历史趋势①，而所谓的中原龙山文化是一个庞大的史前文化体系。处于中心区域的是王湾三期文化，它是中原龙山文化的核心文化圈、第一个文化圈，也可以称之为“内圈”。围绕着它分布一周的中原龙山文化诸文化类型，构成第二个文化圈，也可以叫作“中圈”。在中原龙山文化的外围，又分布一圈诸支龙山时代考古学文化，构成第三个文化圈，也可以称之为“外圈”。这种文化格局与《禹贡》所载五服分布范围大致相符。五服制度是指以王城所在地为中心、从内到外可以划分为三个大圈：内圈是甸服，是王畿之地；中圈包括侯服和绥服，是大小诸侯所在地；外圈在最外边，包括要服和荒服。五服制度的实质是指大禹确立的中央与地方各大小诸侯及四夷远近亲疏的关系，它以理想化的图式描绘出一幅中央与地方及四邻的相互关系的网络图②。李民先生结合当时的考古学研究成果，也认为“从龙山文化，尤其是它的晚期地区分布和周围那些所谓的‘似龙山文化’的分布区域来看，它与《禹贡》所写的地域范围基本上是合拍的”。“《禹贡》的地域范围，实应为夏王朝及其与国以及较远的一些部落或部落联盟这一格局的写照。”③邵望平

---

① 赵辉：《以中原为中心的历史趋势的形成》，《文物》2000年第1期。

② 赵春青：《〈禹贡〉五服的考古学观察》，《中原文物》2006年第5期。

③ 李民：《尚书与古史研究》（修订本），中州书画社出版，1981年。

先生也提出《禹贡》九州的范围与龙山文化圈大体相当[①]。由此可见，夏商周三代以嵩山地区为“天下之中”的文化格局在龙山时代业已初步形成。

第二节 夏商时期嵩山地区“天地之中”观念的萌芽

嵩山及周围地区的自然环境优势，使其成为中国早期文明和国家起源、形成和发展的催化剂。经过旧石器时代、李家沟文化、裴李岗文化、大河村文化和王湾三期文化等一系列一脉相承的考古学文化的漫长时期的孕育，以嵩山地区为核心的中原地区终于率先完成了由邦国到王国的转变，出现了中国历史上第一个奴隶制王朝——夏王朝。据文献记载，夏王朝所都：禹都阳城，在登封王城岗（告城）；启居黄台，在新密黄台；杼迁老丘（今开封东附近）；太康始居斟寻，今偃师二里头；太康失国居洛汭，在巩义一带；太康复国后继续居斟寻等等，这些均绕嵩山而都，与嵩山文化圈的关系密不可分[②]。不仅如此，商周时期都城选址在以嵩山地区为核心的河洛地区，并将其作为“天下之中”，正如司马迁所说：“昔唐人都河东，殷人都河内，周人都河南。夫三河在天下之中，若鼎足，王者所居也，建都各数百千岁。”[③]其中，河东指现在的晋南地区，河内是指今豫北地区，河南即现洛阳一带，而且，“三河”中，以嵩山为中心的河洛地区是重要的地理坐标。由此表明，以嵩山地区为“天下之中”的观念在夏商时期开始萌芽。

一、“家天下”的夏王朝及其文化

1. 禹夏在历史上的首创之功与河洛胜地

目前对于夏王朝及其文明的存在，绝大多数学者已形成共识，但它作为一个较早的历史发展阶段，遗留到今天的物化文化成果却相对较少。这种客观事实，既是有人曾否定夏朝及其文明的凭借，也的确在一定程度上影响了后人对该段历史的精准研究与深刻把握。譬如关于文字问题，尽管已从一些属于夏文化的二里头文化遗址的陶器上找到了若干刻画符号，但还不能说是夏代有较成熟的文字。

---

① 邵望平：《〈禹贡〉“九州”的考古学研究》，《考古学文化论集》（2），文物出版社，1989年。

② 张松林等：《嵩山文化圈在中国古代文明进程中的地位和作用》，《中国古都研究》（第二十一辑），三秦出版社，2007年。

③ [汉]司马迁：《史记·货殖列传》，中华书局，1962年。

由于缺乏直接文字记载，在很大程度上限制了后人对夏文化及其历史的解读，这使人们不得不把希望寄托在对夏遗址、遗迹、遗物等的考古研究上。而即便是后者，所能够提供的资料及信息也是非常的缺乏。因为，遵循历史发展与演变的一般规律，夏人的社会活动总量及创造的文明成果，相对于其后的历史活动，在绝对量上注定是少之又少的，更何况这里面还有一个越是早期的历史资料与信息，越到后来减损与衰变愈严重的问题。所以，认识诸如夏文明、早期国家起源、梳理三皇五帝这样的英雄史诗等宏大题目，应当从蛛丝马迹和吉光片羽中厘清早期历史发展的纤细主线。

虽然研究夏史有如此困难，不过运用二重证据法、中外比较等，仍然可以说，从原始的氏族制度、选举上的禅让制等转变与过渡到启继禹而所建立的王位世袭制等，是中国历史上一次巨大的进步。夏朝奴隶制的建立，标志着华夏文明从此诞生，中华国家由之形成。而禹夏始创的这个了不起的功绩，就是在环抱嵩山的河洛大地上展开的。

梳理文献，关于禹启袭承的故事及其演绎的地理空间是比较清楚的。相传尧时，天下洪水泛滥，禹接替治水失败的父亲鲧继续治理洪水。据记载，他“乃劳身焦思，居外十三年，过家门不敢入。薄衣食，致孝于鬼神。卑宫室，致费于沟淢。陆行乘车，水行乘船，泥行乘橇，山行乘木檋。左准绳，右规矩，载四时，以开九州，通九道，陂九泽，度九山。令益予众庶稻，可种卑湿。命后稷予众庶难得之食。食少，调有余相给，以均诸侯。”① 为争取生存空间，禹率众与共工部落发动战争。“大禹攻共工国山”②，“共工臣名曰相繇，九首蛇身，自环，食于九土（山）。其所歍所尼，即为源泽，不辛乃苦，百兽莫能处。禹湮洪水，杀相繇，其血腥臭，不可生谷；其地多水，不可居也。禹湮之，三仞三沮，乃以为池，群帝因是以为台。在昆仑之北。”③ 并且逐三苗：“昔者三苗之居，左彭蠡之波，右有洞庭之水，文山在其南，而衡山在其北。恃其险也，为政不善，而禹放逐之。”④ 较具体的战争经过则是：“帝曰：‘咨，禹！惟时有苗弗率，汝徂征。’”“禹乃会群后，誓于师曰：‘济济有众，咸听朕命。蠢兹有苗，昏迷不恭，侮慢自贤，反道败德，君子在野，小人在位，民弃不保，天降之咎，肆予以尔众士，奉辞伐罪。尔尚一乃心力，其克有勋。’”“三旬，苗民逆命……禹拜昌言曰：‘俞！’班

---

① ［汉］司马迁：《史记·夏本纪》，中华书局，1962 年。

② 方韬译注：《山海经·大荒西经》，中华书局，2009 年。

③ 方韬译注：《山海经·大荒北经》，中华书局，2009 年。

④ 缪文远等译注：《战国策·魏策一》，中华书局，2007 年。

师振旅。……七旬有苗格。”[①] 禹通过治洪水、攻共工和逐三苗等而赢得很高的威望，使“帝舜荐禹于天，为嗣。十七年而帝舜崩。三年丧毕，禹辞辟舜之子商均于阳城。天下诸侯皆去商均而朝禹。禹于是遂即天子位，南面朝天下，国号曰夏后，姓姒氏。”[②]

目前所知最早记载大禹治水及史迹的文献，当数西周中期的豳公盨铭文。铭文中记：“天令（命）禹尃（敷）土，堕山，濬川；迺（乃）畴方，设征，降民，监德；迺（乃）自乍（作）配，鄉（享）民，成父母，生我王，乍（作）臣。”大禹通过尃（敷）土、堕山、濬川等办法平治水土，恢复生产和重新稳定社会秩序。高江涛先生通过考古学的观察和地理分析，认为大禹治水的一个重要成果就是整合了嵩山南北文化，并使政治、经济、文化等方面得到了长足发展，建立了相对统一的政治秩序或言夏王朝。以致商周立国都要“处禹之堵（土）”，以求正统。禹之堵或禹之绩成为“天下之中”的观念才逐渐固定下来[③]。这说明，中华文明与国家起源的序幕在禹夏之时已在嵩山、河洛之地拉开了。

禹“王天下”之后，势力膨胀，已无与之能抗衡之人，因此在其年老退位时，没有遵循禅让制度传位给伯益，而是传给儿子启。对此，《史记·夏本纪》解释为：“禹子启贤，天下属意焉。及禹崩，虽授益，益之佐禹日浅，天下未洽。故诸侯皆去益而朝启，曰‘吾君帝禹之子也。’于是启遂即天子之位，是为夏后帝启。”启即天子之位后，“有扈氏不服，启伐之……遂灭有扈氏。天下咸朝。”由是夏王朝政权得以巩固和统一。

从理论上讲，有历史实践、人类活动，就必然会不同程度地改变世界的存在状态，留下历史遗迹、印痕等，形成考古学文化。而从考古学上确认“夏文化”等，则经历了很长时间的探索和讨论，“夏文化”的概念和哪些考古学文化属于“夏文化”即是学术界长期争论的两个焦点。对于前者，目前学术界多认为“夏文化”是指夏代在其王朝统辖地域内以夏族为主体创造的物质文化和精神文化遗存，核心内容是关于夏王朝（国家）的史迹。因此，它限定在一定时间、地域和族属范围内，既不包括夏代各地其他部族的文化遗存，也不是指夏族从始至终的文化遗存[④]。对于后者，学术界公认二里头文化是夏文化的主体，其典型文化遗址即是在河南偃师发现并命名的二里头文化。但对于二里头文化与夏文化的关系仍存在两

① 慕平译注：《尚书·大禹谟》，中华书局，2009 年。

② [汉]司马迁：《史记·夏本纪》，中华书局，1962 年。

③ 高江涛：《考古学视角的大禹与大禹治水》，《史志学刊》2015 年第 4 期。

④ 杨锡璋、高炜主编：《中国考古学·夏商卷》，中国社会科学出版社，2013 年，第 24 页。

种不同认识，一种认为二里头一至四期全属夏文化，河南龙山文化是夏文化的来源，但不是严格意义上的夏文化[①]。另一种看法为二里头一至四期全属夏文化，但尚不足涵盖全部夏文化，主张到王湾三期文化晚期[②]或王湾三期文化至二里头文化间的过渡期寻找早期夏文化[③]，而这种所谓"过渡期文化"在1999年新密新砦遗址发掘之后被称为"新砦二期遗存"[④]或"新砦期"[⑤]。

学术界一般认为，王湾三期文化虽是二里头文化的主要来源，但两者之间存在一定的缺环，而目前所谓"新砦期"文化遗存则填补了这一缺环。洛阳王湾文化与新密新砦遗址分别位于嵩山地区的西、东两端。由此可见，无论夏文化的上下限如何界定，大致都不会逾越出嵩山、河洛这个地域范围。嵩山、河洛地区是孕育早期华夏文明的母体，是中华国家起源和肇始的故乡。

2. 夏朝都城所体现的居中倾向

夏朝是我国历史上第一个奴隶制王朝。在龙山文化晚期，甚至在此之前的很长一段时期，在中原、齐鲁、湖湘、荆楚以及江浙、河套等地出现过一批古老的城址，譬如湖南城头山、郑州西山、淮阳平粮台、山东章丘城子崖等，但这些所谓的城尚不是进入文明史与王国形成后的严格意义上的城市。奴隶制的夏王朝的建立，不仅诞生了国家，并从此长期延续"家天下"观念，而且拥有疆域与臣民，营建都城作为威权中心等。所以，追寻夏朝的都城择址及营建等，对于探究城市发展的某些规律、揭示文明与国家起源等均具有重大意义。而夏朝择都、建都的活动又是与夏朝历史的逐步展开结合在一起的。

由于严重缺乏夏代实物材料，难以确证当时是否出现了关于中心和四方等方位的概念，但夏人在国土划分和治理上，已表现出相当的"尚中""择中"意识倾向。司马迁根据《禹贡》等书的记载，述说夏禹平治水土，"定九州"[⑥]，中州之外有八方；又列天下分五服，甸、侯、绥、要、荒，一圈一圈地向外推衍，由中央

① 邹衡：《试论夏文化》，《夏商周考古学论文集》，文物出版社，1980年。

② 吴汝祚：《关于夏文化及其来源的初步探索》，《文物》1978年第9期；许顺湛：《夏代文化的再探索》，《河南文博通讯》1979年第3期。

③ 李伯谦：《二里头类型的文化性质与族属问题》，《文物》1986年第6期。

④ 北京大学考古文博学院、郑州市文物考古研究所：《河南新密市新砦遗址1999年试掘简报》，《华夏考古》2000年第4期。

⑤ 北京大学古代文明研究中心、郑州市文物考古研究所：《河南省新密市新砦遗址2000年发掘简报》，《文物》2004年第3期。

⑥ ［汉］司马迁：《史记·五帝本纪》，中华书局，1962年。

为中心，四方环绕中央。这当然是想象中的国土规划或天下安排，但它可能反映了当时人们思想中的理想空间秩序和对“中”的孜孜追求，故《说文解字》称“夏，中国之人也”①，夏即中央、中心之地。

“九州”概念较早出现于《尚书》的《禹贡》等篇目中。关于九州的具体所指乃至《禹贡》篇本身，历来颇有不同认识，但从九州的空间位置排序上却体现出了早期人们的方位观。“九州”是对地理空间的一种有意识安排。豫州居中，其他地域板块围绕之。近年新出土的战国时代的楚简《容成氏》亦谈到夹（兖）、涂（徐）、竸（营）、扬州、叙州（豫）等。可见，九州观念的形成应当是比较久远。

当对国土疆域的大小、远近及不同组成板块彼此之间的位置关系有了认识与感知后，就自然会关注威权中心如何建立、都城选择在哪里等这样的重大事项上。“古之王者，择天下之中而立国。”②此处之“国”即都城，对于保证王等统治者的安全至关重要。《吴越春秋》也说：“鲧筑城以卫君，造郭以守民，此城郭之始也。”③都城的择址与营建对国家具有标志性意义。

禹成功治理洪水等之后，“降丘宅土”④，就是走下山岗，在平原、水畔等地势低下平坦之处居住、生活，这可能意味着人们在水土整治、改造自然环境、抵御灾害的能力、居住址营建等方面有了显著进步。到了东周时期，管子提出立国定都“非于大山之下，必于广川之上。高毋近旱而水用足，下毋近水而沟防省，因天材，就地利。”⑤管子概括的这种关于城邑建设的思想，可能就是对禹夏治理洪水之后建都营国历史的一种追述。

综合文献记载，夏王朝在不同的时期曾以阳城、阳翟、老丘、斟寻、原（今河南济源）等为都。譬如，太康失国后，有一段时间曾居洛汭（今巩义附近），但可能时间非常短暂，因为少康中兴、夏复国后，又继续以斟寻为都，直到桀被商汤所驱赶而国灭。审视夏王朝时代的疆域与王国版图，可以发现几次都城变迁都是限定在十分狭小的河洛之地，似乎一直偎依在崇高山的旁边。这种择都、建国行为本身当是夏人对嵩山、河洛地区这个“天地之中”优越地理位置的承认与在行为上的自觉坚守。“天地之中”成为正式文字表达，其出现可能晚至西周，但这种事实却是在夏朝已存在。优越的地理环境与条件孕育了“天地之中”观念。

---

① [明]冯复京：《六家诗名物疏》卷四十七《思齐篇》。
② 张双棣等译注：《吕氏春秋·恃君》，中华书局，2007年。
③ [唐]徐坚：《初学记》卷二十四《居处》，中华书局，1962年。
④ 慕平译注：《尚书·禹贡》，中华书局，2009年。
⑤ 李山译注：《管子·乘马》，中华书局，2009年。

能够凝结与聚集各种文明要素与资源的"天地之中"的优越地理位置，孕育了各类史前文化和历史文明，考古发掘也为之提供了支持和佐证。

关于二里头遗址的聚落等级或规格，众多出土考古材料说明，这里曾长期是夏王朝的都城。因为，在这里已经发现宫殿建筑基址、夯土城墙，还有青铜器、玉器，以及陶器、石器、骨器等。另外，还有墓地和道路系统等。这些都说明这里曾是居住人口繁多、聚落体系中的顶尖聚落。结合文献记载，二里头当是夏朝的都城斟寻（图 23~28）。

其实，在二里头遗址考古发掘及其命名之前，已在伊、洛河流域或附近地区发现了类似的文化遗址。如，在偃师二里头文化遗址的东面有郑州洛达庙遗址，西边有洛阳东干沟遗址，在北方的晋南地区也有二里头文化遗址的发现。倘若再加上禹曾南伐三苗、夏文化的与时南播，则可以肯定地说，在伊、洛河地区，夏朝的都城阳城（今登封告成镇）、阳翟（今禹州）和斟寻（今偃师二里头）等无疑正是处于当时国家力量所能够控制与有效影响的中心地域。这里，亦必是夏代的"天地之中"。

图23　二里头遗址出土青铜爵

图24　二里头遗址出土铜牌饰

图25　二里头遗址出土绿松石龙形器

图26 二里头遗址出土七孔玉刀

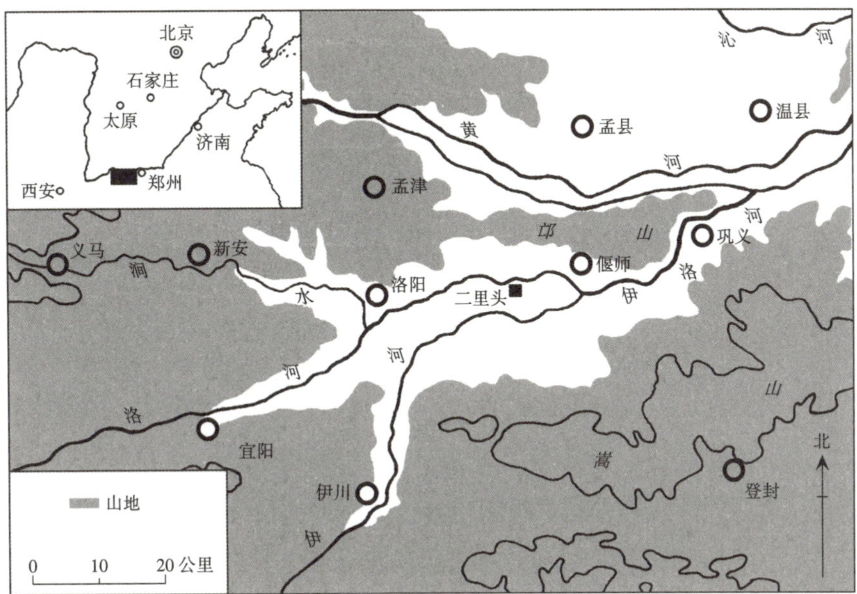

图27 二里头遗址位置示意图

图28 二里头遗址航拍图

二、"崇鬼神"的商王朝与商文化

1. 体现在聚落考古与文献中的商朝都城与疆域格局

商朝是我国历史上接替夏朝而兴的第二个奴隶制王朝，也是中国青铜文明获得极大发展与进步的时期。

相对于夏朝历史研究的筚路蓝缕般的艰辛、困顿与时常的迷茫，研究商代历史可谓有较多有利条件。目前，对商朝历史的研究已获得了较好的传世文献与出土材料等的有力支撑。这在很大程度上提升了对该段历史认知的清晰度。

商人建立了商王朝，创造了包括灿烂的青铜文明在内的丰富文明成果，并给后人留下了直接承载着他们思想与意识的甲骨文。所以，这一切都非常有利于对商人族源及发展、商汤灭夏与商之数次迁都、建都等历程作一个梳理。

据文献记载，商人祖先名契。他由商人始祖母即帝喾次妃、有娀氏的女子简狄偶吞玄鸟卵而生。诗云："天命玄鸟，降而生商，宅殷土芒芒。"①"有娀方将，帝立子生商。"② 前者今译是：上天命令神燕降，降而生契始建商，住在殷土多宽广。后者的今译是：有娀氏国也兴旺，简狄为妃生玄王。较详细的说法是："殷契，母曰简狄，有娀氏之女，为帝喾次妃。三人行浴，见玄鸟堕其卵，简狄取吞之，因孕生契。契长而佐禹治水有功，帝舜乃命契曰：'百姓不亲，五品不训，汝为司徒而敬敷五教，五教在宽。'封于商，赐姓子氏。"③ 根据这些文献记载，不仅可知商人作为一支古老的部族，属于以鸟为图腾的东夷之人，经历过只知其母、不知其父的母系氏族发展阶段，而且商人的始祖契还辅佐过禹治理洪水。经研究，禹治水之地大致可划定在黄河中游以下的古河、济地区，或者还会涉及临近的江汉、淮河流域等。那么可以确定的是，商人到了契的时候，也主要活动在这个范围内，也即华夏文明起源的地方。

做早期文明与国家起源研究，可有多种方法。不过，都城与文字、青铜器等既然被一并列为文明的标志，则从都城研究的角度介入，无疑将会是一个很好的路径。都城作为最高等级的聚落形态，常常盛纳了大量的青铜器，往往也是文字等其他文明成果的聚集与沉淀地。古代城市作为物化载体，基本上是与文明起源、

---

① 王秀梅译注：《诗经·商颂·玄鸟》，中华书局，2006 年。

② 王秀梅译注：《诗经·商颂·长发》，中华书局，2006 年。

③ [汉] 司马迁：《史记·殷本纪》，中华书局，1962 年。

国家肇始、政治发展等同步的[①]。在都城这个特定历史空间里，一般都浓缩着高密度的物化的历史文明成果，因此是考古研究揭示历史真相的一个有利入口。

研究古代城市、都城，首先应确定其择址问题与今之地望。夏都阳城、阳翟、老丘、斟寻或者安邑（山西夏县）等，由于尚无法直接借助夏朝文字来弄清最初的择都理由与建国原则等，所以对其进行的研究，往往只能是事实认定，以及在合理、有限范围内所做的解释性阐述和说明，在揭示禹、启或者“三康”、桀等夏代君主于都城选址方面的主观意图上，存在着很大的或然性与不确定性。譬如，《考工记》约成书于战国，到西汉时被放进《周礼》，作为《周礼》之《冬官》佚失的替补。而《考工记》在内容上虽有后人对三代城邑的记载，亦掺杂不少推衍与想象。在商王朝及其以前时期，商人尽管有多次迁都之举，但由于有甲骨文，研究者可从中直接获得关于商人营建都城等方面有价值的历史信息支持与供给。

据文献记载，商人在灭夏前曾有八次迁都，在整个商王朝期间又发生过五次迁都，这即是通常所说的“前八后五”之事。不过，由于年代久远，对于商人这十余次迁都的情况，难以一一廓清，目前还只能在运用“二重证据法”等前提下，达致一个比较粗略的阶段性认识，描绘出一个大概的都城迁移路线与框架。

商人建立王朝之前的八次迁都，这里暂不予论述。然而，考虑到此时商人尚未取代尚在河洛之地的夏王朝而拥有“天下”，还只是处在夏人东面的一个部族方国而已，所以这八次迁都绝不会发生在豫西、晋南之地。豫西、晋南是夏人或夏王朝的核心区域，在公元前16世纪夏桀南奔巢地之前，应当仍是夏人有效控制与掌握的地方。因此，如果说商人曾作为一个游牧或游农或善于经商的部群而在建立王朝前有多次迁都，那么发生在早期的这八次迁都也应当限定在商人的起源与发祥地，而这个区域最有可能的是在豫东、鲁西南，甚至还会涉及冀南等。关于商人与夏人的空间分布，还是商人与夏人的东西方关系说比较可信。因此，“商族在经历多次迁徙之后，夏代晚期主要在夏之东部活动。”[②]这种说法是言而可信的。

然而，商汤灭夏之后，夏人除孑遗留守之外，或南逃或北奔，商人势力与文化由东向西蔓延与转移，全面覆盖河洛之地，这里从此成了商王朝的核心区域，早期、中期的城邑营建与都城迁移也发生在这里。考古资料为此提供了有力支持。譬如“郑州商城和洛阳偃师商城以及位于晋豫交界的垣曲商城是商文化在中原地区确立王权统治的重要标志”，这种局面曾维持近二百年之久，直到盘庚时迁都到

---

① 刘庆柱：《关于深化中国古代都城考古研究的探索》，《光明日报》2010年5月11日。

② 张国硕：《论夏末早商的商夷联盟》，《郑州大学学报》（哲学社会科学版）2002年第2期。

北蒙（殷），“进入殷商阶段，商王朝的中心区又向东北方向偏移”[①]，都城在王国空间格局里面的位置才略有改动。所以，就整个商朝历史来看，约有一半时间是以河洛地区为中心的，长期把这里当成了王朝的枢纽与机要之地。

依据文献记载并结合考古资料，商人在王朝时期大致的迁都情况是：汤至大戊约150年都亳（郑州商城）→仲丁、外壬约19年都隞（亦嚣，今郑州小双桥）→河亶甲约9年都相（汤阴或漳南）→祖乙至祖丁约46年都邢（河北邢台）→南庚、阳甲约10年都奄（山东曲阜）→盘庚迁殷（安阳）[②]。《尚书》记载的商王朝的迁都概况是：“先王有服，恪谨天命，兹犹不常宁，不常厥邑，于今五邦”，就是在各种原因作用下，商王朝一共五次迁都，并着重指出盘庚之所以要迁殷是为了“绍复先王之大业，厎绥四方”[③]，即绍续祖先业绩、便于实施疆域治理。关于商朝后来的迁都之事，现代考古也给予了证明，如曾产生了重大影响的殷墟考古与近年来开展的洹北商城的考古调查等。

纵观整个商王朝，经历数次迁都，又是我国青铜文明获得快速发展的时期，那么，商王朝就最有可能遗留下诸多的都城遗址与相应的物化文明成果。商朝聚落与都城考古等恰巧提供了比较丰富的实物资料。

郑州商城遗址的考古发掘始于20世纪50年代，偃师商城的发掘始于80年代（图29、30）。根据目前的整理、研究成果来看，基本上可以肯定，偃师商城与郑州商城是商朝前半个时段的都城，这是在文献记载与考古资料相结合的基础上而得出的具有相当高信度的看法，因为诸如青铜礼器、玉器、宫庙建筑与大型城垣、各种手工业作坊遗址等，非王朝都城莫能属焉（图31）。

殷墟考古是在所有商都考古中最早启动的项目，始于20世纪20年代，经历时间最久。也正是得益于殷墟考古的佐证，才动摇了疑古派的阵脚，巩固了商朝历史的地位，并由此上溯而坚定了人们确认夏朝历史及文明的信心。当然，近百年的殷墟考古与研究之后，人们也基本确认殷就是商朝后期的都城[④]。而始于20世纪90年代的中美联合洹水流域考古调查与研究，又使人们知晓了洹北商城的存在，这里亦是商王朝自隞（郑州小双桥）迁都后的都城部分。

---

① 卢连成：《商代社会疆域地理的政治架构与周边地区青铜文化》，《中国历史地理论》1994年第4期。

② 孙森：《夏商史稿》，文物出版社，1987年，第368页。

③ 慕平译注：《尚书·盘庚》，中华书局，2009年。

④ 赵芝荃等：《河南堰师商城西亳说》，《全国商史学术讨论会论文集》，1985年；杨育彬：《商代王都考古研究综论》，《中原文物》1991年第1期；韩光辉：《商代城市地理述论》，《中国古都研究》（第十二辑）1994年，第59~78页。

图29 郑州商城城墙遗迹

图30 偃师商城鸟瞰图

图31　郑州商城遗址出土青铜器

商王朝虽有数次迁都，然而我们发现在早、中期的时候，王朝之都始终是在河洛之地：先是都亳（郑州商城），后是都隞（郑州小双桥），这个时间段大概有200年，约占商朝整个历史时期的一半时间，而商朝的早期与中期，恰恰又是王朝地理疆域与统治空间形成与稳定的重要时期。诗云："浚哲维商，长发其祥。洪水芒芒，禹敷下土方。外大国是疆，幅陨既长。"今译是："商朝世世有明王，上天常常示吉祥。远古洪水白茫茫，大禹治水定四方。扩大夏朝拓封疆，幅员从此宽有广。"[①] 商人自以为沿袭、承继夏人故地，商因夏，故而缅怀禹之功。《殷武》一诗则明确指出早商建都的地方是"设都于禹之绩"[②]，是在河洛。金文对于此事也给予了证明，譬如春秋时齐器叔夷鎛、钟铭："虩虩成唐，有严在帝所，专受天命，翦伐夏祀，败厥灵师，伊小臣惟辅，咸有九州，处禹之堵（都）。"可见商确曾长期沿用夏的王畿即嵩山地区作为其都城。

都城是商王朝势力向外扩张的圆心与始发站，自然是疆域空间的中心。商朝因沿袭了夏朝建国立都的区域，处于新王朝庞大疆域的中心，控制着处在周围的诸侯、方国，发挥着影响力。这说明夏商之间有着共同的以嵩山地区为中心的传统。在嵩山地区之外所进行的商代考古，也提供了相关的可信证据，说明商王朝的力量与影响确曾由此外向扩张与渗透过。

① 王秀梅译注：《诗经·商颂·长发》，中华书局，2006年。

② 《诗经·商颂·殷武》："昔有成汤，自彼氐羌，莫敢不来享，莫敢不来王，曰商是常。天命多辟，设都于禹之绩"。今译："昔我远祖号成汤，即使遥远如氐羌，谁敢不来献宝藏，谁敢不来朝汤王，都说服从我殷商。天子下令诸侯听，禹治水之处建都城。"

譬如，在商代都城考古之外，其他区域的同时期考古也取得了丰硕成果。西面有关中地区的西安老牛坡遗址[①]，南方有江汉流域的湖北黄陂盘龙城遗址[②]，北向有晋南汾河、涑河与沁河流域的夏县东下冯与垣曲商城遗址[③]等。在东方，早期商文化遗存最初则限制在豫东一带。商人在灭夏前以及早商这样一个时期内，曾与居住在东部的夷人存在着联盟关系（如“景亳之会”），有可能是商文化的东向扩张因此受到了抑制。不过，自二里岗上层文化始，则逐步向东扩张。鲁之西北、西南等地方也发现不少早商文化遗迹或遗址[④]，至后来，鲁西南、鲁中南、鲁南及济南地区成为商王朝在东方重点经略的区域，不再一一赘述。考古资料证明，商文化与势力的确以嵩山地区为中心，广泛地影响了当时庞大的四周。

文献也记载了早商时期商王朝对西方、南方等的扩张。“后桀之乱，畎夷入居邠、岐之间，成汤既兴，伐而攘之。”[⑤]“汉南之国闻之曰：汤之德及禽兽，四十国归之。”[⑥]这说明在成汤的时候，商人已抚服了南方的江汉平原与西方的关中西部地区等。商“势力所及之地，已东起山东半岛，西至陕西西部，南及江汉流域，北达河北北部。”[⑦]依据这个空间框架来看，嵩山、河洛无疑是在正中间的。

依据考古材料与传世文献，我们知道在商王朝的中前期，嵩山地区的商王畿正处在四方环绕的中心。可以这么说，商王朝选择了在疆域的正中心建国立都。嵩山地区、伊洛河流域也便成了早商聚落群主要的分布区。郑州商城既是早商都城，也是该地区的政治中心。

2. 商人的鬼神崇拜与对方位的认知

商朝积年约五百年，创造了绚烂多彩与令人叹为观止的早期国家文明，其文明体现在诸多方面。相较于其他时期的历史文化，商朝有一个鲜明的特征，就是鬼神信仰与崇拜非常突出。这反映在遗留到今天的商代的诸多器物上，成为商人的文化特色。

---

① 宋新潮：《殷商文化区域研究》，陕西人民出版社，1991年。

② 湖北省博物馆等：《盘龙城一九七四年度田野考古纪要》，《文物》1976年第2期。

③ 中国社会科学院考古研究所：《夏县东下冯》，1988年；中国历史博物馆考古部等：《垣曲商城》，科学出版社，1996年。

④ 朱继平：《从考古发现谈商代东土的人文地理格局》，《社会科学》2007年第11期；《从商代东土的人文地理格局谈东夷族群的流动与分化》，《考古》2008年第3期。

⑤ [南朝宋]范晔：《后汉书·西羌传》，中华书局，1965年。

⑥ 张双棣等译注：《吕氏春秋·异用篇》，中华书局，2007年。

⑦ 胡厚宣、胡振宇：《殷商史》，上海人民出版社，2003年，第52页。

鬼神崇拜与信仰是人的思维能力发展到比较成熟的阶段所出现的一种现象。夏及以前的中华先民虽也有宗教信仰，但可能是受当时人们思维能力发展水平的限制，鬼神信仰与崇拜不甚发达，所构建的神灵世界还很简单、粗糙，各类神灵也没有形成体系化，尚未建立清晰的神谱。然而到了商代，专有的知识阶层出现并庞大化，有了脱离生产的巫觋、臣僚、史卜等群体，人们的精神世界开始活跃起来，商人对鬼神的信仰与崇拜几乎达到了历史上无以复加的地步。

根据考古资料等可知，在商人的精神世界里几乎是无处不有鬼、无时不有神。商人笃信鬼神，历代商王也自认为能够接通鬼神，获得额外的启示与力量协助。“在祀与戎”这样的“国之大事”上，商人固然要通过龟卜、蓍占，向上帝、祖先神、各类自然神等讨教或请示，就连日常起居、生产生活中的琐碎细事也会逐一卜问。“商代事务的最后决策权掌握在龟、筮所显示的主宰者——鬼神手里，鬼神的意志远远高于人的意志”。大量的有关商人的占卜活动记载在今人能够收集与阅读到的内容丰富的甲骨卜辞中。“迄今为止，殷墟所发现的近 15 万片带字甲骨，其中除极少数为商王室记事之用外，其余都是商人占卜鬼神的结果。”① 甲骨文不仅事涉刮风下雨、农业收成、战争讨伐，就连疾病健康、安全保障、妇人生育等也会在其中有所反映。甲骨卜辞，承载了殷商之人的所思所想、欢乐忧伤，是在其他实物考古资料之外探析商人精神世界最有力的工具。

通过聚落与商都、商城遗址考古，我们基本已能够搞清楚商朝早、中期及后期都城的建设概况。可以肯定地说，商朝像夏朝一样，也是在当时王国疆域的中心之地进行建国立都的。然而，商人这一实践活动是否曾自觉地得到过某种选择意识的指导呢？易言之，商人居中建都，是当初的有意而为，抑或是后人研究商人的都城遗址之后而归纳出的经验性总结？这就需要进入商人的主观认知世界，看一看他们在三河之地着手都城营建之时的理解了，而不能再仅仅满足于仅建立在考古事实描述之上、却剥离开历史活动主体自身之思想的合理性解释的操作模式了。

甲骨文是高度成熟的汉字，也是我国目前已知最古老的书面语言，它直接记载商王朝的某些历史片段及商人的精神世界。研究商朝历史，必须在很大程度上自觉依靠甲骨文的记录。甲骨文在许多情况下直接告知人们一些当时的事件真相及商人主观世界的信息，这样就有利于避免或减少在历史探索过程中的路径困顿乃至方向迷失。相反，由于尚未发现先商时期已有成熟文字，所以对商朝以前的历史与文化进行研究时，就不得不在解读客观考古资料的时候，借助合理的思维

① 王奇伟：《论商代的神权政治——兼论商代的国家政体》，《殷都学刊》1998 年第 3 期。

发散或演绎。但在研究者解释或逻辑推演的过程当中，往往难以克服各种各样的“节外生枝”或“添油加醋”，甚至会产生隔靴搔痒的不得要领或南辕北辙式的误读、误判，使本来虚掩在时光之幕背后的真实历史的还原更加曲折多变。幸运的是，自19世纪末期甲骨文被发现以来，这一书面证据直接向研究者提供了很多珍贵信息。譬如，关于神灵崇拜、宗教信仰、方向感与方位认识等这样的属于主观思维活动的信息的解释，甲骨文是最有证明力和说服力。

上述关于夏朝在嵩洛地区几处位于当时疆域中央之地进行建国营都的分析，主要是通过剖析与研判考古遗址呈现、历史过程，而得出夏人可能已经有意识地选择了把都城放在王朝的中心位置的结论。然而，鉴于缺乏夏人文字的直接佐证，目前尚不能肯定当时夏人就真的已对国土疆域的四至、中央等有了非常清晰与全面的感知与认识。所以，目前尚不敢肯定地说夏人是“自觉”地择中建都。不过，甲骨文却明确地告诉后人，商朝的人们已对东、西、南、北、中等方向与方位有了认知，并意识到了择中建都的好处。

首先，大量的卜辞材料均说明，最晚到都城迁殷后的商王武丁之时，商人已有了明确的方向感与方位观念。而根据一般历史规律来回溯，武丁之前的商人也应早已有了此种认识，因为殷墟卜辞甲骨主要是武丁时期的。但这种规整的文字书写及其所承载的丰富信息、思想，肯定是在武丁之前很早的时候就已经形成了的，甚至不排除与商朝之前的文字、认识等存在某种联系。

“己亥卜，丙贞，王有石在麓北东，作邑于之。”① 该卜辞是诸多占问作邑的卜辞之一，提到了北、东这样两个方向或方位。

“五日丁酉，允有来艰自西，沚馘告曰，土方征我东鄙，𢦏二邑，𢀛方亦侵我西鄙田。”② 该卜辞记录的虽是沚方这一方国的东、西鄙被侵事项，但它既已刻入由殷人制作的甲骨，亦由之可见商人的东、西方位观念。

“其自东来雨。其自南来雨。其自西来雨。其自北来雨。”③ 此卜辞涉及祈雨，一事之中汇集了四个基本方向。

“癸酉贞：旬有祟自东有来祸。癸酉贞：旬有祟自南有来祸。”④ 这是占问是否从东、南方向产生祸难的卜辞。

---

① 郭沫若：《甲骨文合集》13505正，中华书局，1978~1982年。

② 郭沫若：《甲骨文合集》6057正，中华书局，1978~1982年。

③ 郭沫若：《甲骨文合集》12870，中华书局，1978~1982年。

④ 中国社会科学院考古研究所：《小南屯地甲骨》2446，中华书局，1980~1983年。

另外，甲骨文尚有关于东、南、西、北“隹（淮）夷”的刻辞[①]，以及其他说明商人基本空间方位观念的材料，在此不再赘述。

其次，商人把王都所在地确认为“天地之中”，或者说商人一开始就是在疆土的居中之地建国营都的。

甲骨文中，凡述及都城四周之地的某处，会在其前加上基本方位词如东、西、南、北等。而凡是迳称“商”者，特指商朝王都。因其位于中央之地，故无须在前面附加任何基本方位词。譬如，“大邑商”[②]“天邑商”[③]等，都是指商之都城，如偃师商城、郑州商城、殷墟等[④]。也有卜辞直接指明都城的中心地位的，如“受中商年”[⑤]，就是祈求都城受年丰收。

关于商王朝的都城处于中央要地的“天地之中”，传世文献也提供了与此匹配的佐证材料，如诗云：“商邑翼翼，四方之极。”[⑥]今译就是：商都繁华又齐整，好给四方作标准。在此诗中，商邑就是居中的都城，其前自然不必再用方位定语。

再次，从空间相对位置而言，中央与四周等无法截然分离，甲骨文里面也有大量的关于王畿之外地方的记载，这即是四方（土、甸）等。

“商受（年），东土受年，南土受年，西土受年，北土受年。”[⑦]商王朝直接控制的地方只有王畿，“只局限于大邑商附近之地”[⑧]，地域有限，不过诸侯方国与商王朝间却存在着经济上的贡纳关系。在当时的农业经济时代，庄稼的丰歉事关重大。所以，卜辞中有不少是询问能否“受年”。出于对来自方国的贡纳能否正常实现的担忧，商王在卜问时也会一并关注。

“东方受禾，口方受禾，大邑受禾。”[⑨]“癸卯贞：东受禾。北方受禾。西方受禾。”[⑩]受禾的意思与受年一样，也是卜问是否能有好收成。

农业生产与风、雨、旱、霜、雹等自然要素和诸如蝗虫等灾害最相关切。在卜问这些会影响农业生产状况的事项时，也多与方位联系。譬如：

---

① 罗振玉、罗福颐：《殷墟书契五种》，《殷墟书契后编》下三六·六，中华书局，2015年。

② 董作宾：《殷墟文字甲编》2416，商务印书馆，1948年。

③ 李学勤等：《英国所藏甲骨集》2529，中华书局，1985年。

④ 陈朝云：《商代聚落模式及其所体现的政治经济景观》，《史学集刊》2004年第3期。

⑤ 罗振玉《殷墟书契》8.10.3，《国学丛刊》1911年石印本。

⑥ 王秀梅译注：《诗经·商颂·殷武》，中华书局，2006年。

⑦ 郭沫若主编：《甲骨文合集》36975，中华书局，1978~1982年。

⑧ 王玉哲：《殷商疆域史中的一个重要问题》，《郑州大学学报》1982年第2期。

⑨ 商承祚：《殷墟佚存》653，金陵大学中国文化研究所1933年影印本。

⑩ 郭沫若主编：《甲骨文合集》33244，中华书局，1978~1982年。

"东方曰析，风曰劦。""南方曰夷，风曰光。"
"西方曰朿，风曰彝。""(北方) 曰勹，风曰殴。"[①]
"辛亥卜，内，贞帝于北方曰勹，风曰殴。求 (年)。"
"辛亥卜，内，贞帝于南方曰光，风夷。求年。一月。"
"贞帝于东方曰析，风曰劦。求年。"
"贞帝于西方曰彝，风曰朿。求年。"[②]

卜辞提到了四方风神，其中东方风神名"协"，南方风神名"微"，西方风神名"契"，北方风神名"殳"。虽然是一种关于宇宙与神灵世界的主观构建，也折射出了商人对自然现象、方位等的认识水平。

除四方、四土这样的指代王畿外围地方的称呼外，卜辞中还有诸"奠"。奠即"甸"也，是都城郊外的有限空间[③]。

"辛亥卜，争贞，登众人立大事 (史) 于西奠，玫……月。"[④]
"师般以人于北奠次。"[⑤]
"贞，勿遣在南奠。"[⑥]

当然，征战讨伐是商王朝历史上经常发生的事情，由于直接牵涉到战争的指挥、胜负等，相关卜辞肯定要体现商人的方位观念与认识。

"……惟西方壱我。"[⑦]
商王室"伐南土"[⑧]
"贞弜囚不喪在南土"，"弜克贝，𩀌南邦方"[⑨]。

① 郭沫若:《甲骨文合集》14294，中华书局，1978~1982 年。
② 郭沫若:《甲骨文合集》14295，中华书局，1978~1982 年。
③ 董作宾:《殷历谱》上编卷九，巴蜀书社，2009 年，第 38 页。
④ 郭沫若:《甲骨文合集》24，中华书局，1978~1982 年。
⑤ 郭沫若:《甲骨文合集》32277，中华书局，1978~1982 年。
⑥ 郭沫若:《甲骨文合集》7884，中华书局，1978~1982 年。
⑦ 郭沫若:《甲骨文合集》33094，中华书局，1978~1982 年。
⑧ 董作宾:《殷墟文字甲编》2902、2907，商务印书馆，1948 年。
⑨ 郭沫若:《甲骨文合集》20576 正，中华书局，1978~1982 年。

3. 商人择“天下之中”而都的思维萌芽

借助对甲骨文的释读，可知商人不仅已清晰领悟了自然空间位置的相对性，明确提出东、西、南、北等方向概念，而且利用这样一套知识体系来深化对王国疆域的认识，处理同诸侯方国之间的关系，遵循“中心－四方”模式把王朝地理空间划分为中商和四土、中心和四个方向，王朝的政治、经济和宗教活动等也直接与这个框架有着联系[①]。王畿之地即王朝居中的核心区掌握、控制着向外逐次递减的四方、四土或者四奠等。虽有某些“越在外服，侯、甸、男、卫、邦伯”[②]的诸侯方国的时服时叛，但从长时段看，外围之地正逐步成为王朝政治地理的组成部分[③]，作为王都、国中的核心区域始终是王朝重心所在。

当然，整个商朝历史有数次迁都。但有些迁都在空间上的位移并不大，如都亳（郑州商城），或者都隞（郑州小双桥），基本上仍然是在嵩山、河洛与颍、汝河上游这样一个狭小的空间内，即所谓的“天地之中”。当然，自盘庚迁殷后，都城北移幅度似乎较大，约 200 公里，但仍然没有跳出司马迁在《史记》中所言的“三河”之地的范围，而“三河”之地也可以理解为是一种大河洛观的体现[④]。而且在刻写在卜骨上的商人思维里，殷无疑亦是一个相对于四方、四土而言的“中”，在此建都也不违背择“天下之中”而立都的追求。

总之，根据殷商考古所出土的文物资料，可以肯定的是，在商王朝整个疆域空间里面，都城所在的王畿地区始终都是处于中央之地的。代表商人认识与意识的甲骨文也称建立在这些地方的都城为“中商”“中土”等。这说明，商人在选择地址营建都城的时候，的确已有了明确的取向性意识，就是要在“天下之中”的地方择都、建都。“天地之中”的意识，由夏代的朦胧状态而获得进一步的萌长、充实。

---

① 王爱和著，金蕾译:《四方与中心：晚商王族的宇宙观》,《中国哲学史》2001 年第 4 期。

② 慕平译注:《尚书·酒诰》，中华书局，2009 年。

③ 周书灿:《商朝国家结构与国土构造》,《殷都学刊》2001 年第 4 期。

④ 李玉洁:《河洛文化在中华文明史的地位》,《江西社会科学》2005 年第 12 期。

第三章

周公测景

——『天地之中』观念在嵩山地区的确立

“天地之中”是古代中国人的世界观与方法论。由这种世界观出发，演绎出了古代中国人对身处其中的特定场域的自然界和人类社会的认识与把摸，搭建起了其相应的、印记在头脑里面却能够沿世传递的世界图景。从安身立命于“天地之中”的观察视角出发，古代中国人形成了有别于其他族群与文化的独特思维方式和认知模式。中华传统文明之所以不同于其他任何种类的文明，不仅仅在于其物质层面的差异，更根本、最主要的是古代中国人独有的这样一个世界观与方法论。了解、研习乃至继承、发扬辉煌灿烂的中华古代文明，探究古代中国的精神世界的最内核部分，解码这个传承至今、生命力依然顽强的古老而年轻文明的基因，需要娴熟驾驭与精准掌握“天地之中”这把钥匙。

在当代文献与话语背景下，“天地之中”是一个耳熟能详的词汇。然而，具有特定内涵的“天地之中”的观念与认识的形成，却经历了一个相当漫长的自然历史过程。“天地之中”这样一个能够标识一种文明类型、被高度概括的哲学认知，不是中国古代历史上哪一个具体人物的灵感迸发或突然创造，而是整个华夏先民的集体智慧选择和群体性认识结晶。我们在研究中所采用的大量古代典籍记载、今人的研究成果，以及所揭示出来的丰富考古资料，都是为了说明“天地之中”的观念在嵩山地区、河洛流域是经历了怎样一个孕育、萌芽、发展、定型等环节接替相因的过程。

倘若要对这浑然一体的历史大演进作一个阶段式的划分，以便有助于深化对“天地之中”世界观与方法论的认识，那么基本上可以说“天地之中”观念是在西周初年得以内涵清晰且外形完备地被确立起来。易言之，从那个时候起，“天下之中”的精神内核才全面充盈起来，而后世的各种推衍与附加，不过是细部的雕琢、粉饰或进一步精加工。在这个阶段，标志性的事件或里程碑是周公测景与营建洛邑。借助西周初年的营建东都洛邑这个具有重大意义、影响深远的历史事件，“天地之中”被确定无疑地标识在了古代中国人的世界图景的某一位置。周公测景作为寻找一个特定的环境、空间乃至政治、文化的关键事件，不能不给予高度关注。

第一节　周公测景与营建洛邑

一、西周初年的王国形势与空间治理需要

周部族本是商王朝在西部边地的一个方国，长期据有泾、渭流域的周原之地，大约相当于今天陕西关中地区西部的宝鸡市范围，以凤翔、岐山、扶风等县为中心区域。周人不仅长期生活、繁衍在这块土地上，而且对之满怀感情。有诗为载："周原朊朊，堇荼如饴。"[①]意思是说，周人认为这里比其他任何地方都要好！

溯查谱系，商、周在诸如"三皇五帝"这样的远古帝王那里曾有同源之谊。商族的远祖"殷契，母曰简狄，有娀氏之女，为帝喾次妃"[②]，而周的远祖"周后稷，名弃。其母有邰氏女，曰姜原，姜原为帝喾元妃"[③]。何谓"元"？《尔雅·释诂·始哉》："元者，善之长也，长即始。"[④]也就是说，殷人与周人的始祖母曾分别是帝喾的次妃与正妃。

然而，虽说殷、周有如此密切的渊源关系，但在周翦商之前，商是周的宗主国。即便在"翦商"不久前，周也还是在老老实实祀奉着商的先王。在谨守司命这一点上，自称并自知是"小邦周"的周部族不敢有丝毫懈怠[⑤]，刻意避免引来与商王庭之间不必要的麻烦。甚至到周已成功灭商、营建洛邑之际，周成王（其实是摄政的周公）在面向被迁移来的殷孑遗贵族等发表政治性讲话时，还透射出周人曾经对商的敬仰和臣服。例如，在指出周因有德而兴、商因无德而衰后，王曰："予一人惟听用德，肆予敢求尔于天邑商。"由于有德，"予其敢求尔于大邑商而用之哉。"由此可见，"天邑商"也即"大邑商"，是周人对殷商符合客观历史实际的尊称[⑥]。

即使如此，伴随周的力量的不断成长，周商关系还是出现了无法弥补的裂痕。周文王发为人所诬而遭商纣王拘押留置。对于此事，史书记载的很清楚，"崇侯虎

① 王秀梅译注：《诗经·大雅·绵》，中华书局，2006年。

② ［汉］司马迁：《史记·殷本纪》，中华书局，1962年。

③ ［汉］司马迁：《史记·周本纪》，中华书局，1962年。

④ ［宋］邢昺：《尔雅注疏》，文渊阁四库全书本。

⑤ 《尚书·周书·大诰》汉孔氏传，唐陆德明音义，孔颖达疏："已予惟小子，不敢替上帝命，天休于宁王，兴我小邦周。"

⑥ ［宋］林之奇：《尚书全解·周书·多士》，文渊阁四库全书本。

谮西伯于殷纣，曰：‘西伯积善累德，诸侯皆向之，将不利于帝。’帝纣乃囚西伯于羑里。”由于崇侯虎的告密，商纣王几乎要置周文王于死地。后来，“闳夭之徒”尽力斡旋、营救，向商纣王送重礼，诸如“有莘氏美女”“骊戎之文马”“有熊九驷”，以及“他奇怪物”等，商纣王才赦免并放归了周文王[①]。但是，在商周力量的对比上，二者之间的悬殊曾经非常巨大。商王朝占据着当时最广大的地域，管辖着诸多方国和部族，讨伐鬼方等不服者。周虽羽翼渐丰，并获不少侯伯亲附与响应，却仍然偏处一隅，尚不敢与商王朝公开决裂和分庭抗礼。面对“大邑商”，周只能表现得谨小慎微。

发生在公元前 11 世纪的牧野一役，彻底扭转了商周之间的臣属关系。强大无比的商王朝瞬间轰然倒塌。当时，周的兵力是“戎车三百乘，虎贲三千人，甲士四万五千人”，再加上“诸侯兵会者车四千乘”，如此而已。而商王朝的兵力却要多得多：“帝纣闻武王来，亦发兵七十万人”[②]。然而，战争刚开打，商朝士兵就阵前倒戈。诸侯联军顺利前行。纣王自焚于鹿台，都邑朝歌被联军攻取，商朝遂灭亡。

“翦商”的大业在形式上似乎已经完成。其实，艰难的历史任务还远远没有被妥善解决。例如，如何防止和打击殷顽势力，使刚刚获得天命垂青和眷顾的周王朝实现长治久安？怎样处理原来偏处“西土”的“小邦周”与东方广大领土的有效沟通与整合？这对于还处在战争胜利喜悦之中的周朝君臣而言，皆是非常棘手而意义重大的命题。作为杰出的政治家，周武王清醒地意识到这一点，因此也就无比忧虑，甚至到了寝食难安的程度。尤其是天不假年，“翦商”后不久，周武王身殁，而继位的成王尚年幼，缺乏治国理政的相应经验和能力。危险和难题不仅依然存在，形势甚至还进一步严峻和紧张起来。

首先，深深刺痛西周王朝君臣神经的是东方地方力量和原殷商附庸等的骚动与反叛。最突出的是“三监”之乱，以及徐奄、蒲姑、淮夷等问题。立国之初，为了在当时的通讯、交通等条件下，实施对“溥天之下”与“率土之滨”等空间的比较有效的管辖，西周王朝采取了分封制，把周王子侄以及功勋与先贤之后，分封到各个地方，以实施对广大土地及其人民的占有和控领。其中，在原殷商都邑之地，“封纣子武庚禄父，以续殷祀”[③]，倡导并践行灭国不绝祀。为了对武庚禄父之下的殷顽实施监督，又把管叔、蔡叔、霍叔分封到朝歌附近，以进行牵制。然而，武王逝去后，成王年幼，周公摄政，引起不明旁观者的狐疑和猜测，也给

---

① ［汉］司马迁：《史记·周本纪》，中华书局，1962 年。

② ［汉］司马迁：《史记·周本纪》，中华书局，1962 年。

③ ［汉］司马迁：《史记·殷本纪》，中华书局，1962 年。

存有二心的殷顽之徒等以可乘之机。武庚禄父勾结管叔、蔡叔等，实施叛乱。对于当时的险恶景象，有史为载：

> “武王克殷，乃立王子禄父俾守商祀，建管叔于东，建蔡叔、霍叔于殷，俾监殷臣。武王既归成，岁十二月崩镐，肂于岐周。周公立，相天子，三叔及殷东徐奄及熊盈以略。周公、召公内弭父兄，外抚诸侯。九年夏六月，葬武王于毕。二年又作师旅，临卫政殷，殷大震溃，降辟三叔，王子禄父北奔，管叔经而卒，乃囚蔡叔于郭凌，凡所征熊盈簇十有七国，俘维九邑，俘殷献民，迁于九毕。”①

周公三年东征，平息了“三监”之乱，并讨伐东夷、淮夷、徐奄、蒲姑、熊盈等，才算彻底安抚了天下大局。

其实，周王朝在面对地方分裂势力的挑战等严峻形势的同时，还在着手处理一个重大的问题，即如何择定新都邑。这是因为，“小邦周”兴起于“西土”“翦商”之后，大量的“王土”与诸多封国散播在东方②。是依然固守周原之地、坚持位于今西安近旁的丰镐之都，还是主动向东靠拢、以求得与东方力量与地域空间的融合，便成了不能回避的问题。尽管周文王时曾把都邑从周原之地大大向东迁移，营新都于丰，武王进一步在沣水之隔另建镐京，但这样的都城安排仍然无法较好地满足新形势发展的需要。“三监”之乱与周公东征的事件，就突出暴露了这个问题。建都于西方，对于控领“东土”来说，有鞭长莫及之感，不利于迅速、及时、有效地解决对东方国土的管辖等。

在古代，择定一个合适的地方营建都邑或者中心聚落、核心城市，具有重要意义。从近些年来的聚落或城市考古资料，我们能够发现，大的聚落或中心城市周围，总是分布有诸多次级小型聚落或城市。大聚落或重要城市处于区域空间的核心位置，边缘的聚落或城市与中心之间呈现众星拱卫的态势。其实，这种空间结构是非常合理、自然的：中心聚落或核心城市、都邑居于中央，有利于发挥其对边缘聚落与城市的聚集、辐射和带动作用，而小聚落或小城邑则有了依归。中央或核心一旦确定，则能够便捷地实现对四周的影响。否则，四周就会陷入盲动或紊乱，不利于文明要素的凝结与文明的发展进步。

其实，中国古人在很早的时候就已注意到了在中心位置择都、定都乃至建立中心

① 《逸周书·作洛解》，文渊阁四库全书本。

② 《诗经·小雅·北山》：“溥天之下，莫非王土；率土之滨，莫非王臣”。

聚落所具有的重大意义，并有意把它运用于实践之中，指导城市建设。例如，先贤曾明确指出，“古之王者，择天下之中而立国；择国之中而立宫。”[①] 这里的“国”即城邑。如此安排的原因是有助于“处中以领四方”[②]，或者是“顺天地之和而同四方之统”[③]。基本意思都是一样，就是只有这样择定都城，才能够在空间等方面不失偏颇，保持均衡，收“宅中图大”[④] 之功效。就像《五经要义》所概括的，“王者受命创始建国立都，必居中土，所以总天地之和，据阴阳之正，均统四方，以制万国者也。”[⑤]

关于周文王、武王定都丰镐京之事，从周原之地而来的周人其实是满心欢喜的。譬如诗云：“文王受命，有此武功。既筏于崇，作邑于丰。文王烝哉……考卜维王，宅是镐京。维龟正之，武王成之。武王烝哉。”此诗意用现代话讲，就是：“文王受命封西伯，立下武功真辉煌。举兵讨伐崇侯虎，迁都丰邑好地方。人人赞美周文王……国王卜居问上苍，定居镐京最吉祥。迁都决策神鬼定，武王完成功无量。英明伟大周武王！”[⑥]

然而，灭商后，周的地域空间发生了重大变化，导致其控领的王土空间的中心位置也发生了游走。周人在灭商之前，尽管他们所在的泾渭流域以及后来稍微扩大些的关中地区气候宜人、土壤肥沃疏松而利于农耕，但其国土毕竟狭小有限。在那个时候，择都丰镐，基本是适宜的，既便于实施东向扩张与“翦商”的战略，也几乎就处于当时国土的中心位置，是能够发挥丰镐的“均统四方”的作用的。

但在灭商之后，周取代了原来的宗主国的位置，领有了原殷商的附属方国，其有效领土向东大为扩展，丰、镐之地故而就不可能再是国土中心了。周朝君臣需要根据新的区域图来确定新的“天地之中”或者“中土”，并以这个核心区域的建立来组织对整个“王土”的有效控领和整合[⑦]。

对此情景与形势的变化，文献也是有记载的。譬如，周大夫詹桓伯有言：

> “我自夏以后稷，魏、骀、芮、岐、毕，吾西土也。及武王克商，蒲姑、商奄，吾东土也。巴、濮、楚、邓，吾南土也。肃慎、燕亳，吾北土也。”[⑧]

---

① 张双棣等译注：《吕氏春秋·审分览·慎势》，中华书局，2007 年。

② [汉]班固：《白虎通》，文渊阁四库全书本。

③ [晋]谯周：《法训》，文渊阁四库全书本。

④ [晋]左思：《魏都赋》，文渊阁四库全书本。

⑤ [宋]宋敏求：《长安志·京都》，文渊阁四库全书本。

⑥ 王秀梅译注：《诗经·大雅·文王有声》，中华书局，2006 年。

⑦ 龚胜生：《试论我国“天下之中”的历史源流》，《华中师范大学学报》(哲社版)1994 年第 1 期。

⑧ 刘利等译注：《左传·昭公九年》，中华书局，2007 年。

从该史料可知，周王国的区域空间，已经从周人的发源地周原等“西土”极大地扩张到江淮、近东北、长江中下游等地方，涵盖了宽广的“东土”“南土”“北土”等地。自然，这个新版图的核心已不可能再是丰镐之京，客观地看，恰是早期国家形成与夏商以来其文明程度相对四周领先发展起来的嵩山地区。也就是说，嵩山地区正处在西周王国的中间区域。从今人编制的西周舆图中就能够容易地得出这个结论。以嵩山为中心的河洛地区，曾是禹夏的核心疆域，周人又自认为是承袭自夏，所以从心理与实际空间上，都会把这里认定为是“中土”“天地之中”。在此择都、建都，也就难以避免了，顶多是一个时机和方式的问题。

二、新的政治伦理的提出与寻找、确定“天地之中”

择定新的都城，除考量空间的均衡性，是否处于中央、以收统领四方之能效，具有现实的合理性等外，对于周人而言，还有一个问题，就是择定的新都邑要能够耦合其新的政治理念、体现出地域的神圣性。只有既具有地域合理性、处于新王国中央要地，又能体现政治伦理上神圣性的地方，才有资格充当这个新都邑。西周初年的天子与臣僚们，根据这样的考虑来选择新都邑并建设它。

首先，周初的政治家们提出了一个有别于殷商的不同的政治学说，这个学说在数千年内深深影响着传统中国，甚至直到今天还能隐约感觉到其存在。这就是一改殷商迷信祖宗鬼神的神学政治，明确提出“天命”的重大命题，认为政治的兴废存亡在于能否获得“天命”，而得“天命”并不神秘，就在于做到“敬天”“保民”、实施德政。“皇天无亲，唯德是辅”[①]。德之所在，则天之眷顾所在。如果有违德政、引致民怨民愤，则必将为上天所弃。商之覆亡，原因概在于始于自弃而终为天所弃。

周初，这样一个高明的政治学说的提出，不仅解答了商之所以亡，而且能够促进周人自我警醒，时刻提示自己不要疏忽德政，以免重蹈覆辙。譬如诗云：“上帝既命，侯于周服。侯服于周，天命靡常”。今译就是：“上帝已经下命令，殷商称臣服周邦。殷商称臣服周邦，可见天命并无常。”[②]

在新的政治学说那里，“天”的存在俨然取代了商人所恒信的具有无限法力的

---

① 《尚书·周书·蔡仲之命》，文渊阁四库全书本。

② 《诗·大雅·文王》，见程俊英：《诗经译注》，上海古籍出版社，2004 年，第 408 页。

帝、祖、鬼、神。根据“德政”理论，只要尊重民意、坚持民听，则可直探天意并达致天听，实现天人合一及其彼此之间的和谐。这叫“天命有德”[①]。所以，暴政是不被允许的，施政应当明德慎罚、以德配天。

对于“大邑商”灭亡的惨痛教训，周初的政治家们可谓触目惊心，又记忆深刻，因此深深引以为戒。在古代典籍中，相关记载很多。《尚书》中还有其他多篇透露了这一点，例如：

“庶群自酒，腥闻在上，故天降丧于殷，罔爱于殷惟逸。”[②]意思是：商纣君臣，饮酒作乐，自弃于天，故而遭受亡国之祸。

“闻于上帝，帝休。天乃大命文王，殪戎殷”，“天畏棐忱，民情大可见”，“无康好逸豫”[③]。大意是：周文王实施德政，小邦周得天之助，成功灭掉了大邑商，所以一定要敬畏上天、洞察民意，不可荒淫乱政，避免天命的再次改弦更张。

作为周初最重要的政治家之一，周公更是反复申述前朝旧事，以期从中汲取有益的经验、教训。他循循善诱要“怀保小民，惠鲜鳏寡”，时刻保持勤政爱民，学习历代先王圣贤的做法，“治民祗惧，不敢荒宁”，要杜绝“不知稼穑之艰难，不闻小人之劳，惟耽乐之从”等弊病[④]。

因此，要适应版图扩大后的形势需要，以及贯彻、实现上述政治思想和治国理念，周王朝应该付出多方面的努力。而在不放弃既有的丰镐之京（即周人自称的宗周）的前提下，是否敢于和愿意在东向更靠近新国土中心的地方，另外择定一个便于发号施令的新都邑，就体现出了周初政治家们的勇气、智慧和战略眼光。可喜的是，周初的政治家们早早意识到了这个问题的重要性和紧迫性，他们依据新的政治伦理和相应的方式，来寻找这个新都邑应该放置的恰当地点，其结果是选择了正处于周之“东土”与“西土”之中间的洛邑。

第一，这个新都邑要位于王土的中心，距离四周基本相等，方便施政，具有地理空间上的合理性。

新都邑之所以需要位于王土的中央，是为了实现其统领四方的实效。这个“地中”或者说是在这里建立的都邑即“中国”，对于新王朝的空间治理而言，具有高屋建瓴、纲举目张的作用。把它确定下来并建设好，对广大领土和封国等的辖制也就有了重要的支点和基地保障。

---

① 《尚书·虞书·皋陶谟》，文渊阁四库全书本。

② 《尚书·酒诰》，文渊阁四库全书本。

③ 《尚书·康诰》，文渊阁四库全书本。

④ 《尚书·无逸》，文渊阁四库全书本。

诗云："惠此中国，以绥四方"。就是说，"国家搞好京师富，安抚诸侯不费力"[①]。把都邑放置到中央，有利于绥靖四方及广远边地。由于"地中者，为四方九服之中也"[②]，所以，"欲近四旁，莫如中央。故王者必居天下之中，礼也。"[③]

这样看来，在新版图的中心择都、建都，是非常重要的战略性政治任务。

第二，这个新都邑要尽可能获得广泛的经济、政治、心理、文化等资源的支持，体现神圣性、合法性、便利性等。

居中建都，虽然是需要，但要把这个需要进一步转换成无意识的行动自觉，最大限度地获得各方面的支撑，还应当强化它的神圣性，从经济、文化、心理等方面查找可资利用的禀赋。

对于"中土"或"地中"，周人其实是一往情深的。他们认为"皇天既付中国民越厥疆土于先王"[④]。尽管周人起源于岐周，甚至他们还曾迁居到过戎狄间[⑤]，但自以为是夏的后继者。当周成功翦商以后，蹑踪夏人足迹，复居夏人之地，就是周人非常渴望的事情了。而夏人主要的活动区域就在河洛、嵩山之间等地。因此，在"地中"建都，对于周人来说，也是一种心理与精神、文化等方面的归属。

为了在合适的地点营建新都邑，西周初年的君臣们可谓深思熟虑乃至忧思焦虑。

史载，克商返回，武王"日夜不寐"。闻听此消息，周公迅即前问原因。武王答曰："我未定天保，何暇寐？"并透露了"定天保，依天室"、拟建新都之意[⑥]。这个"天室"，"当为去伊洛流域不远之地"[⑦]。在当时的人们看来，它就是天下的中心——嵩山。所以，武王的时候，已经初步明确了新都邑应该选择在伊洛地区，因为那里是"天下之中"，为天所依止、天命所集。[⑧]在这里建都，便于就近接受天命等。

在嵩山附近择都，其实是非常有利的选择，能够借人们对此山的神秘感来增

---

① 《诗·大雅·民劳》，见程俊英：《诗经译注》，上海古籍出版社，2004年，第457页。

② ［清］孙诒让：《周礼正义》，中华书局，1987年。

③ 《荀子·大略》，中华书局，1987年，第721页。

④ 《尚书·梓材》，文渊阁四库全书本。

⑤ ［汉］司马迁：《史记·周本纪》："不窋末年，夏后氏政衰，去稷不务。不窋以失其官，而奔戎狄之间。"

⑥ ［汉］司马迁：《史记·周本纪》，中华书局，1962年。

⑦ ［日］伊藤道治：《周武王と雒邑——尊铭と〈逸周书〉度邑》，见《内田吟风博士颂寿纪念东洋史论集》，（东京）同朋社，1978年，第48~49页。

⑧ 许倬云：《西周史》，生活·读书·新知：三联书店，1994年，第97~98页。

添择都的神圣性。嵩山既被认为是天神之所居，为“天下之中”，周天子依恃太室，建都于有夏之居，自然有助于永保天命了①。

第三，综合考虑和平衡其他因素后，能满足上述条件与标准的地方，唯有洛邑。

在刚刚形成的周王朝版图里面，河洛之地的洛邑位置适中，无疑是适合做新都邑的最好地点。传世文献曰：

> “当成周者，南有荆蛮、申、吕、应、邓、陈、蔡、随、唐；北有卫、燕、狄、鲜虞、潞、洛、泉、徐、蒲；西有虞、虢、晋、隗、霍、杨、魏、芮；东有齐、鲁、曹、宋、滕、薛、邹、莒。是非王之支子母弟甥舅也，则皆蛮、荆、戎、狄之人也。”②

成周即是周人所称的新都洛邑，而丰镐之京则被称为宗周。从洛邑“南有”“北有”“西有”“东有”的描述中，可知当时的人们是非常清楚洛邑的方位的，即只有洛邑才处在中央位置。

在分封制下，诸侯国要向周天子履行“藩屏”和贡纳等义务。居中择都，方便此目标的实现。而以洛邑为中心，东西向自古有沿黄河南岸的大通道，南北向则有汾沁河谷、豫西至荆楚的天然走廊。以之为都，可谓东联西通、南北畅达③，不凭天险，却方便实施德政。倘若周不能坚持德政，则居此之地，又有利于天谴、民讨的实现，通过这样在择都问题上构建某种倒逼机制，提醒以后的执政者不要懈怠。对此，众多文献也说得很明白：

> “王来绍上帝，自服于土中。旦曰：其作大邑，其自时配皇天。”④
>
> “周公敬念于后曰，予畏周室不延，俾中天下。及将致政，乃作大邑成周于土中。城方千七百二十丈，郛方七十里，南系于洛水，地因于郏山，以为天下之大凑”。⑤
>
> “成王即位，周公之属傅相焉，乃营成周洛邑，以此为天下之中也，诸侯四方纳

① 蔡运章：《周初金文与武王定都洛邑——兼论武王伐纣的往返日程问题》，《中原文物》1987年第3期。

② 《国语·郑语》，文渊阁四库全书本。

③ 伊藤道治等认为，洛邑即今洛阳距离周伐殷时利用为渡河点的孟津很近，既是往北方的出发点，也是通往淮河流域、山东方面的分歧点，是交通要衢。曾为商都城的偃师，位于洛阳东附近。由此可见该地域确是交通要冲。见伊藤道治等：《中国通史》，吴密察等译，（台北）稻乡出版社，1990年，第61~62页。

④ 《尚书·召诰》，文渊阁四库全书本。

⑤ 《逸周书·作洛解》，文渊阁四库全书本。

贡职，道里均矣。有德则易以王，无德则易以亡。凡居此者，欲令周务以德致人，不欲依险阻，令后世骄奢以虐民也。”[①]

“昔周成王之卜居成周也，其命龟曰：予一人兼有天下，辟就百姓，敢无中土乎？使予有罪，则四方伐之，无难得也。”[②]

“王者京师必即土中何？所以均教道，平往来，使善易以闻，为恶易以闻，明当惧慎，损于善恶。”[③]

图32　天亡簋

图33　天亡簋铭文

由武王首倡在“天地之中”“地中”的洛邑择定新都，并由周公在成王继位以后完成营建，这样一个重大的历史事件，得到了出土文物、文献方面的佐证。

清道光末，陕西岐山出土了武王时器“天亡簋”，也叫“大丰簋”，上有铭，记载了周武王主祀天帝、配飨文王，天亡（太公望）由于参与助祭而被赏赐，故而铸作此簋以颂王休。铭文有“王凡三方，王祀于天室”等句，指出了周武王曾经亲自踏勘数地，并在河洛、嵩山进行祭祀。这个记载周武王在太室山巅度邑定宅等事的铭文，也成了我国最早的封禅记载之一[④]（图32、33）。

① ［汉］司马迁：《史记·刘敬列传》，中华书局，1962年。

② ［汉］刘向：《说苑·至公》，上海古籍出版社，1990年。

③ ［汉］班固：《白虎通义·京师》。见［清］陈立《白虎通疏证》（上册），中华书局，1994年，第157页。据《后汉书》之《章帝纪》、《儒林传序》，《白虎通义》是今古文经学“诸儒会白虎观，讲议《五经》同异”，由汉章帝“亲称制临决”而成，只不过由班固奉命撰成。所以，择都与实施德政的关系，其实也是东汉官方的看法。

④ 林沄：《天亡簋“王祀于天室”新解》，《林沄学术文集》，中国大百科全书出版社，1998年，第166~173页。

1963年，陕西宝鸡出土了何尊，其铭文曰：

“唯王初迁宅于成周。复爯武王，豊福自天。在四月丙戌，王诰宗小子于京室，曰：“昔在尔考公氏，克弼文王，肆文王受兹大命。唯武王既克大邑商，则廷告于天曰：‘余其宅兹中或，自之乂民。’……”

图34　何尊

铭文中的“或”其实就是“國”（国）字。“或、國在周时为古今字。”[①]而“国”是在地理空间上与“野”相对应的、供贵族等居住的城邑，被征服者等则居住于“野”“鄙”。因此，“中或”或“中國”（中国），等同于“中土”，就是在中心、中央地方的城市，再明确一点说就是洛邑[②]。这段铭文的大意则是：周成王刚迁居新邑成周，祭祀武王，并向上天祈福；四月丙戌这天，周成王在祖庙告诫同宗的小子，说：“你们的先祖能辅弼文王，文王受天命。武王在克大邑商后，廷告于天，说要居住在这个中国之地，自此治理民政”（图34、35）。

图35　何尊铭文

① 段玉裁注《说文解字》，文渊阁四库全书本。

② 唐兰：《西周青铜器铭文分代史徵》，中华书局，1986年，第76页。

尽管有种种理由，但人们还是要禁不住追问，为何只有洛邑这个地方最恰当、是最优选择？以洛邑为新都，不仅在后来引出了各种看法和认识，其实在当时也是有其他考虑或可能的。譬如，武王踏勘几处地方，甚至有在今晋南择都的倾向。“武王克殷，欲筑宫于五行之山。周公曰：‘不可！夫五行之山，固塞险阻之地也，使我德能覆之，则天下纳其贡职者回也；使我有暴乱之行，则天下之伐我难矣。’”[①]汉高诱注：“廻，迂难也。”周公反对的理由，也正在于在险要之地建都，固然可以凭依，但不利于行暴政时被民人讨伐，其本质还是有悖于德政。

因此，早期的文献和后世出土的文物、考古资料等，都共同指出，西周初年的君臣们为了实施有效的空间治理，贯彻他们提出的新的政治伦理与治国路线，需要在宗周之外另外寻找、确定一个地方来充当威权中心。综合各方面的因素考虑，具有历史责任感和政治睿智的周初的君臣们，目标明确地选择了洛邑。但他们还得以合适的方式和形式来实现这个择都方案。这就是周公以测影的方式来完成这个择都链条的最后一环了。

三、周公测影与规划、营建“新邑洛”

在相对于宗周之地更远一些的东方，择定一个合适的地方充当新王国的都邑，从而有利于实施德政和统领整个王土，并不是一件简单的事情。因为“与其说选择‘天下之中’建都是一条选址原则，不如说它是一条治国方略。”[②]正如前文所言，在这整个过程中，其实都渗透、内隐着西周初年政治家们的理念和睿智，而完成此项伟大任务的人物主要是周公，还有召公等人。

西周初年杰出的政治家周公，姓姬名旦，是文王发的第三子，也是中国历史上一位非常著名的人物。他不仅是西周初年历史舞台上的风云人物，还是整个周代政治、文化、思想等制度的主要缔造者，被后人认为是儒家的早期代表人物。孔子即认为自己在道统方面承袭周公。在孔子看来，周公是西周政治文化的主要代表，因此他自己非常渴慕周公，连做梦都愿见到周公。譬如，子曰：“甚矣吾衰也，久矣吾不复梦见周公。”[③]孔子认为自己老迈至深，连梦见周公这样的贤者的机会都减少了（图 36）。

在讨伐商纣王、翦灭大邑商不久后，英勇的周天子武王不幸身殁。此时国内

① 顾迁译注：《淮南子·氾论》，中华书局，2009 年。

② 龚胜生：《试论我国“天下之中”的历史源流》，《华中师范大学学报》(哲社版)1994 年第 1 期。

③ 《论语·述而》，文渊阁四库全书本。

图36　纪念周公的洛阳周公庙

形势之险恶，前文有述。正是在这样特定的环境下，周公等作为辅政大臣，力挽狂澜，不顾非议，凭借智慧和忠诚等，帮助新生的西周政权顺利渡过难关。古文献对此做了记载，如：

“周公居摄，一年救乱，二年克殷，三年伐奄多方。”①

“周公摄政，四年建侯卫，五年营成周，六年制礼作乐，七年致政成王。”②

这些记载说，在成王还年幼的情况下，周公力排非议而摄政，进行东征，平息叛乱，继续进行大分封，营建新都邑成周，还完善了礼乐典章制度。当所有这一切都妥善解决后，周公还政给成王。

周公营建洛邑，是延续、贯彻执行自武王以来的既定方针政策。而要实施这一策略，他还要寻求理论与技术方法等的支持。

关于在洛邑择定新都，还是有其理论基础的。而这些理论基础，除上述洛邑位居“天地之中”的最适宜地理位置等之外，还有其深厚的文化渊源和择都的正义感、神圣性。

首先，自称因夏的周人对禹夏之地甚是向往，而禹夏之地的核心区在以嵩山为中心的河洛地区。

---

① 《尚书大传·多方传》，文渊阁四库全书本。

② 《尚书大传·洛诰传》，文渊阁四库全书本。

史载："夏道将兴，草木畅茂，青龙止于郊，祝融之神降于崇山。"①另有："昔夏之兴也，融降于崇山。"②关于嵩，韦昭注："崇，崇高山也。夏居阳城，崇高所近。"崇、嵩古字通，所以"崇山"或"崇高山"即"嵩山"。这说明，嵩山这里曾是禹夏的发祥地及其都邑所在。

鲧是禹的父亲，在禹之前曾主持治理洪水，尽管最后没有成功，却是早期历史上一位英雄人物，自当亦是夏部族的领袖。"其在有虞，有崇伯鲧。"③《帝王世纪》也说："夏鲧封崇伯。故《春秋传》曰，谓之有崇伯鲧。"④由于鲧的夏部族活动于今嵩山附近，鲧被称为崇伯鲧。

禹作为夏的缔造者，结束禅让制、开创传子制，其居地和政治中心也在阳城。"《帝王世纪》曰：'阳城有启母冢'"⑤。综合文献对方位的记载等判断，禹的都城阳城应是今河南登封王城岗古城。而根据考古资料，发现王城岗古城的始建年代稍早于禹，以此而推测，此城可能最初是鲧城，后为禹继承而成为禹的都城。

可见，广大的嵩山地区，一直以来就是华夏文明的核心区域。而洛邑距离阳城近在咫尺，洛邑其实也是这个区域的中心位置。

洛邑因洛水而得名。由于居水之北，故后称洛阳。其实，位于古代豫州即今之河南的洛水，原来叫"雒水"，此水之北的城市自是"雒邑"或"雒阳"，而流经古代雍州即今之陕西蒲城、韩城等地方的那道水才是真正的"洛水"。曹魏建都洛阳，黄初元年，根据五行学说，自认为"魏于行次为土。土，水之牡也。水得土而乃流，土得水而柔，故除'隹'加'水'，变'雒'为'洛'"⑥，"洛阳"一名才由此而生。然而，这个城市，却是从周公营建洛邑开始的，有史料为证：

"岐、镐之域，处五岳之外，周公为其于政不均，故东行于洛邑，合诸侯，谋作天子之居。四方民闻之，同心来会，乐即功作，效其力焉。"⑦

"当周公之摄政，既以洛水之地居天下之中，四方诸侯之朝觐、贡赋道里为均，故建以为都，以居九鼎而朝诸侯于此矣。当其营洛也，召公先至于洛而卜之，

① 《竹书纪年》，文渊阁四库全书本。

② 《国语·周语上》，文渊阁四库全书本。

③ 《国语·周语下》，文渊阁四库全书本。

④ [宋]李昉等：《太平御览·州郡·京都上》，中华书局，1960年。

⑤ [南朝宋]范晔：《后汉书·郡国志》，[梁]刘昭注，中华书局，1982年。

⑥ [汉]裴松之：《三国志·魏志·文帝纪》裴注引《魏略》，中华书局，1982年，第76页。

⑦ 郑玄注：《周礼·大司徒》，文渊阁四库全书本。

既得吉卜，则经营以攻其位。周公续至，则达观之而用书以命庶殷。”①

“周公初基作新大邑于东国洛，四方民大和会。”②

“（周公）营洛，以观天下之心。于是四方诸侯，率其群党，各攻位于其庭。周公曰：‘示之以力役，且犹至，况导之以礼乐乎！’”③

“周公相成王，以丰偏处西方，贡道不均，乃使召公卜居洛水之阳，以即土中。故《援神契》曰：八方之广，周洛为中。于是遂筑新邑，营定九鼎，以洛邑为王之东都。”④

“成王在丰，使召公复营洛邑，如武王之意。周公复卜申视，卒营筑，居九鼎焉。曰：‘此天下之中，四方入贡道里均。’作《召诰》《洛诰》。”⑤

“昔周公营洛邑，以为在于土中，诸侯蕃屏四方，故立京师。”⑥

这些材料皆透露了周初的王公大臣为什么把新都邑选在了洛邑，以及如何建设这座新城邑的。概括起来说，就是：召公首先到洛邑进行占卜，获得吉兆，意味着在此建都的行为有了正当性、神圣性；周公后到洛邑，进行一番规划、设计，并回宗周向成王禀告可行性；动员和组织包括已迁移而来的殷商遗民建设这座新城邑。最终，这座位于王土中心的城邑建成，且定九鼎于此，作为新王朝的东方之都。

由此可知，建设新都邑的过程比较清楚。诸多文献彼此互证，也没有抵牾之处。然而，周公究竟是如何认准洛邑就是“天地之中”的？在前述的对周王朝扩大的领土的感知与认识之外，还有一个天文参照标准，就是夏至日当地物体所投射到水平地面的阴影即日影。

根据长期生活经验和观察，人们发现或判定在嵩洛地区这样的王土的中央，夏至日是当地所有物体的日影最短、甚至短到可以忽略不计的时候。如果对这种自然、天文现象进行粗略概括，最可能得出的结论就是“日中无影”。同时，因为洛邑与周之王土的四至基本等距离，如果在夏至日分别测得当地物体有无日影及其长短，就可推导出它们距离“天地之中”或“地中”的相对距离。这样的理论，到了唐僧一行与元郭守敬主持大地测量时，还在自觉地坚持与运用着。

以日影之有无与长短（或者再加上一个日影是偏左或偏右的要素），来判断

① 《尚书·周官》，文渊阁四库全书本。

② 《尚书·康诰》，文渊阁四库全书本。

③ 《诗·周颂谱》孔颖达疏引汉伏胜《尚书大传·洛诰传》，文渊阁四库全书本。

④ ［晋］皇甫谧：《帝王世纪》，见《太平御览·州郡·京都上》，中华书局，1960 年，第 754 页。

⑤ ［汉］司马迁：《史记·周本纪》，中华书局，1959 年。

⑥ ［汉］班固：《汉书·地理志下》，中华书局，1962 年。

地理方位，现在看来，并不甚严谨和周密。但在周人已确知他们广阔的王土有“东土”“西土”“南土”与“北土”，它们距离洛邑差不多一样远近、洛邑又在中央的情况下，是可以通过比较四至之内不同地方日影的状况，来确定它们距离这个“中土”之远近的。因此，最有可能是根据生活经验与长期观察而得出的夏至日“地中”的日影最短以至于几乎可忽略的直觉，便简化成了“日中无影”的简洁性结论。为支持在洛邑择都、建都行为的正当性，周公也采取了测日影以定“地中”“天地之中”。

古代在建设都邑前，首先要着手测定位置和方向，即所谓“惟王建国，辨方正位”[①]。何谓“辨方正位”？贾公彦疏：“辨，别也。先须视日景（影）以别东西南北四方，使有分别也。正位者，谓四方既有分别，又于‘中’正宫室朝廷之位，使得正也。”“辨方正位”就是要寻找、确定都邑在“溥天之下”的王土里面的合适位置，并进一步确定宫室宗庙等建筑在都城内的位置，从而实现秩序的空间性构建，防止出现紊乱和偏颇。本来，“地中无影”（其实嵩洛地区在夏至日是近似无影）是通过观察和经验得出的结论，而在都邑择定和建设的实际操作过程中，反之竟却成了甄别候选之地是否是“地中”的标准。

那么，怎样测日影、定“地中”？工具是土圭（日晷）。方法是：立八尺之表，比较夏至日其影（日影）是否与水平方向上的一尺五寸之土圭相吻合。如一致，则为地中；反之，则否。对此，典籍明确记载：

> “土圭以致四时日月。”[②]
>
> “土圭尺有五寸，以致日，以土地”；“水地以悬，置槷以悬，眡以景。为规，识日出之景与日入之景，昼参诸日中之景，夜考之极星，以正朝夕。”[③]
>
> “以土圭之法测土深，正日景，以求地中。日南则景短，多暑；日北则景长，多寒；日东则景夕，多风；日西则景朝，多荫。日至之景尺有五寸，谓之地中：天地之所合也，四时之所交也，风雨之所会也，阴阳之所和也。然则百物阜安，乃建国也制其畿方千里而封树之”。“日至之影，尺有五寸，谓之地中。”[④]
>
> “周公摄政四年，欲求土中而营王城，故以土圭度日景之法。”[⑤]

---

① 《周礼·天官·宗宰》，文渊阁四库全书本。

② 《周礼·典瑞》，文渊阁四库全书本。

③ 《周礼·考工记》，文渊阁四库全书本。

④ 《周礼·地官·大司徒》。郑玄注引郑司农（郑众）说：“土圭之长，尺有五寸。以夏至之日，立八尺之表，其影适当与土圭等，谓之地中。今颍川阳城地为然。”

⑤ 《周礼·大司徒》贾公彦疏，文渊阁四库全书本。

“土圭测景，不缩不盈，总风雨之所交，然后以建王城郑。”[①]

经过以土圭之法测量日影，借助于“日中无影”这样一个标准，“天下之中”或“地中”被“找到”了，它就是洛邑。“成周之隆，乃即中洛。”[②]唐李贤注：“周成王就土中、都洛阳也。”可见，完成测影这个任务的，正是西周初年杰出的政治家周公旦。

《召诰》《洛诰》《多士》等是《尚书》中几篇与营建洛邑相关的历史文献。它们缀合起来，就把整个过程描述得很详细了。

“惟太保先周公相宅，越若来三月，惟丙午朏，越三日戊申，太保朝至于洛，卜宅；厥既得卜，则经营”。营建洛邑是先由召公踏勘选址[③]。

“予乃胤保大相东土，其基作民明辟。于惟乙卯朝至于洛师。我卜河朔黎水。我乃卜涧水东，瀍水西，惟洛食。我又卜瀍水东，亦惟洛食。伻来以图及献卜。”[④]

再一次复述这个过程就是：西周初年，王土扩大，殷商及淮夷、徐奄等居东，宗周及岐周在西，唯有河洛、嵩山之地居于它们之间的适宜位置，且它在南北方向上也比较恰当，处于“天地之中”或“地中”；根据长期观测和生活经验，这个地方的夏至日的日影又几乎见不到，遂形成“天地之中”或“地中”无影的认识。召公先到洛邑占卜，周公后至并进一步踏勘，向成王汇报后经营之。

新都洛邑建成后，因其处于王土的中央要地，在此设置官司，主理四方之事，自是一个中心。不过，周人并没有因此而放弃宗周。镐京依然保留着主理诸如周族内部的事务等这样的职能，是周人心理、思想观念上的中心[⑤]。譬如，西周在新都洛邑驻屯兵力“八师”（又称“成周八师”“成师”），在宗周则屯“六师”（又称“西六师”）[⑥]。洛邑与宗周并驾齐驱，一起形成了西周王朝的二都制，影响深远。史念海先生指出，“历来的王朝或政权往往在都城之外，还建置若干陪都”，“陪都确是具有都城的地位”，“陪都制度的建立始于西周初年”，即所建的洛邑。“自西周设

---

① ［汉］张衡：《东都赋》，见［梁］萧统《文选》

② ［南朝宋］范晔：《后汉书·杜笃传》，中华书局，1982年。

③ 《尚书·召诰》，文渊阁四库全书本。

④ 《尚书·洛诰》，文渊阁四库全书本。

⑤ 罗家湘：《逸周书研究》，上海古籍出版社，2006年，第201~202页。

⑥ 徐中舒：《禹鼎的年代及其相关问题》，见《徐中舒历史论文选辑》（下册），中华书局，1998年，第1016~1017页；杨宽：《西周史》，上海人民出版社，1999年，第412~413页。

陪都以后，后来的王朝多所踵行。”[①]

四、周公测景的其他相关背景资料及测景遗迹等

在构建新王国的典章制度和整个社会秩序以及营建洛邑的过程中，周公测景可能只是其中一个必要环节。尽管这个行为或事件在当时或许是辅助性的，但依然在中华文明的演化进程中留下了浓墨重彩的一笔。除前述关于周公测景的资料外，还有其他资料值得关注和了解。

进行测景，首先离不开测量工具和手段。这就是晷、日晷、土圭或者圭表。在不同的文献表达中，名称虽有差别，但其实指是一样的。

据文献说，“晷，日景也”[②]。由于“景”“影”在古汉语中通假，所以，自然也可以说“晷，日影也。”[③]晷的本义是日影，或者说就是物体投射到地面的阴影。但季节、方位等不同，同等尺度与体量的物体的日影也会伸缩有变，通过比较、分析日影的长短变化等，是能够认定季节、时日和当地的相对位置的，因而名词的“晷”字遂衍生出动词的词性来。“晷，以表度日也。”[④]“晷，规也，如规画也。”[⑤]清人徐灏说得更清楚：“晷，日影谓之晷，因名测影之仪器曰晷也”[⑥]，也就是由日影之“晷”演绎出测日影的行为“以表度日”，以及相应的工具“日晷”等丰富内涵。

圭亦是测日影的仪器“圭表”的构成要件，它平放在台座上，而在台座之上竖立的标杆则叫“表”。以“表”之阴影即日影的长短变化来与圭尺进行比较、对照，确定一年的节气和当地的相对地理位置等。“树八尺之表，日中视其晷”[⑦]，“周髀长八尺，夏至之日，晷一尺六寸”[⑧]，皆是以圭表测日景的写照。

用“晷”或“圭”测日影、定节气与方位的道理，为早期及后人所熟知。《授时历·议上》虽是后出的看法，但它的解析既透彻又有理性：

“天道运行如环无端，治历者必就阴阳消息之际以为立法之始。阴阳消息之

---

① 史念海：《中国古都概说》（五），《陕西师大学报》（哲学社会科学版）1991年第1期。

② 《说文·日部》，文渊阁四库全书本。

③ 《广韵·旨韵》，文渊阁四库全书本。

④ 《玉篇·日部》，文渊阁四库全书本。

⑤ ［汉］刘熙：《释名·释天》，文渊阁四库全书本。

⑥ ［清］徐灏：《说文解字注笺·日部》，文渊阁四库全书本。

⑦ ［汉］郑康成：《易纬·通卦验下》，文渊阁四库全书本。

⑧ 《周髀算经·卷上》，文渊阁四库全书本。

机何从而见之？惟候其日晷进退，则其机将无所遁。候之之法，不过植表测景，以究其气至之始。”①

也就是说，对于循环往复的天文现象与恒定的天体运行规律，人们能够通过观测日影予以掌握。方法即是：立表以测景。“审堂下之阴而知日月之行，阴阳之变见。”②因此，在很早的时候，中国古人已经进行了此方面的探索与尝试。

早期国家形成时期，舜在不同的季节巡狩四方并到四岳进行祭祀，还设官职守以负责各方事务。譬如“乃命羲、和，钦若昊天，历象日月星辰，敬授人时”，“分命羲仲宅郁夷，曰旸谷”，“申命羲叔宅南交”，“分命和仲宅西，曰昧谷”，“申命和叔宅朔方，曰幽都”③。经舜任命，不同的人负责不同方向上的事务。舜的做法，一方面是宣示其势力范围和影响，同时也说明了当时对领土及其不同方向的认识。

通过观测日影之盈缩来确定节气、时分、方位等，其实是可以通过观察任何不透明物体在阳光下的阴影实现的。譬如树木、墙垣、民居、庙堂、山头等。但后来可能是专职化与精准化等的原因，观测日影的工具落在了“晷”“圭”或“圭表”上了。于是，“人们发明了表木测影法，根据表木在日下投影的长短及其运行轨迹测度时间和节气的变化。”④看来这种解释是符合历史逻辑的。

甚至可以进一步展开来说，为了认识自己所处环境场域与方便生活的需要，任何人群都会有“观日”或者“观日影”定时、定位的经验。民族志方面的资料能够证明这一点。太阳是地球白昼时候，超越了任何地面标志物局限性的、最好的空间坐标参照。在不同的地方，墙垣、山头、树木、房屋等地标可能会不同或有变，但太阳是唯一的。观测太阳在空中位置及其移动，或者观察当地日影的状态，不过是异曲同工而已。因此，“立杆测影，对于所有古代的先民，是都会有的事”⑤，是生活实践的产物。

尽管由于年代久远等原因，周公测景不像典籍记载营建洛邑那样脉络清晰、纤毫毕现，但基本的事实还是应当肯定的。周公测景是为了配合或支持在“天地之中”“地中”的洛邑营建新都，而测量日影的地点则是在嵩山地区的阳城。梳理相关史料，其史实是清晰明了。

① [明]宋濂等：《元史·志第四·历一》，文渊阁四库全书本。

② [秦]吕不韦：《吕氏春秋·慎大览》，文渊阁四库全书本。

③ 《尚书·尧典》，文渊阁四库全书本。

④ 李宪堂：《“天下观”的逻辑起点与历史生成》，《学术月刊》2012年第10期。

⑤ 王邦维：《“都广之野”、“建木”以及“日中无影”》，《中华文化论坛》2009年第11期。

在《新唐书·地理志》“河南府河南郡”的“阳城”条下记载：“（阳城）有测景台。开元十一年，诏太史监南宫说刻石表焉。”[①]

根据这则史料，能够推知在唐开元十一年（723 年）以前，在阳城一定已经建有测景台，但可能是由于某原因而导致该测景台不复存在了。这才有在唐开元十一年（723 年）太史监南宫说，根据诏令在原地重新刻石立表这样的事情发生。其实，阳城早期的测景台还可以上溯到仪凤四年（679 年）以前。史载：“仪凤四年五月，太常博士、检校太史姚玄辩奏于阳城测影台，依古法立八尺表，夏至日中，测影有尺五寸，正与古法同。”[②]

通过分析这则材料，可知在仪凤四年（679 年）的时候，阳城就曾经存在过古测景台。这个古测景台当是周公测景台。因为，阳城曾是夏都，周人自认为承因于夏，而嵩山地区又是“天地之中”“地中”，所以要周公测景选定在阳城就有了历史和文化的依据。

故而，《周礼·地官·大司徒》贾公彦疏：“郑司农云：颍川阳城地为然者，颍川郡阳城县是。周公度景之处，古迹犹存。”[③] 这个古迹，应是周公测景之后留下的遗迹，而不是唐开元十一年（723 年）或仪凤四年（679 年）依据诏令或古法复建的测景台。

到了元朝，帝国疆域再次扩大，新的领土中心肯定又发生了变迁，尽管真正的“地中”有可能已经移走到别的地方，不过“周公测景”的影响犹存。所以，至元十三年（1276 年）的时候，伟大的天文学家郭守敬在“周公测景台”之北侧建造另一个用于天文观测的建筑物即观星台。这个建筑物今天尚在，且是国家重点保护的文物。

由于嵩山地区位处古代中国的核心区，四方都围绕、拱戴它，故称华夏。得地理之便，嵩山地区成为经济、文化等要素的汇集之地，也是历来兵家必争的地方，有得中原者得天下之说。后来，这里还成为儒、道、释等诸家主流文化交流激荡和彼此砥砺借鉴、相互促进发展的地方。而这些不同的主流文化，也以各自不同的表达形式追述着当年周公测景以定“天地之中”的历史往事。譬如，在已进入了世界文化遗产名录的登封“天地之中”历史建筑群里面，有很多建筑都与此有关，直接或间接地证明着这一点。

---

① ［宋］欧阳修：《新唐书》，中华书局，1975 年。

② ［唐］杜佑：《通典·职官》，文渊阁四库全书本。

③ 李学勤主编：《周礼注疏》，北京大学出版社，1999 年。

《唐嵩岳少林寺碑》曰："正气居六合之中"[①]，《会善寺戒坛记》曰："嵩高得天下之中也"[②]，都非常清楚地交代了嵩山的居中位置。武则天时期曾封禅于嵩山，投放金简，于垂拱三年，"改嵩山为神岳，封其神为天中王"；万岁通天元年，"尊神岳天中王为神岳天中皇帝，天灵妃为天中皇后"[③]，极大提升了嵩山的地位。

后世碑文石刻等文献资料更是对嵩山地区"天地之中"等予以铭记。如：宋《中岳中天王庙碑》载"昭昭岳神兮，镇于寰中"；金《重修中岳庙碑》载"据天地之中央，行之正位"；元《中岳投龙简》载"阳城天地中，坤灵奠神岳"；明《天中阁记》载"嵩位在地中，而天中亦在焉"；清康熙皇帝祭祀嵩山的《御祭文》"惟神环通八表，雄峙中天"[④]。

不过，毕竟由于时代遥远、文献记载有限，相关文物、遗迹的稀缺与信息模糊，周公于阳城测景一事呈现的不是十分清晰。后人就有质疑周公测景以定"天地之中"史事的真实性。譬如，有研究者在分析了对周公营洛一事记载的史料后，认为文献只是记载了周公在踏勘洛邑时采用的手段是"龟卜"或"耆卜"等的占卜法，"并未实施《周礼》所载的以土圭测日影以求地中，'日中测影以求地中'实为后人附会之说"[⑤]。

其实我们知道，古人活动的很多信息都没有被保留下来，而且越是早期，历史信息能够传递下来的就越稀少。古文献、考古资料所能佐证的只可能是宏大历史画面的局部。我们固然可以依据直接、正面证据来判断，在择都、建都并营建洛邑的时候，召公、周公通过占卜获得了吉兆，但史书所记载的周公测景其实是确定洛邑是否位于"天地之中"的方位问题，是营建洛邑的前置性任务。周公测景以定"天地之中"，与周公等占卜以察在洛邑营都能否蒙获上天的应允，尽管有密切的关系，但其实是两回事。不能以《尚书》对周公等营建洛邑占卜有记载，就否定周公曾测景一事。

诚如前文所述，《周礼》及其注、疏等对周公测景是有记载的。虽然这些资料稍微晚出一点，甚至到战国、秦汉时期儒家还把自己的些许看法补充到了里面，但这些文献基本还是值得肯定和信赖的。早期文献记载通常非常简洁，加上古今歧异，故而多有不达、未达之意。所以，古籍才有疏注之必要。借助疏、注，

---

① [明]都穆：《金薤琳琅·卷十二》，文渊阁四库全书本。

② [清]叶封：《嵩阳石刻集记·卷上》，文渊阁四库全书本。

③ [宋]欧阳修：《新唐书·本纪》，文渊阁四库全书本。

④ 任伟：《嵩山古建筑群》，河南人民出版社，2008年。

⑤ 张强：《"天下之中"与周公测影辨疑》，《自然辩证法研究》2013年第7期。

后人得以能读、读懂古代典籍。如《春秋经》，凭依三传，其义可得知晓。如果以古籍未载、未记，后书有述、注，就以之为“伪”，也未免过于武断。当然，如果后人在此中“添附”，那是另当别论了。不过，古往今来的文献对周公测景能够记载，并勒石铭记，或者建立、复建相关设施，一定有所本依，绝不是空穴来风。

倘若认为诸如《周礼》等对周公测景的记载尚不够确切，那么，否定周公测景的正面证据又在哪里呢？从论述者的表达中，无法找到支持其简单的否定性结论的材料。所以，在古史研究中应该有怀疑的精神，但疑古过甚，也不好。周公测景以定“天地之中”，确有史事。

第二节 “天地之中”观念及测景文化现象的延续

一、周公测景以定“天地之中”与三代对方位的认识

“天地之中”或“地中”等概念的形成，与古人对天、地之形状及其关系的认识有关。早在先秦以前，中国古人就产生了天圆地方的观念，认为天地分离，天在上，地在下，地是平的，天是圆的。“天地之中”或“地中”概念就是这样一种对自然界认识的产物。当时的人们还没有将地理观念与无穷思维结合起来，所以既然地是平的，并且根据当时人类的活动能力与行为半径等生命体验来判断，其大小又是有限的，大地表面当然有个中心，这个中心就是“地中”了[①]。

但是，这个中心在哪里？其实周公测景以定“天地之中”或“地中”，已经是这个认识或思想发展到非常成熟的阶段的事情了。在夏、商甚至再早些的时候，在人们对东、西、南、北、中等方位考虑的过程中，已经酝酿着“天地之中”或“地中”的思想认识了。三代时期，人们不仅主要在嵩山地区繁衍与活动，而且在思考和寻找着“地中”应该所在的地方。

史载：“昔唐人都河东，殷人都河内，周人都河南。夫三河在天下之中，若鼎足，王者之所更居也，建国各数百千岁。”[②]这就高屋建瓴地概括指出，中华古代文明的核心区域在今之晋南、豫西、豫北等地。这是范围和区域所指都还比较大的

---

① 关增建：《中国天文学史上的地中概念》，《自然科学史研究》2000 年第 3 期。

② [汉] 司马迁：《史记·货殖列传》，中华书局，1962 年。

"天地之中"。所以，也可以这么说，"河洛地区是夏商周三代建都之地，号称中华民族的摇篮，是中国古代政治、经济、文化的中心。"①

不过，在这个核心区域里面，又是具体哪个地方或标点是"天地之中""地中"呢？答案也比较明确，"昔三代之居，皆在洛河之间，故嵩高为中岳，而四岳各如其方。"② 也就是说，五岳各据一方，唯有嵩山处于中央。其他地方或许也很重要，但都不能取代嵩岳的地位。当然，嵩岳地区"天地之中"的确定，也有一个在三河这样的大"天地之中"逐步缩小范围而明朗起来的过程。

夏时，王朝的中心即在嵩岳地区。史载：禹"乃受舜禅，即天子之位。洛出龟书，是为洪范。三年丧毕，都于阳城。"③"(阳城)县故城南，昔舜禅禹，禹避商均，伯益避启，竟于此也。亦周公以土圭测日景处。"④ 司马迁对该历史事实也是认可的："禹辞避舜之子商均于阳城，天下诸侯皆去商均而朝禹。禹于是遂即天子位，南面朝天下，国号曰夏后。"⑤ 当代考古资料也证明，夏禹的都城在今天河南登封告成镇的王城岗⑥。

禹子启的都城，"《春秋左传》曰夏启有钧台之飨，是也。杜预曰：'河南阳翟县南有钧台。'……颍水自堨东迳阳翟县故城北，夏禹始封于此，为夏国。故武王至周曰：'吾其有夏之居乎'，遂营洛邑。徐广曰：'河南阳城阳翟，则夏地也。'"⑦ 启曾定都阳翟。丁山先生认为，启所居的黄台在今河南新密⑧。虽有细微差异，但大致不谬。

太康居斟鄩。《竹书纪年》曰："太康居斟鄩，羿亦居之，桀又居之。"⑨ 少康复国后仍居斟鄩。斟鄩之地望，邹衡先生考定为是偃师二里头遗址和河南巩义稍柴遗址中的一个⑩。目前学术界多数学者也是将斟鄩的地望游弋于二里头遗址和稍柴遗址之间。巩义发现稍柴遗址，属二里头夏文化⑪。而偃师二里头考古发掘出的宫

① 李玉洁：《河洛文化在中华文明史的地位》，《江西社会科学》2005 年第 12 期。

② [汉]司马迁：《史记·封禅书》，中华书局，1962 年。

③ 《竹书纪年》，文渊阁四库全书本。

④ [北魏]郦道元：《水经注·颍水》，文渊阁四库全书本。

⑤ [汉]司马迁：《史记·夏本纪》，中华书局，1962 年。

⑥ 河南省文物考古研究所：《登封王城岗与阳城》，文物出版社，1997 年。

⑦ [北魏]郦道元：《水经注·颍水》，文渊阁四库全书本。

⑧ 丁山：《由三代都邑论其民族文化》，《国立中央研究院历史语言研究所集刊》第 5 本第 1 分册，商务印书馆，1935 年。

⑨ [北魏]郦道元：《水经注·巨洋水》，见薛瓒《汉书》集注引汲郡古文，文渊阁四库全书本。

⑩ 邹衡：《夏商周考古论文集·夏文化分布区域内有关夏人传说的地望考》，文物出版社，1980 年，第 226~227 页。

⑪ 河南文物研究所：《河南巩县稍柴遗址发掘报告》，《华夏考古》1993 年第 2 期。

殿建筑、严密规划的道路、各种手工业作坊等，更是说明它长期作为夏都的地位不可撼动。

而在被“小邦周”攻灭前，商王朝亦非常自负，认为自己即居于大地的中心，关注东土、西土、南土、北土的收成，对其他方国进行征服并防御它们。出土文献清楚地说明了商人此时的世界观，以及如何看待自己所处的位置。不管是甲骨卜辞中对四方神、四方风的记载[①]，或者是对“五帝臣”“五帝介臣”等帝佐五方神的表达[②]，均显示了商人已经非常娴熟地把方位维度运用于意识活动中了。“殷墟卜辞中已显示商人从五方方位的观念来认知其世界”[③]。商人根据五方观念将其疆域划分为五部分，王直接统治的区域即是中心、中央。胡厚宣和陈梦家认为这与商人居中的思想有关[④]。

总之，王者居“土中”或者天地之中的理念，在三代孕育、萌芽、发展、成熟。而“河洛地区，‘河山拱戴，形势中于天下’……这里素有中土、土中、地中之称。”[⑤] 到了西周初年择定新都的时候，自是一个总结性的体现。只不过在政治传统和文化上，周人明确相因于夏罢了。

诗曰：“(后稷)奄有下土，缵禹之绪。”今译就是：“四海都归后稷有，继承大禹功业守。”[⑥] 稷之后的其他周代先王则“世后稷，以服事虞夏”，秉承这个传统而不丢，比如不窋虽窜于戎狄之间，仍然“时序其德，纂修其绪，修其训典，朝夕恪勤，守以敦笃，奉以忠信。”[⑦] 也就是说，在成功翦商很早以前，周人就强调他们是夏的继承者了。

翦商过程中及其后，周人更以有夏自居[⑧]。如“帝钦罚之，乃伻我有夏，式商受命，奄甸万姓”[⑨]，这是说天帝降罚于商，命我有夏，得用商之天命，抚治万民。又有：“惟乃丕显考文王，克明德慎罚，不敢侮鳏寡，庸庸祗祗威威显民，用肇造

---

① 《甲骨文合集》14294、14295，中华书局，1999 年。

② 《甲骨文合集》30391、《屯南》930 等，中华书局，1999 年。

③ 钟春晖：《天下观念与周初之建都雒邑》，《社会·经济·观念史视野中的古代中国 国际青年学术会议暨第二届清华青年史学论坛论文集中》，2010 年，第 367~377 页。

④ 胡厚宣：《论殷代五方观念及中国称谓之起源》，见《甲骨学商史论丛初集》，河北教育出版社，2002 年，第 277~281 页；陈梦家：《殷墟卜辞综述》，科学出版社，1956 年，第 258 页。

⑤ 李学勤主编，詹子庆著：《夏史与夏代文明》，上海科学技术出版社，2012 年，第 190 页。

⑥ 《诗·鲁颂·閟宫》，见程俊英：《诗经译著》，上海古籍出版社，2004 年，第 553 页。

⑦ 《国语·周语上》，文渊阁四库全书本。

⑧ 胡阿祥：《“天下之中”及其正统意义》，《文史知识》2010 年第 11 期。

⑨ 《尚书·立政》，文渊阁四库全书本。

我区夏，越我一二邦，以修我西土。”[①] 当周人最终完成了东西土、南北方的一体联通后，并在“天地之中”建立新都洛邑，便把这个扩大后的“王土”称为“有夏”“区夏”，如“惟文王尚克修和我有夏”[②]，“我求懿德，肆于时夏”[③]，“惟乃丕显考文王……用肇造我区夏”[④]。

占据“天地之中”或“地中”优越位置的夏人之地，是“天地之所合也，四时之所交也，风雨之所会也，阴阳之所和也。”[⑤] 在周人看来，“夏地”不仅是四方广大、四至远阔的先王故国，也是生发万物的宇宙中心。据有这个中心后，周人以前无古人的为天下做主的志向开始了对天下的经营。也是在这个过程中，华夏民族逐渐熔铸而成。

二、站在今天的立场审视“天地之中”与周公测景

周公测景与营建洛邑均属往事。由于自此以后在河洛之地出现了一座大城池，营建洛邑一事的真实性自然也就无可争议。关于周公测景一事，却有比较多的歧义。譬如，今人有一些研究，认为从自然科学知识的常识出发，地球作为一个球体，本无什么中心，或者任何一个点都可以是中心，寻找“地中”或者“天地之中”自是枉然；而洛阳或者嵩山地区在北回归线以北，即使是在夏至，也不会出现太阳直射现象，因此“日中无影”也注定是无稽之谈。

比如，义净是唐朝前往印度求法的一名僧人，著《南海寄归内法传》，曾在印度长达十七年之久。在来往的海路上，他在室利佛逝国停留数年，而此国在今印度尼西亚的苏门答腊岛南部，在赤道附近。通过亲身观察与体认，义净发现了真正的日中无影现象，并比较了与故国故地的不同。《南海寄归内法传》卷三“旋右观时”：

> “又复时非时者……取正方者，宜须夜揆北辰，直望南极，定其邪正，的辨隅中。又宜于要处安小土台，圆阔一尺，高五寸，中插细杖。或时石上竖丁，如竹箸许，可高四指，取其正午之影，画以为记，影过画处，便不合食。西方在处，多悉有之，名为薜攞斫羯攞，译为时轮矣。揆影之法，看其杖影，极短之时即正

---

① 《尚书·康诰》，文渊阁四库全书本。

② 《尚书·君奭》，文渊阁四库全书本。

③ 《诗·周颂·时迈》，见程俊英：《诗经译著》，上海古籍出版社，2004 年，第 519 页。

④ 《尚书·康诰》，文渊阁四库全书本。

⑤ 《周礼·大司徒》，文渊阁四库全书本。

中也。”“然赡部洲中，影多不定，随其方处，量有参差。即如洛州无影，与余不同。又如室利佛逝国，至八月中，以圭测影，不缩不盈，日中人立，并皆无影。春中亦尔。一年再度，日过头上。若日南行，则北畔影长二尺三尺。日向北边，南影同尔。神州则南溟北朔更复不同，北户向日，是其恒矣。又海东日午，关西未中。准理既然，事难执一。是故律云遣取当处日中以为定矣。”①

但是，古代中国人为什么会把“日下无影”与“地中”或“土中”联系呢？其实是非常自然的事情。在古时候，人们限于当时的生产力水平和技术手段，无法对大地实施全面而切实的测量，但开疆拓土、建立联盟等的需要，又向当时的人们提出了必须认识周围世界的历史命题。他们根据生命体认和日常生活经验，发现在不同地方，乃至同一地方的不同季节或时间节点上，太阳照射下的物体的阴影是会伸缩盈亏变化的。义净和尚所经过的室利佛逝国，史籍就记载“夏至立八尺表，影在表南二尺五寸”②，有别于古代中国的情况。所以，这才会有“舜之分命羲和奠方、测景皆随地”③，以及后来历代的测景行为，例如：“唐一行开元间令南宫说天下测景”④，“天下凡十三处”⑤；元“郭守敬为太史，四海测景之所凡二十有七”⑥。

古代中国人“关于‘天地之中’的认知不是一种宗教信仰，而是一种古人探索人类生存最基本的自然环境天地宇宙的过程和结论，也是统治者自树正统的政治需要和全社会的跟进与尊崇。”⑦这种关于“天地之中”的认知以及所展开的诸如周公测景这样的行为，是在特定的历史时期所确实存在过的古代中国人的认识形态，它不仅表现为主观思维，保留在非物质文化遗产资源中，还凝结在诸多实体的文物、古迹里。诸如登封“天地之中”历史建筑群等。故而，不能依据今天的知识体系来否定“天地之中”这一认知成果曾经的正确性乃至科学性，也不应抹杀它曾是一种客观的人类历史现象或行为。

当然，“天地之中”的确定，古往今来颇有争议，也是事实。譬如，由于观察世界立足点的不同，不同的人群和文化会形成不同的关于世界中心或者地中的看法，在历史上这不是什么新鲜事。但是，从先秦时期起，在古代中国人的世界观不

---

① 王邦维：《南海寄归内法传校注》，中华书局，1995 年，第 167~168 页。

② ［宋］欧阳修：《新唐书·南蛮传》“室利佛逝”条，中华书局，1975 年。

③ ［元］陈悦道：《书义断法·虞书·尧典》，文渊阁四库全书本。

④ ［元］黄镇成：《尚书通考·在璇玑玉衡以齐七政》，文渊阁四库全书本。

⑤ ［清］阎若璩：《尚书古文疏证·卷六上》，文渊阁四库全书本。

⑥ ［明］宋濂：《元史·天文志》，文渊阁四库全书本。

⑦ 宋文佳：《登封“天地之中”历史建筑群的生态与人文环境浅析》，《黄河科技大学学报》2014 年第 1 期。

断形成与深化的过程中，“天地之中”或者“地中”作为一种观念，却是长期存在过的，并作为东方古老文明最核心的构成部分而影响深远，一定程度上传承至今。我们如今讨论“周公测景”或者“天地之中”，不是要真的再次界定阳城或洛阳为“地中”，也不是要拘泥或纠缠中州是否真的处于九州之中间，或者中国是否真的为世界各国的核心、是天朝上国，而是要厘清这种确实在历史时期存在过的古代中国人的世界观与方法论的来龙去脉，以及其内涵、外延，产生的背景和影响等等。所以，把“天地之中”与“周公测景”等当成一种历史文化现象来看待，作为与体现古代中国人的世界观、方法论等有关的重大事项来对待，无疑是适当的，也是非常有价值的。

地理方位本是相对而言。确定中心、中央、“地中”或“天地之中”等无法离开两偏或者四至、四方。三代初期，虽都在不断寻找王土之“中”，但直到“小邦周”翦商大业完成后，嵩山地区才成为名副其实的“天地之中”。这片区域本是夏人活动的核心区，但在夏、商西东对峙，或者商、周东西并存的时候，它的方位上居中地位或重要性并没有表现出来。至周灭商，以夏、商旧疆与周人本土为基础的中、东、西格局，方才趋于明朗，而洛邑恰好正处在中央要地，自是“天地之中”无疑。而为了强化这种认识，尚需借助于测景等手段。

华夏先民应当很久以前就对周围的世界形成了自己的看法。有专家研究后指出，周以前的“天下观”或世界观，至少有这样几个方面的内容：天圆地方，且天有极点，地有中心，而大地为海水环绕。天有“道”，映射在地上，形成大地上的意义和秩序。华夏族居于地中，蛮夷则处边地，文明程度由中心向四周逐级扩散、衰减。天子是上天的代表，参赞化育、养护众生[①]。

从这种方位观念出发，西周初年的君臣们在择定新都上，像他们贯彻“持中”的政治理念一样，没有走极端和搞片面，而是在新区域遴选中心、确立新都的同时，还保留了原来的丰镐之京。这种做法，其实奠定了后来王朝多都城制度的传统。这是因为，在周人看来，虽然新都邑有利于沟通东方，方便国土治理，但周人的根基仍然在于岐周与宗周、在于“西土”，还需要并值得予以保留。居中而不丢弃根本，既坚持合理性，又彰显传统神圣性。

关于为什么需要用测景的行为来支持方位的神圣性，有学者指出，“政治学说往往建立在当时被认为是先进的‘科学’知识体系上。‘洛州无影’和洛阳测影的传统揭示的中古知识世界和政治的关联性，是理解中古知识与信仰的重要层面。”[②]

---

① 李宪堂：《“天下观”的逻辑起点与历史生成》，《学术月刊》2012 年第 10 期。

② 孙英刚：《洛阳测影与“洛州无影”——中古知识世界与政治中心观》，《复旦学报》（社会科学版）2014 年第 1 期。

这是正确的。

其实，类似的认识，清人已经有了："所谓土中者合九州道里形势而知之，非先制尺有五寸之土圭度夏至景与圭齐，而后谓之土中也。既定洛邑，树八尺之表，景长尺有五寸，是为土中之景，乃制土圭以为法。他方度景，亦以此土圭随其长短量之。是景以土中而定非土中因景而得也。"① 这种揭示和看法，还原了依靠生活经验所观察到的自然现象与后来人们自觉运用此现象而进行的诸如周公测景这样的社会历史活动的本来逻辑关系。

三、关于"地中"、测景以及营建洛邑的诗性记忆

现在看来，每个发展到一定文明阶段的族群、民族都会有自己的世界观，并在该世界观的指导下形成自己独特的观察世界的一整套方法。民族的世界观与方法论成为这个民族认识、解读自己所存在其中的环境的基本思维模式，并构建起属于自己的世界图景和认知世界的偏好特征等。"天地之中""日中无影"等是古代中国人的世界观与方法论。三代时期乃至后来相当长时期的人们，根据其当时的实践水平，认为自己所处的地方是大地的中心，是"溥天之下"王土的中央，并以之作为观察世界的出发点，譬如区分为华夏与蛮夷、中央与四方等。"天地之中"、周公测景等现象或事件，是客观的历史存在，并且影响深远，在后世的诗文等中多有体现。

古代中国人以自己居住之地为天地的中心，其心理态势完全可以理解。其实，在今天中国的地理范围内，古时候曾经存有诸多的族群，因此也有不同的"天地之中"。譬如，可以是"陶为天下之中"，也可能是"韩、魏中国之处，而天下之枢也"。在古代巴蜀，"都广之野"即今天的成都一带，也被认为是"天下之中"②："白民之南，建木之下，日中无影，呼而无响，盖天地之中也。"③ 出现这么多的"地中"，是由于观察角度、立场不同等造成的。不过，很久以来，虽然有各种各样的关于"地中"的说法，但古代中国人总体上都一直认为"天地之中"在以嵩山为中心的河洛地区。特别是封建大一统的中央集权国家秦汉形成以后，"天地之中"更是明确地指向了河洛地区④。

① [清]江永：《周礼疑义举要》，文渊阁四库全书本。

② 王邦维：《"洛州无影"与"天下之中"》，《四川大学学报》（哲学社会科学版）2005年第4期。

③ [秦]吕不韦：《吕氏春秋·有始览》，文渊阁四库全书本。

④ 王子今：《秦汉时期的"天下之中"》，《光明日报》2004年9月21日。

当然，在历史不断演进的过程中，“天地之中”“地中”等逐渐超越了单纯的地理方位的概念，又添附了许多政治内涵、人文色彩等。自三代以来，似乎只有“天地之中”“地中”才是正统之所在，其他方位和地域则是偏安，不据中央要地，则名不正、言不顺。这种思想和认识，长期影响后世历代的都城择定，以及城市空间和建筑格局的形成。所以说，它是最能体现东方古代文明的关键元素。

因此，在中国历史上就出现了这样的现象，虽然经济社会文化中心在宏观趋势上有一个由西向东、从北至南的移动，并且王朝的都城也基本遵照这样的方向在变化，但在中国版图轮廓到汉朝基本稳定、确定下来后，一般还都是想方设法要把都城放置到这个“天地之中”不可。譬如，两汉之间的新莽朝在确定都城的意向上就很好地说明了此问题。史载：

“莽曰：‘群公，群牧、群司、诸侯、庶尹，愿尽力相帅，养牧兆民。欲以称予，繇此敬听，其勖之哉，毋食言焉。更以天凤七年，岁在大梁，仓龙庚辰，行巡狩之礼。厥明年，岁在实沈，仓龙辛巳，即土中雒阳之都。’乃遣太傅平晏，大司空王邑之雒阳，营相宅兆，图起宗庙、社稷、郊兆云。”[①]

王莽掌握政权后，建“新”代汉，虽然继续都长安，但在他的言行中，已经非常明确地表示，未来要定都“土中雒阳”。

总之，以洛邑为中心，认为这里就是“天地之中”，成了民族的话语和思维。正如南朝陈后主《洛阳道》诗云：“建都开洛汭，中地乃城阳。”[②]

唐诗是另外一种能代表中国古代文明发展高度的载体，通过分析唐诗的相关语句，也可以体味出“天地之中”等的存在，及“日中无影”等的持续影响。略举几例如下：

王湾《次北固山下》（又题《江南意》）：“客路青山外，行舟绿水前。潮平两岸阔，风正一帆悬。海日生残夜，江春入旧年。乡书何处达，归雁洛阳边。”[③]

此诗是说，虽然客游南方水乡美景，但乡情乡愿却仍在洛阳。洛阳是目的地。

柳宗元《洛中送杨处厚入关便游蜀》：“洛阳秋日正凄凄，君去西秦更向西。旧学三冬今转富，曾伤六翮养初齐。王城晓入窥丹凤，蜀路晴来见碧鸡。早识卧

① ［汉］班固：《汉书·王莽传》，中华书局，1962年。

② ［宋］郭茂倩：《乐府诗集》，文渊阁四库全书本。

③ ［宋］周弼：《三体唐诗》，文渊阁四库全书本。

龙应有分，不妨从此蹑丹梯。”[①]

在相当长的时期内，由洛阳西去，尽管与从此东向、南向或者北向出发没有两样，但却被看作是一件凄苦的事情。洛阳的中心地位由此可见。

陈子昂《登蓟丘楼送贾兵曹入都》：“东山宿昔意，北征非我心。孤负平生愿，感涕下沾襟。暮登蓟楼上，永望燕山岑。辽海方漫漫，胡沙飞且深。峨眉杳如梦，仙子曷由寻。击剑起叹息，白日忽西沉。闻君洛阳使，因子寄南音。”[②]

在这首诗中，非常清楚地表明，北方边地，自不如洛阳。中心要地依然是洛阳。

王昌龄《芙蓉楼送辛渐》：“寒雨连江夜入吴，平明送客楚山孤。洛阳亲友如相问，一片冰心在玉壶。”[③]

此诗简单明了，是东行之人对“天地之中”洛阳的挂念。

唐诗宋词，诸如这样诗性的记忆，其实所在多多。通过这些柔化的表达，周公营洛、周公“测景”以定“天地之中”等为中国人、中国文化牢牢地记住了，成为民族的灵魂和历史文化的印记。

---

① ［元］郝天挺：《唐诗鼓吹》，文渊阁四库全书本。

② ［明］高棅：《唐诗品彙》，文渊阁四库全书本。

③ ［明］陆时雍：《古诗镜·唐诗镜》，文渊阁四库全书本。

第四章

封禅与祭祀

——『天地之中』观念与政治的结合

“天地之中”观念形成之后，深深影响到了中国的政治，帝王对中岳嵩山的大规模的祭祀封禅活动就是“天地之中”观念与政治结合的重要例证。

第一节 “天地之中”观念对政治的影响及祭岳的兴起

“天地之中”理念对中国政治的最大影响在于中央独尊和中央集权。“天地之中”理念的核心是以中为尊，以中为尊可以显示帝王居天地之正中而统一天下，因此《红楼梦》凡例中曾经特别揭示到：“盖天子之邦，亦当以中为尊。”[①] 这种中央独尊的政治架构就是中央集权，是为了防止外敌入侵和稳固内部秩序的一种行之有效的政治制度。中国古代社会的中央集权制度，也有其积极的一面，即利于结束和防止分裂，巩固和发展统一的多民族国家；有利于集中人力、财力和物力修建大型工程；有利于抵御重大自然灾害和外来侵略，维护社会安定、国家主权与领土完整等。

由“天地之中”而引申的“允执其中”理念是中国传统政治的灵魂和统治大纲。《中庸》引用孔子的话说：“舜好问而好察迩言，隐恶而扬善，用其中于民。”明儒湛若水所说：“中，帝王相传治天下之法，如是而已矣。”清代史学家、汉学家钱大昕在其所著《中庸论》中说：“天地之道，帝王之治，圣贤之学，皆不外乎中。”欹器的故事正是中道治国的最佳注释，孔子观器论道，得出了中而正、满而覆、虚而欹的结论。数千年来，欹器被许多帝王放在座位右侧作为自我警示之物，孔子在鲁国宗庙里见到的是鲁国国君警戒自己的器物，现存放于北京故宫博物院的欹器就是从光绪皇帝传下来的。由此可知，将“允执厥中”的中道作为世代相传的治国方法，其来久矣。

源于“天地之中”理念的中和思想，既是中国传统文化的核心精神，也是历代统治者统治人民的重要法宝。为了稳定民心、和谐社会、教化大众，历代统治者一方面尊崇礼乐教化，一方面建立一系列的政治法律制度以强行规范人的行为。然而礼乐、刑政两种软硬统治手段的有效发挥都有赖于中和思想来运控。“安上治

① ［清］曹雪芹：《红楼梦》，甲戌本。

民，莫善于礼；移风易俗，莫善于乐”，《孝经》的这一论断指出了礼、乐是统治教化的两大手段和两大内容。传统礼乐就是以其典型的中和功能特性，通过调节教育培植人的思想言行上的中和品行，从而赢得人际和谐、社会有序。同时，历代统治者在现实政治中还重视刑政的硬性控制作用，而实施刑政统治最基本的原则就是中和，董仲舒说：“有《诗》云：‘不刚不柔、布政优优’，此非中和之谓欤。是故能以中和理天下者，其德大盛。”[①] 由此可知，“中和治天下”是历代统治者恪守不渝的理想统治模式和运控原则。

帝王在嵩山的封禅和祭祀就是“天地之中”观念的具体体现。帝王的巡祭活动是古代的一种礼制。“礼”的本意就是祭神，许慎《说文解字》：“所以事神致福也。”[②] 从史册的记载看，帝王祭祀“天地之中”嵩山的历史非常久远。史书中记载最早到“天地之中”嵩山祭祀的帝王是黄帝，其部落有熊氏的中心就在嵩山脚下的新郑[③]。相传，嵩山是黄帝和“神”相会的地方。《史记》：“天下名山八，而三在蛮夷，五在中国。中国华山、首山、太室、泰山、东莱，此五山，黄帝之所常游，与神会。”[④] 嵩山相传也是帝尧的巡游地。扬雄《河东赋》：“瞰帝尧之嵩高兮。”[⑤] 颜师古注：“尧曾游于阳城，故于嵩高山瞰其遗迹也。”而五岳的固定巡狩制度相传始于舜帝，是舜帝制订了“五载一巡狩”[⑥]。《竹书纪年》：“十五年，帝命夏后有事于太室。”这些早期帝王巡狩嵩山的记载，虽属传说性质，但有一点是可以肯定的，就是在远古时，“天地之中”的嵩山已成为人们心中的“神山”。

大禹时代，地处“天地之中”的嵩山地区不仅是夏后氏部落活动的中心，也是大禹建都之地。《史记·夏本纪》：“禹辞辟舜之子商均于阳城，天下诸侯皆去商均而朝夏。禹于是遂即天子位，南面朝天下。”《孟子·万章上》：“禹避舜之子于阳城。”夏商周断代工程也证明阳城为夏代早期都城。夏代都城建于嵩山下，巩固了“天地之中”嵩山作为神山的地位。夏代的第五代国君少康曾居于嵩山脚下的纶氏（今颍阳）。《竹书纪年》：“少康自纶氏归于夏邑。”

商周时期，嵩山地区仍是建都之地。商代早期曾建都于嵩山下的郑州和偃师[⑦]。据铸造于西周初年“何尊”的铭文载，周公营建东都洛阳，以嵩洛地区为“中

① 《遁天之道》第七十七《春秋繁露》卷十六，武英殿聚珍版原本。

② [东汉]许慎：《说文解字》，中华书局，1963年。

③ 新郑市地方史志编纂委员会：《新郑市志》，中州古籍出版社，2013年。

④ [汉]司马迁：《史记》卷二十八《封禅书》，中华书局，1997年。

⑤ [明]傅梅：《嵩书》卷四《宸望》印《河东赋》，中州古籍出版社，2003年。

⑥ [汉]司马迁：《史记》卷二十八《封禅书》，中华书局，1997年。

⑦ 河南省地方史志编纂委员会：《河南省志》卷57《文物志》，河南人民出版社，1993年。

国”[①]。又《周礼·地官司徒》：“以土圭之法，测土深，正日影，以求地中。”而周公所求的地中就在嵩山脚下的阳城，周公测影台至今尚存。西周时“天地之中”的嵩山已是重要的祭天之地。据西周初年铸造的“天亡簋”铭文载，周武王曾“祀于天室”，天室即太室山。又据《穆天子传》记载，周穆王曾巡游黄室（太室）之丘，并观看了夏启的居所。周幽王也曾“为太室之盟”[②]。周平王迁都洛阳后，嵩山地区成为当时国家的中心。

夏、商、周三代都城建于“天地之中”的嵩山地区，对确立嵩山“神山”地位以及成为帝王祭神之所起到了重要的作用。故《史记·封禅书》云：“昔三代之居，皆在河洛之间，故嵩高为中岳。”《荀子·大略》：“欲近四旁，莫如中央，故王者必居天下之中。”嵩山作为“神山”的地位在周平王东迁洛邑之后得到进一步提高。成书于战国时期的《山海经》云：“少室、太室皆冢也。其祠之，太牢之具，婴以吉玉。”[③]此话是说，少室山和太室山是众山的祖宗，祭祀必须用太牢之礼。何谓太牢？《礼记·王制》：“天子社稷皆太牢，诸侯社稷皆少牢。”从这些记载中可以看得出两点结论：一是至迟在春秋战国时嵩山就被尊为众山的祖宗。二是当时祭祀嵩山用的是最高的天子级太牢之礼。据《史记·封禅书》载，中国五岳祭祀制度形成于尧舜时期，现在史学界一般认为此乃汉代经学家附会，应该是形成于汉武帝时。然考诸史籍，成书于汉武帝时的《史记·封禅书》里即明确指出五岳为中岳嵩山、东岳泰山、西岳华山、南岳衡山和北岳恒山。这至少说明在汉武帝之前已经有五岳这个概念。又据成书于汉初的《尔雅·释山》载：“泰山为东岳，华山为西岳，霍山为南岳，恒山为北岳，嵩高为中岳。”记载商周至战国时礼制的经典的书籍《礼记·王制》云：“天子祭天下名川大川，五岳视三公，四渎视诸侯。”这至少是春秋至汉初之礼制，并非汉武帝时形成。从《尔雅》和《史记》对五岳的不同记载看，在汉武帝之前已有“五岳”之说，但是没有固定下来。因为，春秋战国时，群雄割据，五岳分布在各诸侯国，诸侯自定五岳，因而地点不断变化。秦统一后疆域不稳，且统治时间短，也没有固定五岳。秦代虽没有固定五岳，但形成了较为规范的祭祀制度：“及秦并天下，令祠官所常奉天地、名山、大川、鬼神可得而序也。于是自崤以东，名山五，大川祠二。曰太室。太室，嵩高也。”[④]秦始皇命祠官常奉包括太室山在内的五座名山，证明了秦始皇对祭祀“天地之中”嵩山的重视。

---

① “何尊”铸于西周初年，现存陕西宝鸡青铜器博物院。

② 《左传·昭公四年》，中国书店影印本，1985年。

③ 《山海经·中山经》，吉林摄影出版社，2004年。

④ ［汉］司马迁：《史记》卷二十八《封禅书》，中华书局，1997年。

从黄帝到夏、商、周三代的都城都建于嵩洛地区，特别是周平王东迁洛阳后，位居“天地之中”的嵩山由于处于京畿之内，因而被推到了非常神圣的地位，被称为众山的祖宗。周朝到秦汉时，是中国五岳的孕育时期，随着五岳雏形的产生，又推进了帝王祭祀中岳的活动的开展，并使“天地之中”的嵩山成为帝王巡狩、祭祀的重要场所。

第二节　汉武帝在嵩山的巡祭及影响

西汉元封元年（公元前 110 年），汉武帝为了彰显汉王朝的神威，对嵩山进行了规模空前的巡祭活动，并以此来巩固汉王朝的统治。这次巡祭对中岳来说意义非凡。《史记》对此有明确记载：“三月，遂东幸缑氏，礼登中岳太室。从官在山下闻若有言‘万岁’云。问上，上不言；问下，下不言。于是以三百户封太室奉祠，命曰崇高邑。”①

《汉书·武帝本纪》对元封元年汉武帝巡祭嵩山亦有记载，其所记内容详于《史记》：“行幸缑氏，诏曰：‘朕用事华山，至于中岳，获駮麃，见夏后启母石。翌日，亲登嵩高，御史乘属，在庙旁史卒咸闻呼万岁者三。登礼罔不答。其令祠官加增太室祠，禁无伐其草木。以山下户三百为之奉邑，名曰嵩高，独给祠，复亡所与’。”②

从《史记》《汉书》记载来看，汉武帝巡祭“天地之中”嵩山的活动可以说是史无前例的，主要表现在这几方面：其一，此次汉武帝巡幸亲自登上了嵩高山；其二，大规模增修祭祀中岳神的太室祠；其三，划嵩山下三百户为崇高县，专门供奉太室祠，并免交一切赋税；其四，禁伐嵩山的草木。

汉武帝之所以对嵩山有如此大的动作，当是“天地之中”神山“山呼万岁”起到了关键作用。这个颇具传奇色彩的“呼万岁者三”，应当是风吹山谷所发出的似“万岁”之声，笃信神仙的汉武帝则认为是“神仙”迎接他而呼的。龙颜大悦的汉武帝于是才有了对嵩山的崇高礼遇。而起源于嵩山的“三呼万岁”，后来竟成了对皇帝的祝语。汉武帝为了表示对嵩山的崇敬，还特改嵩高山为崇高山。

由于汉武帝巡祭给嵩山空前的待遇，致使其巡祭嵩山活动不断被演义。《武帝内传》：“帝好长生之术，常祭名山大泽，以求神仙。元封元年甲子，祭嵩山，起

---

① ［汉］司马迁：《史记》卷十二《孝武本纪》，中华书局，1997 年。

② ［东汉］班固：《汉书·武帝纪》，中华书局，1997 年。

神宫，帝斋七日，祠讫乃还。”这个记述大体符合实际，唯“帝斋七日，祠讫乃还”，不见正史。不仅如此，后来的史籍中，关于汉武帝在嵩山的传奇故事更是层出不穷。相传，汉武帝游嵩山时曾封今嵩阳书院内的古柏为“将军柏”，又在青童峰上遇青衣神童迎接，遇圣峰上遇到九嶷仙人，玉人峰上遇到玉女，会仙峰上遇到众仙等。关于汉武帝在诸多山峰上遇到仙人之事，当为后人以武帝信神而附会。然而，这些奇异故事的流传，大大增加了嵩山的神秘感，同时也为汉武帝得神助而统治天下提供了依据。

汉武帝此次巡祭嵩山，不仅确立了嵩山作为“天地之中”的地位，同时也为大规模祭祀中岳开了先河。由此，汉武帝此次巡祭嵩山具有里程碑的意义，对后来帝王巡祭中岳产生了深远的影响。

在汉武帝祭祀中岳后，西汉宣帝神爵元年（公元前 61 年），宣帝又制订了一套经常祭祀中岳的制度和方法。汉宣帝不仅制订了祭祀中岳“一祷而三祠”的礼制[①]，又下诏说明了祭中岳的目的是“为百姓蒙嘉气，获丰年焉”。

在汉武帝确定中岳、宣帝制订中岳常年祭祀礼制后，帝王祭祀中岳的活动被固定下来，内容也不断扩展。东汉建立者光武帝于建武九年（公元 33 年）也巡幸了嵩山轩辕山。又据《后汉书·章帝记》载，东汉建初八年（公元 83 年），章帝东巡，幸嵩山颍阳。《后汉书·顺帝纪》载，东汉阳嘉元年（132 年）京师地区大旱，顺帝遣使至中岳请雨。东汉灵帝熹平四年（175 年），大旱，灵帝遣中郎将堂溪典到嵩山求雨，并题记于嵩山启母阙。在请雨后，或许是遵循古制之故，堂溪典奏请恢复嵩高之名，次年灵帝将崇高山复改为嵩高山[②]。

汉代帝王确定的祭祀嵩山的制度，三国两晋时基本上沿用，只是祭祀祈祷的内容有所变更。

据《晋书·礼志》载，三国魏文帝于黄初二年（221 年）六月依周礼之制致祭中岳。《三国志》载，明帝太和四年（230 年）八月，明帝东巡，遣使以特牛祭中岳。西晋刚建立，武帝即于泰始元年（265 年）十二月下诏，明确祭岳的重要性。东晋成帝咸和八年（333 年），成帝在京都郊祀中岳。

十六国时，虽然战乱不断，各民族政权不断建立，但不论哪个民族建立政权，祭祀中岳活动都延续不断。据《晋书》载，西晋永嘉二年（308 年，后汉永凤元年），刘渊即位，命其子刘聪率军攻洛阳，并遣其子亲至中岳祭祀[③]。这可能是刘渊为谋

① [东汉] 班固：《汉书·郊祀志》，中华书局，1997 年。

② 堂溪典请雨见现存嵩山《启母阙》上堂溪典题记，复名嵩高山见《后汉书》卷八《孝灵帝纪》。

③ 《晋书》卷一〇一《载记第一》，中华书局，1997 年。

求占领中州洛阳而祈祷。前秦建元十一年（375年），曾为前秦立下汗马功劳的丞相王猛病重，前秦帝符坚遣使臣往中岳祭祷，以求病愈。可见这时祷中岳，已不仅仅是“求丰年”，求病愈也成了祈祷的内容。

北魏建立后，作为鲜卑族的帝王，同样接受了汉人的祭岳之礼，以此作为统治中原的政治基础。《魏书·礼志》载，北魏明元帝泰常三年（418年），立五岳庙于桑乾水阴而遣使祭之；泰常八年（423年），明元帝幸洛阳，又遣使以太牢之礼专程祭祀中岳。又据《魏书·礼志》载，太延元年（435年），太武帝命立庙于中岳嵩山之巅，并置侍祀者90人，每年祈祷以除水旱之灾，春秋干涸时，则遣官率领刺史以太牢之礼祭中岳。

北魏孝文帝迁都洛阳之后，由于中岳已成京畿之地，嵩山成为祭岳的中心。就在孝文帝正式迁都洛阳的太和十八年（494年），孝文帝首先祭祀中岳，并亲制《御祭嵩高山文》：

> “维太和十八年，敬昭告于嵩高中岳之灵：太极分浑，两仪是生。辰作乾宝，岳树坤灵。昭彰天地，吐纳五精。唯中挺神，祥契幽经。日月交辉，寒暑递成。万象合和，兆美孳盈。爰自化辟，倣庆胥庭。轘辕曜哲，伊祁载形。逮于有周，实光洛祯。川潜龙光，山隐凤亭。三才凭徵，七曜依明。人伦倾首，百神柔诚。造厥区夏，历兹三正。应符代绩，熟不斯营。日乎皇魏，飞虬玄并。螭腾穹象，用九黔嬴。新邦兴略，不猷周清。佗琼指阴，淹翠湿亭。河图旷览，升中阙铭。朕承法说，诞邀休宏。开物成务，载铄成龄。迁宇柳方，阐绳廛城。则直之兴，百堵若星。日躔流馥，月陆芬馨。锵旋紫宿，景曜黄衡。鸾声哕哕，鸑和嘤嘤。归盖如云，还辀若霆。惟嵩岩岩，峻极昊青。唯邑翼翼，长启魏京。荐玉告虔，用昭永贞。纳兹多福，万国以宁。”[①]

孝文帝此篇祭中岳文，情真意切，表达了他祈求中岳神保佑大魏江山稳固的心愿。该文也是早期祭嵩山比较长且保存完整的御祭文。在此之后，太和二十年（496年）八月，孝文帝又亲至中岳嵩山巡祭[②]。此足见孝文帝对中岳的格外重视。

孝文帝之后至北齐，还有三位帝王祭中岳。据《魏书·肃宗本纪》载，正光三年（522年）六月，大旱，孝明帝遣使驰奔中岳祭祀。《魏书·孝武帝本纪》载，

---

① [唐]徐坚:《初学记》卷五《嵩高山》，中华书局，2004年。

② 《魏书》卷七《高祖纪下》，中华书局，1997年。

永熙二年（533年）正月，孝武帝驾幸嵩山石窟灵岩寺，十二月又狩猎于嵩阳。又据《北齐书·文宣帝本纪》载，北齐天宝元年（550年），夺取了东魏帝位的文宣帝高洋也赶忙遣使祭告中岳。

南北朝时不仅帝王祭祀中岳，就是想称帝者也要祭岳。宋刘裕北伐时亦请范泰代之制《祭嵩山文》："刘裕敬荐中岳之灵，唯岳作镇中畿，擬天比峻，降祉发辉，宣和阴阳……"[①]北魏孝明帝时，临朝称制的灵太后也以"帝王"身份幸中岳，甚至登上太室极顶，"后幸嵩高山，夫人、九嫔、公主巳下纵者数百人，升于顶中。"[②]

从三国到南北朝时期，是五岳帝王祭祀封禅制度的发展时期。从祭祀中岳的特征、形式和内容看，这个时期不仅确立了五岳祭祀礼制，而且祭祀的内容被扩展，从汉初封天祭地、求雨祈丰年，延伸到祈求战争胜利、祛病延年、称帝、求江山稳固，甚至谋求当皇帝等。

第三节　武则天在嵩山史无前例的封禅活动

唐代以前有确切记载封禅泰山的帝王有秦始皇、汉武帝和东汉光武帝三人[③]。这三位帝王统治的时代大致有这样几个共同特征：一是国家一统；二是国家强盛；三是帝王本人雄才大略。这三点大体上也是封建时代帝王封禅所必须具备的条件。

武则天是一位有胆识的政治家，也是一个敢于创造奇迹的人。在高宗封禅泰山后，"天后劝上封中岳"。武则天敢提出这个设想就是一个大胆创新。因为在此之前的封禅地点都是泰山，但在武则天的眼中，封禅就是"报天地之功"，位居"天地之中"的嵩山是中国之根，具备封禅资格。所以在武则天的劝说下才有"高宗既封泰山之后，又欲遍封五岳"的意愿。事实上，在武则天的心目中，她只希望封禅"天地之中"的嵩山，这从武则天称帝后从不提封禅其他四岳可以证明。

在武则天的极力劝说下，高宗于仪凤元年（676年）二月下诏封中岳，后因"吐蕃犯塞，停封中岳"[④]。调露元年（679年）七月，高宗又"诏以今年冬至有事于嵩山"，但最后因突厥反叛而罢封中岳。高宗两次封中岳不果后，永淳元年（682年）又准备第三次封中岳，"至永淳元年，于洛州嵩山之南，置崇（嵩）阳县。其

① ［唐］徐坚：《初学记》卷五《嵩高山》，中华书局，2004年。

② 《魏书》卷十三《宣武灵皇后胡氏列传》，中华书局，1997年。

③ 秦始皇、汉武帝封禅见《史记》卷二十八《封禅书》；光武帝封禅见《后汉书·祭祀志上》。

④ 《资治通鉴》卷二〇二，中州古籍出版社，1996年。

七月，敕其所造奉天宫。二年正月，驾幸奉天宫。至七月，下诏将以其年十一月封禅于嵩岳。诏国子司业李行伟、考公员外郎贾大隐、太常博士韦叔夏、裴守贞、辅抱素等详定仪注。”[①]在封禅礼仪就绪的情况下，高宗准备封禅中岳，但终因病重，“遂罢封禅之礼”[②]。不久，高宗驾崩，封禅中岳愿望终未实现。高宗没有能封禅中岳实际上也是武则天主导的封禅中岳大典的计划没有实现。

在高宗去世后，武则天临朝称制，仍然想着封中岳。但此时武则天封中岳，可不是乾封时封泰山的“亚献”地位，而将是以“天子”的身份封天禅地。故武则天为封中岳做了许多准备工作。垂拱四年（688年），当永安人唐同泰在洛水中发现伪造的“圣母临人，永昌帝业”的瑞石时，武则天不仅封洛水，亦封中岳，“又以嵩山与洛水接近，因改嵩山为神岳，授太师、使持节、神岳大都督、天中王，禁断刍草。”可见，此时的中岳已提升到“神岳”的地位了。在武则天正式登基后，决定正式封中岳，“则天证圣元年，将有事于嵩山，先遣使致祭以祈福祝，下制，号嵩山为神岳，尊岳神为天中王，夫人为灵妃。嵩山旧有夏启及启母、少室阿姨神庙，咸令预祈祭。”[③]

证圣时不仅再次下制封中岳为神岳，更耐人寻味的是封岳神夫人为“灵妃”。在此之前，五岳神还不曾见到哪个岳神夫人被封为“妃”，这确实是武则天的一个创造。其实，武则天封“灵妃”之意在提高女性的地位，为其封禅创造更多的条件。而武则天此次专程遣使祭祀启母和少室少姨庙也是同样的用意。启母和少室少姨本是夏启之母和启母之妹。武则天专程祭祀启母及其妹，表明上古之时就有值得人们赞扬的“伟夫人”。当然这里暗指武则天同样是“伟夫人”，具备封禅的资格。事实上，武则天歌颂启母为其造势早在永淳时已开始了。永淳元年（682年）即命崔融撰《启母庙碑》，又命杨炯撰《少姨庙碑》，崔、杨二人也高度赞扬二人为“神女”[④]。

在武则天封禅准备就绪的情况下，万岁登封元年（696年）腊月，武则天率领众文武百官浩浩荡荡开赴嵩山，举行了中岳历史上前所未有的封禅大典：“至天册万岁二年腊月甲申，亲行登封之礼。礼毕，便大赦，改元万岁登封，改嵩阳县为登封县，阳城县为告成县。粤三日丁亥，禅于少室山。又二日乙丑，御朝觐坛朝群臣，咸如乾封之仪。则天以封禅日为嵩岳神祇所佑，遂尊神岳天中王为神岳天

① 《旧唐书》卷二十三《礼仪志》，中华书局，1997年。

② 《旧唐书》卷二十三《礼仪志》，中华书局，1997年。

③ 《旧唐书》卷二十三《礼仪志》，中华书局，1997年。

④ [明]傅梅：《嵩书》卷二十《章成篇》，中州古籍出版社，2003年。

中皇帝，灵妃为天中皇后，夏后启为齐圣皇帝，封启母神为玉京太后，少室阿姨神为金阙夫人；王子晋为升仙太子，别为立庙。登封坛南有檞树，大赦日于其杪置金鸡树，则天自制《升中述志碑》，树于坛之丙地。”①

此次武则天封禅中岳，突破了泰山为唯一封禅之地的旧制，使嵩山成为中国历史上第二座举行过封禅大典的神岳。更特别的是，此次武则天封中岳神为“神岳天中皇帝”，这在五岳中是第一个被封为“帝”的岳神，从而确定了其五岳之尊的地位。而其他四岳，则均是在北宋时才被加上“帝”号的。当然，武则天封岳神夫人为“天中皇后”、启母为“玉京太后”、少室阿姨为“金阙夫人”，这都是前所未有的。武则天所封的三个女性，这在“男尊女卑”的封建时代，可以说是一个大胆的突破。

武则天中岳封禅，不仅对所封之“神”及人进行了大胆的改革，在对地名和年号的变更上，也说明了其“革命”性的一面。武则天把这个“神圣”的词语用到年号和地名上，说明了其变革的决心。在武则天封禅后，为了纪念这次封禅大典，将年号改为“万岁登封”，将“嵩阳县”改为“登封县”，将“阳城县”改名为“告成县”，以示其“登封”中岳，大功“告成”。

武则天在中岳封禅还留下了众多遗迹。在封禅中岳时所设的三个坛中，登封坛今尚存遗迹，禅祭坛今存，朝觐坛已毁。从三坛的形制来说，因武则天是按高宗拟封中岳礼制进行的，故《旧唐书·礼仪志》所载永淳时所定封中岳的所设的坛样，应该就是其样式。不过永淳时所议立的有四个坛，但从《旧唐书》所载及地方志所载看，不见封祀坛，似乎武则天嵩山封禅时只立了登封、禅祭和朝觐三坛，或是《唐书》没有详载。其三坛的形态应是高宗时设坛之制：“登封坛，圆径五丈，高九尺，四出陛，为一壝，饰以五色，准封祀。禅祭坛，上饰以金，四面依方色，为八角方坛，再成，高一丈二尺，每等高四尺。坛上方十六步，每等广四步，设八陛。其上坛陛皆广八尺，中等陛皆广一丈，下等陛皆广一丈二尺。为三重壝之大小，准封祀。朝觐坛，于行宫之前为坛。宫方三分。壝二，在南。坛方二十四丈，高九尺，南面两陛，余三面各一陛。”②

登封坛高九尺，径五丈，顾名思义，是表示皇帝的“九五之尊”。武则天在嵩山所设的三坛里面有一个问题，就是关于禅祭坛。少室山下的禅祭坛前有梁王武三思撰的《大周封祀坛碑》，额刻“大周封祀坛碑”，由此《嵩书》等皆称其为“封

① 《旧唐书》卷二十三《礼仪志》，中华书局，1997年。

② 《旧唐书》卷二十三《礼仪志》，中华书局，1997年。

祀坛”。又从明代傅梅在《嵩书》中言其亲眼看到坛为“筑土为之，顶圆座方，其大逾亩”。傅梅言其底座是方形的，符合禅祭坛“八角方形”的形制，而上部则是由于雨水把封土的四角冲掉，看起来呈圆形。再者，《旧唐书·礼仪志》说得很明白，丁亥禅祭的是少室山。再从梁王武三思所撰的《大周封祀坛碑》内容看，不是说这个坛就是封祀坛，而是总结武则天封天禅地“伟大功绩”。由上，登封市区少室山下的坛应为“禅祭坛”而不是“封祀坛”（图 37~39）。

武则天的一生中，最钟爱的山岳当属天地之中的嵩山。她不仅在嵩山举行了封禅大典，而且一生中至少 8 次至嵩山。除调露元年（680 年）二月、永淳二年（683

图37　大周封祀坛遗址

图38　大周封祀坛碑碑座

图39　大周封祀坛碑拓片局部

年）正月、永淳二年（683 年）十月三度随高宗巡幸中岳外[①]，以帝王身份幸中岳的有：万岁登封元年（696 年）封禅中岳，此为第四次到中岳；圣历二年（699 年）二月，武则天第五次到嵩山，过子晋庙，立升仙太子碑[②]；久视元年（700 年）正月，武则天第六次到嵩山[③]；久视元年（699 年）四月，武则天第七次到嵩山；大足元年（701 年）五月，武则天第八次到嵩山[④]。

武则天在“天地之中”的嵩山封禅，谓其史无前例，是因为封禅创造了历史上的许多第一：其一，改变了历史上封禅只有泰山的历史。其二，开创了女皇封禅的历史，打破了男性帝王独霸封禅坛的局面。其三，武则天封禅时封中岳神为天中皇帝，开创了封五岳神为“帝”的先河。其四，武则天一生八次巡祭中岳并封禅，创下了一个帝王一生至中岳之最。其五，武则天巡游嵩山时所投的金简，

① 《旧唐书》卷五《高宗本纪》，中华书局，1997 年；《资治通鉴》卷二〇二，中州古籍出版社，2003 年。

② 《旧唐书》卷六《则天皇后本纪》，中华书局，1997 年。

③ ［宋］司马光：《资治通鉴》卷二〇六，中州古籍出版社，2003 年。

④ 《旧唐书》卷六《则天皇后本纪》，中华书局，1997 年。

成为目前唯一发现的帝王金简。其六，年已 72 岁的女皇亲登嵩山绝顶封禅，又创下了帝王中封禅年龄之最。其七，武则天封禅时封岳神夫人为天中皇后，封启母及少室阿姨为神，这也属首创。

武则天在嵩山史无前例的封禅以及八次巡游嵩山，归结起来，其真正的目的只有一个，就是利用“天地之中”的地位和影响，为武周统治天下寻找“神助”的依据，这也是封禅与政治相结合的明显例证。

第四节　武则天在天地之中嵩山利用宗教为其统治服务

武则天在嵩山的封禅和巡游是为其政治服务，而武则天在嵩山一系列的宗教活动同样也是为其统治服务。

武则天笃信佛教，而其登极也利用的是佛教。僧怀义杜撰的《大云经》为武则天登极提供了宗教的依据，而其在嵩山与佛教有关的活动则是为了利用佛教巩固其统治。

武则天信佛深受家庭的影响，其母荣国夫人杨氏就是一个虔诚的信佛者。杨氏在生前曾前往倍受唐王朝推崇的嵩山少林寺修造功德。此事记载于武则天撰的《从驾幸少林寺诗》和《御制修少林寺书》中。永淳二年正月，武则天随唐高宗李治游嵩山，入少林寺。在那里，“睹先妃营建之所，倍切茕衿”[①]，因比作五言古诗一首，以表达对母亲杨氏的怀念。武则天在这首诗里，不仅写了对亡母的怀念，而其言辞间充满了对佛教的崇信：“花台无半影，莲塔有全辉；实赖能仁力，攸资善世威；慈缘共福绪，于此罄归依。”[②]

武则天此次游少林寺，当看到其母杨氏在少林修造的“功德”所尚未完成之后，决意为其母完成“善缘”。武则天回京后，即修书一封，给少林寺住持僧，并命其侄武三思携金带绢到少林寺，请寺院尽快完成其母未竟的“功德”。弘道元年（683 年），高宗李治驾崩后，深信佛教的武则天，即为亡夫在少林寺造功德：“天皇升遐，则天大圣皇后，为先圣造功德。”[③] 由此，不仅武则天登极是“佛”的意向，其母及李治去世后也应得到超度，这也是佛的意向和安排。

垂拱时，少林寺冬竹抽笋，塔院后藤枝发芽，武则天认为这是“熏修福缘所致”，即佛在感谢武则天，使其父母超度之地冬竹抽笋、藤枝发芽。于是，她亲

① ［唐］《大唐天后御制诗书碑》，现存少林寺。

② ［唐］《大唐天后御制诗书碑》，现存少林寺。

③ ［唐］裴漼：《皇唐嵩岳少林寺碑》，现存少林寺。

自撰书信一封送于少林寺，以表达对佛教圣地出现这种奇异现象的敬意。证圣时（695 年），武则天又差人送钱于少林寺藤生处，并修理阶陛，使“寺上普光堂，功德随日修造。”[①]

在武则天正式即位后第三年的如意元年（692 年），为了表示对佛的敬重，她特将少林寺 15 尊佛像金装后迎入宫中供奉，以保佑大周江山稳固。此事载于天宝十四年（755 年）《敕还少林寺神王师子记》中：“大周天册万岁金轮圣神皇帝，如意元年迎神王入内。”

武周万岁登封元年，武则天和皇嗣在少林寺钵盂峰还修建了一座大塔。虽然塔的铭文剥落，仅能识“大周万岁登封元年丙申天册金轮圣神皇帝皇嗣造”几字，但可以肯定，在少林寺建塔，当与其崇佛有关。另据《说嵩》载，武则天和高宗游嵩岳寺时，还特地在寺院里造了“无量寿殿”，武则天还派人专程送了一座“镇国金佛”供于殿中[②]，以求国家稳定。

从武则天在“天地之中”嵩山的一系列活动看，其对佛教的崇信一目了然，其利用佛教巩固其统治也非常明确。

武则天一生虽然钟情于佛教，但也不是仅仅只信奉佛教，她对道家也是很崇敬的。实际上，她的目的就是想利用道教使人长生不老的方法，使自己永生，永远统治天下。所以，武则天仰道也是有很明显的政治意图。

调露二年（680 年）三月，武则天随唐高宗李治幸嵩山，期间闻嵩山著名道士潘师正隐居于嵩山逍遥谷修炼，于是她和高宗、太子前去参拜。从圣历二年立的《中岳体玄先生潘师正碣文碑》记载看，武则天对潘师正还是相当尊重的：“时天册金轮圣神皇帝，潜光宝纬，佐理瑶房，深祈绛阙之游，遥契紫元之妙，霓装羽从，斋心致谒。”[③]又据《旧唐书·隐逸传》载，高宗和太后在此次参谒后，还为潘师正在逍遥谷敕建“崇唐观”，并在逍遥谷特开一门，号“仙游门”，又在其北置“寻真门”。永淳元年潘师正卒，高宗及太后“追思不已”，特赐潘师正“太中大夫”，谥以“体玄先生”。武则天不仅崇拜潘师正，在嵩山从潘师正修炼多年的司马承祯也得到武则天的尊崇。她曾召司马承祯入京都，“降手敕，以赞美之。”[④]

圣历二年，武则天幸嵩山过缑氏，亲谒供奉升仙太子的王子晋庙。在那里，她被王子晋升仙的故事所吸引，因撰《升仙太子碑》。在碑文里，她着力描绘了

① ［唐］裴漼：《皇唐嵩岳少林寺碑》，现存少林寺。

② ［清］《登封县志》，清乾隆五十二年本。

③ ［清］叶封：《嵩阳石刻集记》，中州古籍出版社，2003 年。

④ 《旧唐书》卷一百九十二《隐逸传》，中华书局，1997 年。

缥缈瑰丽的仙境，以此来赞美武周盛世。其文中“天资拔俗，灵骨超凡”[①]之句，虽是言王子晋的，同时也是指武则天本人的超凡脱俗。这也说明了武则天也是十分向往仙界的。武则天在嵩山的活动及撰写的文章，虽崇佛的比重较大，但她对名道、神仙也是心怀敬意。这说明武则天作为一个世俗的信教者，她同样具有大多数人所共有的特征，即无论是佛祖还是神仙，个个都崇拜，每个神仙都可保佑武则天和大周江山永固（图 40、41）。

在武则天封禅后的圣历三年（700 年）四月至久视元年七月，武则天命胡超在嵩山所投的“金

图40　升仙太子碑碑额拓片

图41　升仙太子碑拓片

① ［唐］武则天：《升仙太子碑》，现存偃师缑山。

简”，一直是人们关注的焦点。同时，“金简”也是武则天追求长生和永远统治天下最好的一个例证。

在圣历三年正月，武三思为武则天在嵩山石淙河造三阳宫[①]，供武则天居住。是年四月，武则天往石淙避暑（图42）。夏五月，“上以所疾康复，大赦天下，改元久视，停金轮等尊号，大酺五日”[②]。改元久视，也就是表示武则天可以长久的“看天下”，实际上就是可以长久的统治天下了。为庆贺这次病愈，武则天在三阳宫大宴群臣时，兴奋的女皇自制“夏日游石淙诗”一首，又令太子李显、相王李旦、梁王武三思、内史狄仁杰等16随臣各赋“侍游应制诗”一首刻于石淙崖壁，至今尚存[③]（图43）。

图42　武则天石淙会饮处

图43　石淙河摩崖石壁

武则天居住石淙时的七月，因武则天有病，于是命使臣胡超到嵩山投下了赐福除病的“金简”。其文如下：“上言大周圀主武曌，好乐真道，长生神仙。谨诣中岳嵩高山门，投金简一通，乞三官九府除武曌罪名。太岁庚子七月甲申朔七日甲寅，小使臣胡超稽首再拜，谨奏。”[④]（图44）

关于胡超所投的金简，按字面上的意思应为“武则天除罪金简”，即要求神仙除去武则天的一切罪过。但实际上，此“金简”应当是“赐福金简”，而非

① 《旧唐书》卷六《则天皇后本纪》，中华书局，1997年。

② 《旧唐书》卷六《则天皇后本纪》，中华书局，1997年。

③ 武周《石淙河摩崖题记》，现存登封石淙河。

④ “武则天金简”，现存河南博物院。

图44　武则天金简

"除罪金简"，即为武则天赐福除病，以使其能长久统治天下。

武则天所投的金简，属于道教的赐福礼制。金简上的"三官"，当然就是道教所说的"天官""地官""水官"；九座洞府，凡指各类道家神仙。而道教有天官"赐福"，地官"赦罪"，水官"解厄"之说[①]。那么武则天为何求三官呢？查《三国志·张鲁传》裴松之注载："祷病之法，书人姓名，说明罪之意。作三通，其一上之天，著山上，其一埋之地，其一沉之水，谓之'三官手书'。"[②]

按"三官手书"之制，投简应该是三通，一投于山，一埋于地，一沉于水。关于金简应该是三通，还有一些佐证。投简之人胡超的真实身份就是道士。唐代张鷟所写的《朝野佥载》记载："周圣万历年中，洪州有胡超僧出家说道，隐白鹤山，微有法术，自去数百岁。则天使合长生药，所费巨万，三年乃成。自进药于三阳宫，则天服之，以为神妙，望与彭祖同寿，改为久视元年。"[③] 胡超为道士之说，除《朝野佥载》记载外，还有两个理由说明胡超应为道士或道教信徒。其一，胡超为武则天炼丹药，这是道家所为，佛教并不炼丹。其次，如果说胡超是一个僧人或佛教徒，其为武则天祈福也好，除罪也好，应该去佛教寺院，而不是投之于山上。再者"三官九府"显然也是道教的神仙，而非佛教神仙。由此，胡超为道教信徒无疑。在确定了胡超为道教信徒之后，他投三通金简就完全可能了。因为道教徒是很明白"三官手书"乃祛病之法。

由此，武则天命胡超投的金简应就是其在石淙时又病了，投金简乃是"祷病

① 《古今图书集成·神异典》卷四十六。

② 《三国志·张鲁传》裴松之注引《典略》，中华书局，1997年。

③ ［唐］张鷟：《朝野佥载》，《太平广记》卷二百八十八。

之法”。其投于山上者，应当是一通“祈福”金简，即通过天官的“赐福”，使其病愈。同时，胡超还应有投于地的“除罪”和沉于水的“解厄”金简各一通，而埋于地的才是真正意义上的“除罪金简”。

不难看出，武则天在天地之中嵩山的一系列崇佛仰道活动，除其笃信佛道二教外，更深层的含义是武则天在嵩山的宗教活动是想借助神的护佑为其统治服务。

第五节 “天地之中”观念与政治结合在中岳祭祀上的延续

女皇武则天之后，帝王仍不断祭祀“天地之中”的嵩山。而中唐以后帝王祭祀嵩山无不与帝王政治统治有关，这些从其后帝王的祭岳文中可以看出。

玄宗在位时虽然复旧，但他对祭祀嵩山也是很重视的，并多次遣使祭祀。天宝十年（751 年），又遣秘书监崔秀往嵩山祭告中岳[①]。又据唐韦行俭《新修嵩岳中天王庙记》碑载，玄宗于开元时曾大修祭岳之祠中岳庙，并制订了常祭中岳的制度：“每岁六月，天子遣河南尹至岳下，洁斋，具牲圭币以行事。”[②]玄宗定的这个礼制成了盛唐之后帝王祭祀中岳之制度，终唐无改。玄宗之后有明确记载祭岳的还有德宗。德宗曾幸嵩山奉天宫，并于贞元二年（786 年）遣太常卿裴郁祭中岳[③]。

五代时虽然战乱不断，但祭嵩山的活动并没有停止。有明确记载五代祭岳的帝王为晋少帝，他曾诏令河南尹往嵩山致祭，并规定了后晋祭岳礼制：“宜令河南尹往彼行礼。”[④]

宋朝建立后，其祭嵩山的制度大体沿用唐制，但对祭祀的重视程度甚至超越盛唐之后的祭岳。据《宋史・礼志》载，乾德元年（963 年），太祖下令制五岳神新装，并更换之。看来改朝换代，岳神亦须“改装”。又《宋史・太祖本纪》载，乾德二年（964 年），旱，太祖遣使往中岳祷雨。不仅如此，太祖乾德时还下诏：“各以本县令兼庙令，尉兼庙丞，专掌祀事。”宋代这种由县令兼庙令专掌祭祀在祭岳史上是空前的。

宋太宗时，祭中岳亦有多次。据《宋史・礼志》载，太平兴国五年（980 年），太宗北征，望祭中岳。看来对于战争不断的宋朝，出征时也要向岳神祭告，以求

① 《旧唐书》卷二十四《礼仪志》，中华书局，1997 年。

② ［明］傅梅：《嵩书》卷二十《新修嵩岳中天王庙记》，中州古籍出版社，2003 年。

③ ［清］景日昣：《说嵩》卷八《巡礼》，中州古籍出版社，2003 年。

④ 《全唐文新编》卷一一九《晋少帝敕》，吉林文史出版社，1999 年。

岳神保佑而取胜。又据《宋史·礼志》载，太平兴国八年（983 年），太宗还制订了更为详尽的祭祀五岳制度，其中土王之日祭中岳于河南府。

真宗是宋代最重视祭岳的帝王。真宗重视祭岳，其中一点表现在对岳神的加封上。大中祥符四年（1011 年）五月，真宗加封中岳神“中岳曰天中崇圣帝”[①]。命翰林、礼宫详定仪注及冕服制度、崇饰神像之礼。

真宗这次加封五岳，东、西、南、北四岳神是第一次享有“帝”号，而对于中岳神来说，则是继武则天封之后第二次享“帝”号。在封帝后，大中祥符八年（1015 年），真宗又祭中岳，并亲制《中岳醮告文》，并命翰林待诏刘太初书写刻碑立于中岳庙，至今尚存[②]。

真宗之后，帝王祭岳有明确记载的还有三位。据《宋史·礼志》载，熙宁元年（1068 年），旱，神宗命路官祭中岳；政和五年（1115 年），徽宗下诏建明堂，并望祭中岳。又据《宋史·礼志》载，南宋时，北方为金所占，中岳已不在南宋辖区，但南迁的帝王，仍不忘祭岳之礼。南宋绍兴七年（1137 年），太常博士奏请每年祭中岳，高宗从其议[③]。当然，在南宋时，除南岳外，其他四岳皆在金地，故其祭祀北方中岳当是望祭或郊祭。

金朝占据中原之后，和其他各民族建立的政权一样，同样传承祭岳之礼制，以维护其政治统治。金大定四年（1164 年），世宗祭谢五岳于北郊，又制定常祭五岳的礼制[④]。又据《金史·礼志》载，世宗大定四年夏，祭中岳于河南府。《金史·章宗本纪》载，承安元年（1196 年）夏四月，章宗遣使望祭中岳于京城北郊；承安四年（1199 年），天旱，章宗命有司望祭中岳祷雨；泰和四年（1204 年）五月，章宗又下诏三祷中岳。又据《金史·地理志》载，宣宗曾屯兵少室山御元军，山因名御寨山。金朝已知最后一位遣使祭岳的为金哀宗。正大时（1224~1232 年），哀宗曾遣礼部尚书赵秉文祭中岳[⑤]。

金朝虽是一个兵戈动地的时代，但金朝对“天地之中”嵩山还是很重视的，这表现在对中岳庙修建的关注上。金大定十四年（1174 年）世宗命重修中岳庙，历时八载始成。皇统五年（1145 年）、大定十四年（1174 年）、承安五年（1200 年）、

---

① 《宋史》卷一〇二《礼志》，中华书局，1997 年。

② ［清］叶封：《嵩阳石刻集记》，中州古籍出版社，2003 年。

③ 《宋史》卷一〇二《礼志》，中华书局，1997 年。

④ 《金史》卷六《世宗本纪》，卷三十四《岳渎镇海》，中华书局，1997 年。

⑤ 《元好问集》卷三十七《木庵诗集序》，山西人民出版社，1999 年。

正大五年（1228 年）又四度重修中岳庙[①]。如此大规模整修中岳庙，这在中国历史上的各朝也是很少见的，此足见金朝对祭祀中岳的重视。

元朝入主中原后，同样遵从祭祀“天地之中”嵩山的礼制。据《元史·世祖本纪》载，至元三年（1266 年），世祖命礼部尚书许国祯祭中岳于长春宫，又命道教宗师祁志诚往嵩山祭中岳，并投龙简[②]。

元代对祭岳的重视也表现在对岳神的重视上。至元二十八年（1291 年）二月，世祖下诏加封中岳神为“中天大宁崇圣帝”，这是中岳第三次被加封帝号，也是五岳中加帝号次数最多的[③]。加封之后，世祖本想“朕宜往，道远不可”，于是命道教宗师张留孙率众前往致祭中岳[④]。

世祖之后还有许多帝王祭中岳。元贞二年（1296 年），成宗遣使祭中岳；大德十年（1306 年）成宗又遣使祭中岳，并投龙简[⑤]。至大元年（1308 年），武宗遣道教宗师马守心往嵩山祭中岳，并投龙简[⑥]。皇庆元年（1312 年），仁宗遣使祭告中岳；皇庆二年（1313 年）仁宗遣道教宗师吴全节、太常卿李允中往嵩山祭告中岳，并投龙简[⑦]。延祐四年（1317 年）正月，仁宗遣使祭告中岳；皇太后也于延祐四年十一月遣使祭告中岳[⑧]；泰定三年（1326 年）三月，泰定帝遣使往嵩山祭告中岳[⑨]；元顺帝也于后元二年（1336 年）、后至元五年（1339 年）遣使祭中岳[⑩]；顺帝还于至正九年（1349 年）遣资善大夫伯彦忽都奉锦幡、白银及银盒往嵩山祭中岳；至正十四年（1354 年）正月，顺帝又遣使祭中岳[⑪]。就在顺帝自身难保的至正二十五年（1365 年），顺帝还命翰林应奉李国凤于开封望祭中岳。元代帝王祭祀中岳有两

---

① 大定十四年、正大五年见《嵩书·章成篇》；皇统五年见《嵩岳志》卷下；承安五年见中岳庙所存《重修中岳庙图碑》。

② [清]景日昣:《嵩岳庙史》卷十艺文所载《礼岳庙记》。

③ 封号见《元史》卷七十六《祭祀志》五。

④ 《嵩岳文志》卷七《嵩岳封祀记》。

⑤ 姚晏《中州金石目》卷四卢挚《祀中岳记》及王德渊撰《中岳投龙简记》。

⑥ 《嵩书》卷二十一《章成篇》杨英《投金龙玉册记》，中州古籍出版社，2003 年。

⑦ 皇庆元年见清姚晏《中州金石目》卷四吕文佑撰《中岳祀香记》；皇庆二年见《嵩书》卷十四《韵始》吴全节撰《中岳投龙简序》。

⑧ 延佑四年正月见姚晏《中州金石目》卷四周思进撰《祀中岳记》；太后见《中州金石目》卷四李处恭撰《皇太后遣使祀中岳记》。

⑨ [清]姚晏《中州金石目》卷四吴律撰《代祀中岳记》。

⑩ 后至元二年见清姚晏《中州金石目》卷四同同撰《祀中岳记》，后至元五年见王沂撰《代祀中岳记》。但《中州金石目》载为至元五年，今查明《嵩岳志》、《嵩书》所载王沂撰《颍谷书院记》知，王沂为后至元时人，故此次祭岳时间应为后至元五年。

⑪ 傅梅《嵩书》卷二十一《章成篇》，杨英撰《投金龙玉册记》，中州古籍出版社，1997 年。

个区别于以往的明显特征。其一，遣使祭岳的领衔人多由道教名师担任。据明陆柬《嵩岳志》记载，元代时已被当作一种以道教方式进行祭祀。这也许是元代崇信道教所致，元时的丘处机曾被授以“金印”，张留孙、吴全节被封为“玄教大宗师”“道教神德真君”可证。其二，元代祭祀中岳时基本上都投龙简（金龙玉册）。这从元大德至大、皇庆等祭岳时皆投龙简可证。

明王朝建立后，随着天坛、地坛在京城的建造，成为祭天地的场所。但祭祀五岳的制度仍然被传承，而且祭告“天地之中”嵩山的内容不断增多。

从傅梅《嵩书》、清叶封《嵩山志》所载明代帝王祭祀中岳情况看，其祭祀有这样几个特点：其一，皆为遣使祭岳，代祭者既有官吏，亦有道教大师，这显然是受元朝祭岳礼制影响所致，但中后期后基本上都是官吏。其二，帝王的祭礼记载比较详尽，是清以前记载最为详尽的一个朝代。明代16位帝王中，除建文帝因被成祖取消帝号而后世没有载其祭中岳外，其他15位帝王祭祀中岳的记载都很详细，而且其御祭文除熹宗和思宗（崇祯）无查到外，其余都完整保存下来。其三，明代帝王祭祀中岳的次数极多，15帝共祭中岳47次（熹宗和思宗记载可能还不全）。其四，祭告原因及内容多种多样。

明代祭告中岳的原因（即祭告的内容）之丰富，是很值得研究的。因为从其内容上看，似乎如帝王的一个“大事记”，也是帝王最关心的问题的一个反映，现根据明代帝王《御祭文》内容将其祭告原因列于下：

“洪武二年，因平定中原；洪武三年，因改中岳封号；洪武十年，因定天下十年；洪武十二年，因风调雨顺谢岳；洪武二十八年，因征广西蛮夷；洪武三十年，因征讨西南苗夷；建文四年，因成祖即帝位；永乐四年，因征讨安南贼人；永乐五年，因平定安南；洪熙元年，因仁宗即位；宣德元年，因宣宗即位；宣德十年，因祈求丰年；正统元年，因英宗即位；正统二年，因祈求丰年；正统九年，因干旱求雨；景泰元年，因景泰帝即位；景泰四年三月，因雨雪过多；景泰四年七月，因水灾河流决口；景泰五年，因祈求丰年；景泰六年，因旱求雨；天顺元年，因英宗复辟重新登基；成化元年，因宪宗即位；成化四年，因祈求丰年；成化十三年，因水旱交替出现；成化二十年，因旱及地震；成化二十三年，因旱求雨；弘治元年，因孝宗即位；弘治四年，因旱求雨；弘治六年，因旱求雨；弘治十四年，因旱求雨；正德元年，因武宗即位；正德四年，因旱求雨；正统六年，因宁夏水旱消除及平盗；正德八年，因水、旱、盗交作；嘉靖元年，因世宗即位；嘉靖八年，因疾病流行；嘉靖九年，因山崩、地陷及旱、蝗交作；嘉靖十一年，因世宗求子；嘉靖十七年，因世宗得子谢岳；嘉靖三十三年，因水、旱、兵、荒交作；嘉靖四十年，因世宗寿辰；嘉靖四十三年，因世宗寿辰；隆庆元年，因穆宗即位；万历元年，因神宗即位；万历十五年，因旱求雨；天启元年，因熹宗即位；崇祯元年，因思宗即位。”①

从以上可知，明代帝王祭告中岳的内容有祈丰年、除水灾、除旱灾、除荒灾、除兵灾、除盗灾、帝王即位、除疾病、帝王寿辰、山崩、地震，甚至求子等等，内容广泛，可谓帝王的一个“大事表”。现仅录成祖即位祭中岳文一则为例：“唯神职司中央，掌天地中和之气，雨旸时若，灾沴不兴，神功有焉，载在祀典，历代咸尊。唯我太祖高皇帝，以神武定天下，崇奉礼祭，洋洋感格，三十余载，黎庶雍熙。建文昏愚，奸臣窃柄，神明弗佑，四海离心。朕奉祖训，来清群恶，荷天地山川之灵，战无不捷，堂堂之阵，直抵京师。岂期建之阖宫自烬，朕以诸王大臣再三推戴，于六月十七日躬即帝位，嗣守高皇帝大业，既已昭告于天地社稷，必当遍告于名山大川。兹特遣官，祭以牲醴。唯神有知，体朕至意，尚祈灵佑，助我皇明。”②

成祖祭文把发动“靖难之役”的原因及成祖即位情况等都写得清清楚楚，可以说是成祖内心世界最真切的表白。同时，成祖的祭岳文显然也是求得中岳神的原谅和支持，以便名正言顺的统治天下。

清代建立之后，不仅官制沿用明代，祭岳制度基本上也沿用明代，其特征也与明代基本相似，也是为其统治服务的。清代的10位帝王，都遣使祭过中岳，其中乾隆还亲临中岳祭祀。清代帝王祭岳次数，乾隆之前记录完整，乾隆后由于记载清帝祭岳的《登封县志》失修，故其御祭中岳的次数是依据中岳庙所存清代《御祭文碑》《清文献通考》、嵩山有关碑刻及《清史稿》所载，可能不完整。目前，有史料可查的清代帝王祭祀中岳共有45次，其中顺治帝1次，康熙帝14次，雍正帝1次，乾隆帝13次（包括亲至一次），嘉庆帝4次，道光帝5次，咸丰帝2次，同治帝2次，光绪帝2次，宣统帝1次③。

清代帝王祭岳的原因（祭告内容）和明代一样多种多样，但又和明朝有许多不同之处。其祭文可以说也是清朝的帝王的一个“大事记”，现据清代《御祭文》仅列康熙一朝为代表：“顺治十八年，因康熙即位；康熙六年，因康熙亲政；康熙

① 明代帝王祭岳见傅梅《嵩书·裒望》及叶封《嵩山志·祀典》。

② ［明］傅梅：《嵩书·裒望》，中州古籍出版社，2003年。

③ 顺治至乾隆帝祭岳见洪亮吉《登封县志》卷八《坛庙记·祀典》；嘉庆、道光、咸丰、同治、光绪帝祭岳见中岳庙所存《御祭文碑》《清文献通考·郊社》《清史稿》。

十五年，因建立帝储；康熙二十一年，因边疆稳定；康熙二十三年，因巡视四方；康熙二十七年，因太后神位入太庙；康熙三十五年，因水旱之灾；康熙三十六年，因平定塞北；康熙四十二年，因康熙五十寿辰；康熙四十八年，因复立帝储；康熙五十二年，因康熙六十寿辰；康熙五十八年，因皇后神位入太庙。”①

在帝王祭祀中，从宋代开始，基本上都是遣使和望祭，有确切记载亲至中岳巡祭的帝王除宋真宗是否到中岳尚有争议外，宋以后只有乾隆一个帝王。故乾隆祭祀中岳是祭岳史上的一个盛典。现据清乾隆丁未年（1787 年）《登封县志》所载，将乾隆帝亲往中岳巡祭情况略述于下：

乾隆十五年（1750 年），为了彰显“康乾盛世”的伟绩，乾隆皇帝乃仿照唐尧虞舜巡狩五岳的做法，专程安排了一次规模宏大的巡祭中岳活动。当年八月，乾隆皇帝携皇太后、皇后，并率亲王贝勒、文武大臣一行浩浩荡荡开赴嵩山。九月三十日抵达轩辕关。当地官民云集于关口，制彩亭香案隆重迎接乾隆皇帝。高兴万分的乾隆帝，对耄老民妇，各赐白金一锭，群呼万岁。近傍晚时，乾隆皇帝车驾至少林寺并驻跸于寺中。时登封稍旱，乾隆皇帝至，突然降雨，官民皆诩为“天子”到来所致，于是欢呼之声遍于岩谷，乾隆帝因制雨诗一首以示欣喜。十月初一，乾隆帝车驾东行，过会善寺稍憩，东行至嵩阳书院，观汉柏，登藏书楼。中午，车驾至中岳庙，礼拜康熙帝所书“嵩高峻极”匾，晚驻跸于中岳庙行宫。

初二日黎明，在中岳庙举行隆重的祭岳大典。由鸿胪太常制祭岳礼仪，由协律郎四十八人奏乐，司仪官赞引，乾隆躬诣向岳神亲行三献礼，并御制诗一章以贺。礼毕率众登临嵩山峻极峰，并赐峰名凤凰山，同时放飞仙鹤，又制诗一章，刻石立于绝顶。登绝顶后返中岳庙大宴王公大臣及地方官员，并免除登封第二年应征地丁钱粮。初三日，皇太后、皇后车驾从少室山而来，乾隆帝亲往迎接后至中岳庙行宫。初四日，乾隆皇帝车驾起行，经密县、郑州还京都。乾隆此次巡游嵩山，共写诗 13 首，在少林寺、嵩阳书院、中岳庙书写匾额 11 方，对联 10 幅。为了表达中岳之行的盛举，乾隆还下圣旨免除河南所有经过之地应征地丁钱粮的十分之三。全免省会祥符县和中岳所在地登封县辛未年（1751 年）应征地丁钱粮②。

清朝帝王祭祀中岳，有明确记载最后两次为光绪和宣统时。光绪二十七年（1901 年）八月，因八国联军攻占北京而逃到西安的光绪帝和慈禧太后准备回北京，光绪帝因遣官祭祀中岳。光绪三十四年（1908 年）十一月，因宣统皇帝即位，遣

---

① ［清］洪亮吉：《登封县志》卷八《坛庙记·祀典》。

② ［清］洪亮吉：《登封县志》卷八《坛庙记·祀典》。

使祭祀中岳[①]。宣统是中国最后一位帝王，也是最后一位祭岳的帝王。

综上，帝王祭祀封禅天地之中嵩山是封建时代的一种重要的礼制，也是封建时代最高的礼制，体现着当时社会政治、经济、文化和社会的发展状况，尤其是在政治方面的作用更为突出。嵩山的祭祀封禅制度，从“天地之中”观念形成之后便开始了。从远古到秦代是帝王祭祀嵩山的发端和形成时期，由于帝王的巡祭及地处“天地之中”的优势，使嵩山获得保佑统治的神山地位。汉武帝巡祭嵩山不仅确立了嵩山的政治地位，而且对其后的帝王祭祀产生了深远的影响。女皇武则天对中岳史无前例的封禅，把嵩山推到了至高无上的地位。唐以后帝王的不断祭祀，扩大了祭祀的形式，也丰富了祭祀在政治方面的含义。可以说，帝王祭祀封禅嵩山是“天地之中”观念在政治上最突出的反映。

① 《清史稿》卷二十五《宣统皇帝本纪》，中华书局，1977 年。

第五章

三教汇流：『天地之中』文化内涵的丰富与发展

在中岳嵩山方圆7公里的范围内，相继产生了我国古代四大书院之一的嵩阳书院、禅宗祖庭少林寺、道教第六小洞天中岳庙等驰名中外的儒、释、道三教文化的典型代表。在千年的冲突与交流中，三教之间既争夺话语权，相互区别，又吸取对方的思想精粹，相互包容，逐渐融为一体。多元融合的思想，在嵩山构成一幅独特的三教荟萃风景，推动天地之中文化内涵的持续发展，并使其更为丰富。

需要说明的是，如何定义儒、释、道三教，这与如何定义宗教相关。“宗教”一词，源自西方文化，英文中宗教一词为“religion”，是指相信上帝的存在并崇拜上帝，接受上帝的支配。中国历史上的儒、释、道三教，与“religion”并不等同，正如任继愈先生所说：“宗教不是一个模式……如果从内在特质上看，应当说，中国有其特殊形式的宗教。”[①] 因为中国宗教有其自己的特点，所以本章所称的三教，是从其理论体系、社会功能等方面来理解，而不是仅从宗教的形式上去讲究。

第一节　嵩山儒教：嵩阳书院传承理学

儒教是“在中国的特殊社会产生的一种宗教”[②]，由儒学发展而来。自汉武帝独尊儒术后，儒学成为显学，确立为国家意识形态，以儒学进行教化，儒教由此形成。在漫长的古代中国，长期作为统治思想的儒学，大致可分为两个时期：以孔孟为代表的前期儒学和以程朱理学为代表的后期儒学。程朱理学的产生和发展把中国哲学发展到一个新阶段，而以嵩阳书院为中心的嵩山地区是理学产生和传播的重要基地，在理学形成、发展到成熟阶段的过程中功不可没。嵩阳书院也因此成为嵩山儒教的象征。

① 任继愈：《唐宋以后的三教合一思潮》，《世界宗教研究》，1984年第1期。

② 任继愈：《唐宋以后的三教合一思潮》，《世界宗教研究》，1984年第1期。

一、嵩阳书院的前身

嵩阳书院位于嵩山之阳，院以山名，北靠太室山主峰峻极峰，东峙万岁、虎头诸峰，西依少室山，两侧峰峦环拱，对面是双溪河及箕山，成三面环抱之势，有“北靠高峰，南临广陌，西带浚涧，东接修林”[①]之称。嵩阳书院里面，则是古柏参天，清雅静谧，亭台楼阁，各抱地势（图 45）[②]。嵩阳书院便在这得天地之灵、撷山川之秀、如诗如画的境界中，完成了传诵不朽诗书、承载千年文化的历史使命。然而，嵩阳书院作为儒学基地，其前身却是嵩阳寺、嵩阳观、奉天宫、太乙观等，先后是佛教、道教的活动场所和李唐王朝的游嵩行宫。

太和八年（484 年），生禅师在嵩山之阳“建造伽蓝，筑立塔殿，布置僧坊，略深梗概”，嵩阳寺由此开始。经过生禅师及其弟子伦、艳二法师的建设，嵩阳寺“塔殿宫堂，星罗棋布”，“为众圣万劫之灵场，八辈十方三世之菀囿也”[③]，极盛一时。建德年间，周武帝罢斥佛教，开展灭佛运动，北方寺院几乎灭绝。嵩阳寺也一蹶不振。

大业年间，嵩山道士潘诞，“自言三百岁”，为隋炀帝合炼金丹。隋炀帝改建嵩阳寺为嵩阳观，“华屋数百间”[④]，作为潘诞炼丹之地，成为道教活动场所。

唐代前期，道士潘师正“清净寡欲，居于嵩山之逍遥谷，积二十余年，但服松叶饮水而已”[⑤]，名声大作。弘道元年（683 年）春、冬，唐高宗同武则天到嵩山两访潘师正，均以嵩阳观为行宫，改其名曰奉天宫。

天宝初年，唐玄宗梦想长生不老，命道士孙太冲先后在嵩阳观、缑山升仙太子庙为其炼丹。丹成之后，祥瑞辈出。这一时期的嵩阳观，道徒云集，旺盛一时。此后嵩阳观改名为太乙观。

---

① 《中岳嵩阳寺伦统》碑。此碑现存嵩阳书院，下有详细介绍。

② 登封市地方志编纂委员会：《登封市志》，中州古籍出版社，2008 年，第 242 页。

③ 中岳嵩阳寺伦统碑。现存于嵩阳书院内的中岳嵩阳寺伦统碑，碑文介绍了生禅师开辟嵩阳寺、建造佛殿、塔庙的功德以及雕刻造像的经过。此碑刻于天平二年（535 年），高 3.05 米，一面刻像 12 层，共 94 尊佛像，一面碑额刻六盘龙，龙爪纽结成佛龛状，龛内作一佛二菩萨二弟子像，下部以八分隶书《中岳嵩阳寺碑铭序》，叙述生禅师事迹。此碑原在嵩阳寺（今嵩阳书院），麟德元年（664 年）因建奉天宫移至会善寺内，康熙年间重修佛殿，改立于会善寺琉璃戒坛遗址。2003 年登封市文物局将其移回原址，并建碑亭一座进行保护。这通碑的前世今生，也佐证了嵩阳书院原为寺庙。

④ ［宋］司马光：《资治通鉴》卷 181《隋纪五》，中华书局，1956 年，第 5658 页。

⑤ ［后晋］刘昫等：《旧唐书》卷 192《潘师正传》，中华书局，1975 年，第 5126 页。

图45 嵩阳书院全图

唐末五代时期，中原大地连年兵战，社会动荡，礼乐崩坏，官学失修。长庆三年（923年），后唐进士庞式“肄业于嵩阳观之侧，临水结庵以居”。他在这里收下了学生：“庵内唯薛生，东郡人也，少年纯悫，师事于式。”[①]南唐学者舒元，“与道士杨讷讲习于嵩阳，通《左氏》及《公》《谷》二传”[②]。这些人在嵩山的讲学活动，

① [五代]王仁裕：《玉堂闲话》卷3《庞式》，杭州出版社，2004年，第1883页。

② [元]脱脱等：《宋史》卷478《舒元传》，中华书局，1977年，第13864页。

为书院的创办打下了基础。后周时期，隐居太乙观的学者们，皆感孔孟之道失传，教育不振，乃以办学施教为己任，上书朝廷设立太乙书院。显德二年（955 年），周世宗依据奏请，在此创建书院，称太乙书院，这便是嵩阳书院的初始阶段，由此便正式拉开了嵩阳书院千年的发展史。

“书院”之名，最早出现在唐代，是官方收藏校勘书籍或私人藏书读书的地方，五代时期演变为以私人创办为主，教学、研究、藏书三结合的高等教育机构，是我国古代社会特有的一种教育组织，在传承儒家学术上具有举足轻重的作用，占据独特的地位。唐末五代时期，因避乱世而隐居林泉的鸿学大儒，纷纷依山置田建宅，聚书授徒。与此同时，由于战争的影响，官学衰废，士子苦无就学之所，于是自动择地读书。在这样的社会背景下，嵩山以其优美的自然风光、深邃的文化内涵吸引了大批人才，为宋代嵩阳书院的兴盛奠定了基础。而嵩阳书院的前身，作为佛教、道教活动场所，则从侧面展现了嵩山地区三教的交流。

二、嵩阳书院的发展

嵩山地区书院众多，有嵩阳书院、颍谷书院、少室书院、南城书院、存古书院等，其中最为显赫的当属嵩阳书院。嵩阳书院是我国创建最早、影响最大的书院之一，与江西庐山的白鹿洞书院、湖南长沙的岳麓书院、河南商丘的睢阳书院（又称应天府书院）并称为中国古代四大书院①。北宋时期的嵩阳书院，璀璨一时，是嵩阳书院发展史中的辉煌时期。虽然金元时期，嵩阳书院一度黯淡无光，但在明清之世，又重新光芒四射。

北宋建国初始，由于长期的战乱不休，作为养士之所的官学基本处于废弛状态，书院一时取代官学成为培养人才的重要场所，得到了迅速的发展。与之同时，面对风雨如晦的社会现实，许多满腹经纶的儒生，为避免儒学失传，沿袭前代的做法，择胜地、聚山林、建院讲习圣王之道，正如南宋学者总结北宋之初书院兴起原因时所说：“国初斯民，新脱五季锋镝之厄，学者尚寡。海内向平，文风日起，儒生往往依山林，即闲旷以讲授，大率多至数十百人。”② 书院就此成为一些名士学

---

① 学界对中国四大书院一直屡有不同见解，有观点认为，四大书院是岳麓、白鹿洞、睢阳和嵩阳，也有观点认为，四大书院是岳麓、白鹿洞、睢阳和石鼓。对此，本书赞同安国楼先生在《嵩阳书院与二程理学》（《郑州大学学报（社会科学版）》，2009 年第 5 期）一文中的分析，最终结论是“嵩阳为中国四大书院之一的认定，在历史上其实是一个没有争议的问题”。

② [宋] 吕祖谦：《吕祖谦全集·东莱吕太史文集》卷 6《白鹿洞书院记》，浙江古籍出版社，2008 年，第 99 页。

者仕途以外的一种积极的入世方法。此外，宋代重视文化教育的基本国策也促进了书院的发展。北宋初期，各级政府对书院大加奖掖和推广，为书院的发展提供积极的支持政策，亦是宋初书院教育快速勃兴的重要因素。最后，清幽、宁静的书院治学环境与中国传统士人旷达、清高且又忧国忧民的精神追求互相契合，故而书院备受士人青睐。正是在北宋初年教育不振的社会现实下，距离国都汴京（今河南开封）仅二百余里，处于畿辅重地的嵩阳书院，占尽天时、地利、人和，吸引了大批名师宿儒莅临，备受宋人的推崇与后人的敬仰。

至道二年（996 年），宋太宗向太乙书院“赐院额，及印本九经书疏”[①]。所谓院额，是指书院大门上的牌匾，即是书院的名称。宋太宗将太乙书院易名为太室书院，并赏赐《易》《书》《诗》《左传》《公羊传》《穀梁传》《仪礼》《周礼》《礼记》九部经书。政府赐书，是统治者控制书院教学、统一文化思想的行为，但客观来看，既丰富了书院的藏书，又光耀了院门，是朝廷对书院价值的肯定，是朝廷对书院重视的表现，对书院而言是莫大的荣耀，有利于书院的发展。此后嵩阳书院多次受到朝廷的赐书。大中祥符三年（1010 年）四月，宋真宗“赐太室书院九经”[②]。这是朝廷第二次赐予太室书院书籍。景祐三年（1036 年）九月，宋仁宗“赐河南府新修太室书院名曰嵩阳书院”[③]，嵩阳书院之名由此开始[④]。宝元元年（1038 年）四月，宋仁宗“赐河南府嵩阳书院田十顷”[⑤]。此次赐田十顷，是作为学田以维持书院常年经费。从上述宋代政府对嵩阳书院赐书、赐额、赐田之事来看，明显是将其视作京畿教育机构而予建设，替代官学的作用显而易见，被称为“崇堂讲遗文，宝楼藏赐书。赏田逾千亩，负笈昔云趋。”[⑥]嵩阳书院由此进入了快速发展时期，学生众多，声名远扬，一派兴旺景象。

尽管因为宋仁宗时期的庆历兴学以及宋神宗时期的熙丰新政，嵩阳书院有了一段衰败的时光，但只是暂时的。由于众多官员反对熙丰新法，朝廷相应增加了嵩山崇福宫提举、管勾等官员的编制，将政治异议和闲散人员安置于此。而崇福

① ［宋］王应麟：《玉海》卷 167《宫室》，江苏古籍出版社、上海书店，1987 年，第 3075 页。

② ［宋］王应麟：《玉海》卷 167《宫室》，江苏古籍出版社、上海书店，1987 年，第 3075 页。

③ ［宋］李焘：《续资治通鉴长编》卷 119，景祐三年九月己丑，中华书局，2004 年，第 2807 页。

④ 宋仁宗何时赐名嵩阳书院，因相关古籍记载的时间不同，造成了嵩阳书院历史研究的混乱。笔者在拙文《宋代嵩山人文研究》（河南大学博士学位论文，2014 年）中对此进行考证，认为嵩阳书院之名从景祐三年开始。

⑤ ［宋］李焘：《续资治通鉴长编》卷 122，宝元元年四月丁亥，中华书局，2004 年，第 2872 页。

⑥ ［宋］李廌：《济南集》卷 2《嵩阳书院诗》，台湾商务印书馆，1986 年，文渊阁四库全书本，第 1115 册，第 728 页。

宫，则位于嵩阳书院之东仅一千米。崇福宫既区别于一般庙宫，又不同于普通祠堂，是专为宋真宗祝厘和祈求福佑的场所。在熙丰新法之际，朝中政见严重分歧，崇福宫就变成反对变法者投闲置散的场所，先后容纳了许多重臣和学者，如司马光、韩维、吕诲、程颢、程颐、范纯仁、李纲等人。这些仕途抑郁不得志的儒学大师在游山玩水、赋诗咏歌的同时，大量时间聚集在跬步之隔的嵩阳书院讲学。此外，嵩山地区适合隐退休闲的社会风气，吸引了众多与王安石治国理念不同的儒学大师，他们也纷纷来到嵩阳书院和崇福宫，为宋代嵩山儒学的发展，做出了巨大贡献（图 46）。

北宋后期，经历过三兴官学后，全国各地的书院教育逐渐沉寂。南宋初期，嵩山地区硝烟弥漫，书院化为废墟而无人问津。金元时期，嵩阳书院讲学活动处于低潮，空余北宋盛名。虽有留心文教的学者元好问、张潜、杜时升等讲学于嵩阳书院，力挽北宋遗风，但终因社会动荡而未遂人愿。大定年间，嵩阳书院改名承天宫，又成为道教传道之所。

明代建国之初，大兴官学，抑制私学，书院的发展几乎处于停顿之中。明代中期，因官学败坏，书院逐渐增多。嘉靖年间，登封县令侯泰重修嵩阳书院，聘

图46　嵩阳书院讲堂内的《二程讲学》图

师聚徒，并建二程祠，但终因遭受四百余年的停废之伤而难创北宋繁盛局面。明末战患频至，嵩阳书院再度堂倾人散，书失碑斜。

清代初期，政府对书院实行抑制政策。康熙年间，社会稳定，国强民安，崇儒尚文之风再起。康熙十三年（1674 年），登封知县叶封重修明末毁于兵火的嵩阳书院，在明代书院故基东南，筑堂三楹，新筑墙垣五十丈并将两株大柏树围入院中，为现在的嵩阳书院布局奠定了基础。河南地方官员，如汪辑、王日藻、林尧英、闫兴邦等，纷纷捐出俸银，修复、扩大嵩阳书院。一代名儒耿介，辞官回归登封故里后，热心办学，复兴嵩阳书院。

耿介（1622~1693 年），原名冲壁，字介石，号逸庵，河南登封人，顺治九年（1652 年）进士，曾任翰林院庶吉士、翰从院检讨、福建巡海道道使、江西湖东道按察副使、大名府兵备道按察副使、河南按察使等职。康熙十六年（1677 年），无意官场的耿介返回故里，在嵩阳书院主持院务，广纳名儒，大倡理学，先后捐田扩充经费，改建学舍。登封士子、乡绅纷纷解囊相赠，为书院的建设添砖加瓦。经过多次修建的嵩阳书院，“有祠、有堂、有居、有斋、有旁舍、有义田、有庖福之所、有丽牲之碑，缭以周垣，翼以廊庑，而规制始大备”[①]。耿介亲自执教，传经授业，人称“嵩阳先生”。中州硕儒李来章、冉觐祖、窦克勤、汤斌、张沐等先后执教于嵩阳书院，四方慕义学子闻风接踵而来。此时的嵩阳书院，“门庭孔峻，堂庑翼然。祭菜鼓箧有节也，讲习弦诵有所也，饔飧膏火有资也”[②]。面貌一新的嵩阳书院，又得以复兴。

明清时期的嵩阳书院，文风大振。明代登封籍进士焦子春、崔应科、刘景耀、常克念等人，均在嵩阳书院就学后考中进士。耿介任教嵩阳书院后，人才辈出，进士景日昣、傅树崇，举人郭英、赵俊等皆出其门。特别是景日昣，在此就学考中进士后，接连九任御史，蜚声朝野。

清朝末年，面对西方文化的强烈冲击以及进步知识分子的大声呼吁，清政府被迫寻找变革之路。光绪三十一年（1905 年），清政府废除科举，设立学堂，经历千余年的书院教育走完了它的历程。同年，嵩阳书院正式改办为嵩阳高等小学堂。此后的几十年间，这里一直是各类教育机构所在地，继续发挥培养人才的社会功效。2010 年 8 月 1 日，嵩阳书院作为“登封‘天地之中’历史建筑群”的子项目，被联合国教科文组织正式列入世界文化遗产名录。

① [清] 王日藻：《嵩阳书院碑记》，[清] 耿介撰，李远校点：《嵩阳书院志》卷 2，中州古籍出版社，2003 年，第 82 页。

② [清] 焦钦宠：《嵩阳书院志序》，[清] 耿介撰，李远校点：《嵩阳书院志》卷首，中州古籍出版社，2003 年，第 1 页。

三、嵩阳书院与理学

在儒学产生之前，尧、舜、禹、汤等儒学推崇的道统圣人，就在嵩山地区进行大量敬天卫民的活动。西周时期在嵩山测影的周公，孝敬仁义，成为圣贤的代名词。春秋初期的颍考叔，正直无私，素有孝友之誉。这些嵩山先贤的言行举止，深受儒家学派创始人孔子的推崇，深刻地影响了后世嵩山儒学的发展。嵩阳书院传承他们的思想，并对其发扬光大、改造深化，从而形成新儒学——理学。理学吸收佛、道宗教思想，对传统儒学进行的改造和发展，与汉代以来的传统儒学相比，最大的不同就是将儒学由神意发展到天理，变神学化的儒学为哲理化的新儒学。理学自南宋立为官学后，历经元、明到清，影响中国古代社会达六七百年之久。嵩阳书院是理学的开创地之一，是程颢、程颐理学思想的形成之地，而在清代，嵩阳书院又成了传播程朱理学的重要基地。理学思想一直是嵩阳书院的中心教育内容。

熙宁五年（1072 年），程颐、程颢之父程珦管勾嵩山崇福宫，程颢“求折资监当以便养”。在洛阳居住的十余年，程颢“日以读书劝学为事。”“士大夫从之讲学者，日夕盈门，虚往实归，人得所欲。”[①] 程颢去世之后，他的学术得到程颐的阐发，他的学生也转到程颐门下。元祐七年（1092 年），程颐提举嵩山崇福宫。位于嵩山的嵩阳书院，成为二程讲学的重要基地之一。程颢认为，佛教自称“穷神知化”，实则违背伦理纲常；佛教自称圆融一切，穷深极微，实际上并不能治理天下。但是，佛教在心性方面的建树远远高于儒家，这正是其“高明”之处，也是所谓“穷深极微”之意，因此程颢主张“辟之而后可以入道”。程颢“泛滥于诸家，出入于老、释者几十年”，在吸收佛、道两教尤其是禅宗思想精华的基础上，“返求诸《六经》而后得之”[②]，构建儒学的本体论和道德修养体系。也就是说，二程以孔孟学说为理论体系，并汲取佛教、道教中有益的成分，对传统儒学进行了改造和创新，开创了理学发展的新阶段，融儒、佛、道思想于一体，围绕社会、人生、自然深入探讨的儒学新学派——理学就此诞生了，二程被称为理学的奠基者和先驱。嵩阳书院因二程开展儒学研究，传播理学精要，引来莘莘学子。二程弟子中的杨时，是理学南传的重要人物。杨时先是跟随程颢，在程颢去世后，再次北上求学，投在程颐门下。当杨时学

① [宋]程颢、[宋]程颐著，王孝鱼点校：《二程集·河南程氏遗书》附录《门人朋友叙述并序》，中华书局，1981 年，第 329 页。

② [宋]程颢、[宋]程颐著，王孝鱼点校：《二程集·河南程氏文集》卷 11《明道先生行状》，中华书局，1981 年，第 638 页。

成南归时，程颢对他寄予厚望："吾道南矣。"[①]此后杨时没有辜负老师的期望，继续潜心研究和传播程氏理学，"倡道东南"[②]，被后人尊为程学正宗。南宋大理学家朱熹、张栻的学问，皆出于此。可以说，杨时是二程理学与朱熹之间承前启后的一座桥梁。具体来讲，作为理学先导的洛学，首创于二程，经其弟子杨时传至罗从彦，再传李侗，三传至朱熹，由朱熹集大成而为闽学，共同构成了程朱理学体系。清代进士耿介增建嵩阳书院时，建造了三贤祠，"以祀程朱三子及提点管勾诸贤，朱虽带衔未至嵩，而接程之传也"[③]，也说明了清代学者认为朱熹所学来自二程。朱熹继承和发展了二程尤其是程颐的唯心主义理学思想，兼百家之长，构造了一个庞大的以人的伦常秩序为本体轴心的道学体系。在这一体系中，孔孟思想被加以新的解释，释、道两教关于个体修炼与宇宙论、认识论的思想精粹亦被批判地接受。在集诸儒之大成和汲取释道哲学的基础上，在理学和章句训诂之学相结合方面，朱熹使传承于中华民族传统文化的道学运动，发展并形成了哲学思辨结构的理论体系，最终集理学之大成，被后人称之为"程朱理学"，完成了对儒学的改造。后来又发展为宋明理学，长期被奉为官方哲学，影响元明清社会达六七百年之久。程颢、程颐在嵩阳书院的一系列教学活动和成果是对儒学的一次历史性的发展和完善，也正是在此书院，理学得到了大规模的传播，并被其弟子发扬光大，最终形成新儒学——程朱理学，由此可见嵩阳书院在理学形成及传播过程中发挥的巨大作用。

清代的嵩阳书院，依然延续儒学教育，以程朱理学为宗要。耿介以传承理学为己任，身体力行理学精要，"其学务以洛闽为宗旨，孔孟为要归，其教人务以主敬为根本"[④]。他认为，治学之道，性道理学是根本，举业文章是枝叶，"性道文章合而为一"[⑤]。在这样的办学理念下，耿介制定院规《辅仁会约》，明确规定嵩阳书院以讲习《孝经》《小学》《四书》《五经大全》《性理大全》及《通鉴纲目》为主，以"立志、存养、穷理、力行、虚心、有恒"[⑥]为教育原则，成为清代理学传播基地。而耿介本人，更是

---

① [元]脱脱等：《宋史》卷428《杨时传》，中华书局，1977年，第12738页。

② [元]脱脱等：《宋史》卷428《罗从彦传》，中华书局，1977年，第12745页。

③ [清]耿介撰，梁玉玮、孙红强、陈亚校点：《敬恕堂文集》卷4《嵩阳书院图说》，中州古籍出版社，2005年，第238页。

④ [清]窦克勤：《嵩阳书院记》，[清]耿介撰，李远校点：《嵩阳书院志》卷2，中州古籍出版社，2003年，第97页。

⑤ [清]耿介撰，梁玉玮、孙红强、陈亚校点：《敬恕堂文集》卷3《辅仁会约》，中州古籍出版社，2003年，第140页。《嵩阳书院志》卷2《辅仁会约》，第142页。

⑥ [清]耿介撰，梁玉玮、孙红强、陈亚校点：《敬恕堂文集》卷3《为学六则》，中州古籍出版社，2005年，第142、143页。

将教学和学术研究相结合，著有《理学要旨》《孝经易知》《中州道学编》等理学著作。

综上所述，嵩山地区儒教传播的重要场所嵩阳书院，自宋代程颐、程颢在此形成理学思想之后，经过二程弟子的发展，逐渐演变为官方哲学，取得正统地位，影响中国古代社会长达数百年。清代名儒耿介复兴嵩阳书院，以传播理学为己任，亦在理学史上占据重要一席。在南宋以后600多年的历史进程中，程朱理学在促进人们理论思维、教育人们知书识礼、陶冶人们情操、维护社会稳定、推动历史进步等方面，发挥了积极的作用。与之同时，程朱理学本身因缺乏竞争而日渐僵化和陈腐，为中国古代社会后期的历史发展，带来了巨大的负面影响。总之，理学深刻影响了中国古代社会后半期的社会发展和文明走势，直至21世纪的今天，我们依然面对由它所造成的社会及文化结果。

第二节　嵩山佛教：禅宗祖庭少林寺

佛教为世界三大宗教之一。公元前5世纪，古印度地区的迦毗罗卫国王子乔达摩·悉达多在菩提树下顿悟后，创立佛教，宣传人人平等，相信因果报应，以断除烦恼、超越生死苦难最终得道成佛为最终目的。乔达摩·悉达多云游四方，度化了许多弟子，佛教的传播范围越来越广。公元前1世纪前后，古印度地区出现了大乘佛教，以通俗的形式向信众传播佛教教义。

两汉时期，佛教传入中国，南北朝时期，佛教得以弘扬，唐代达到鼎盛。公元13世纪，佛教在古印度地区销声匿迹，但在中国却因大乘佛法而不断发展，形成了许多宗派，如律宗、禅宗等等。最终禅宗成为中国佛教的代名词，被公认为中国特色的佛教，其影响远播东亚和世界各地。嵩山地区，既是佛教东传的落脚地，又是佛教传播的重要基地，特别是嵩山少林寺（图47）①，作为禅宗祖庭而驰名中外。而嵩山地区的其他寺院，如初祖庵、大法王寺等等，也是各具特色，在佛教史上占据重要一席。

一、嵩山佛教的兴衰

东汉初年，佛教正式传入中国，首先在都城洛阳和地处京畿的中岳嵩山落迹，并且开始由洛阳、嵩山地区向全国传播。永平十一年（公元68年）汉明帝敕令兴

① 登封市地方志编纂委员会：《登封市志》，中州古籍出版社，2008年，第204页。

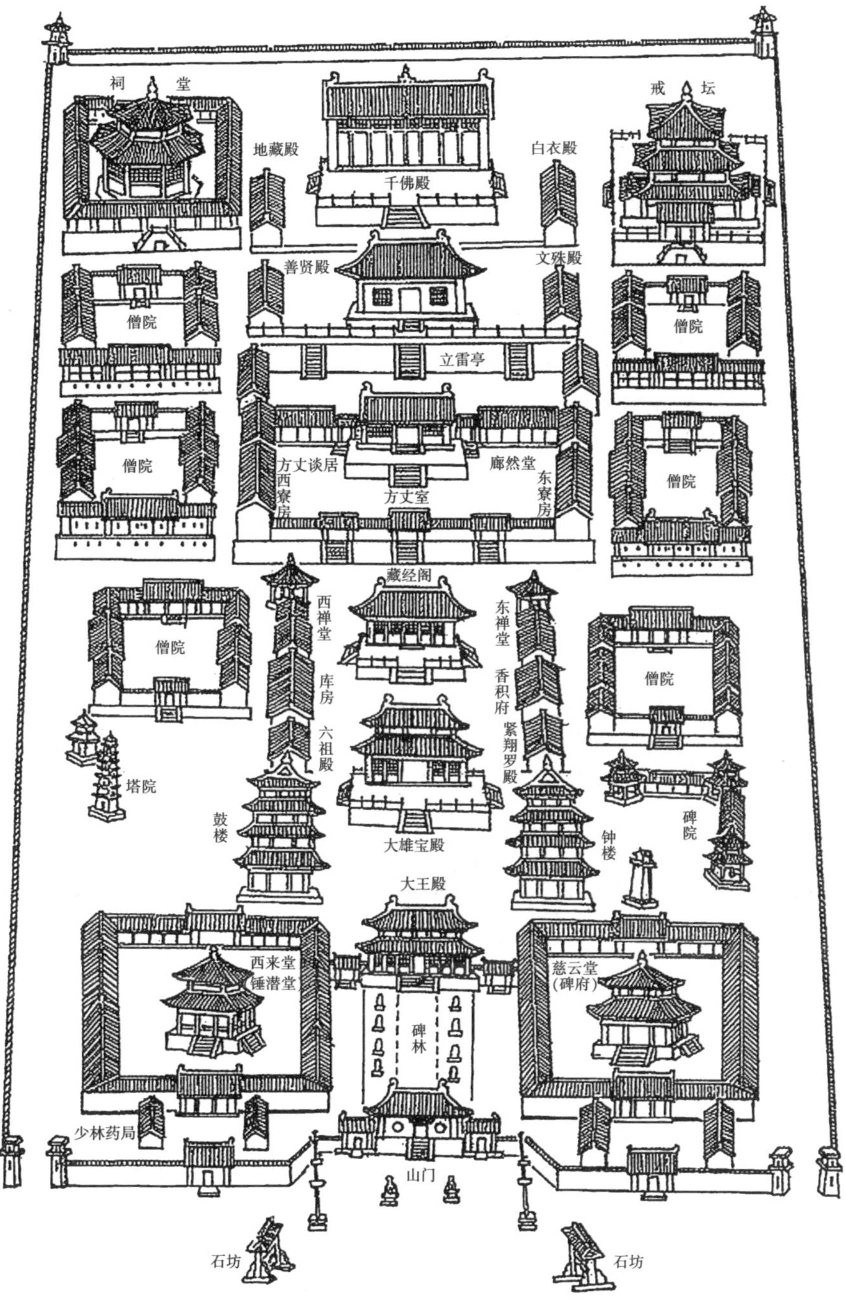

图47　少林寺全图

建白马寺，是佛教传入中国后兴建的第一个官办寺院，有中国佛教的“祖庭”和“释源”之称（图 48）。永平十四年（公元 71 年），汉明帝下令在群山环绕的嵩山玉柱峰下，为天竺僧人迦叶摩腾、竺法兰译经传教而敕建大法王寺。中国具有真正意义上的佛教寺院——大法王寺在嵩山建成。大法王寺是佛教传入中土后建造最早的寺

图48　白马寺齐云塔

院之一，比洛阳白马寺晚 3 年，距今已 1900 多年，是中国第一所菩提道场。摩腾、法兰先后译出《十地断结经》《佛本性经》《佛本行经》等经典著述，对佛教的传播起了奠基作用。同时，汉明帝为了使佛教在中国得以传播，特许阳城侯刘峻落发出家，而刘峻剃度为僧的事例，被宋代僧人赞宁称为："僧之始也。"[①] 这就为佛教在嵩山乃至全国的传播与发展拉开了帷幕（图 49、50）。而位于嵩山少室山南麓风穴山中的风穴寺，原名香积寺，《风穴续志》记载，"寺肇兴于汉，成于唐"，《风穴七祖行峰白云禅院记》记载，"后魏，山前为香积寺"，说明最迟在北魏时已有寺院，后毁于战火，并历经重建（图 51）。

南北朝时期，北魏政府借助佛教来巩固其统治秩序，因嵩山地接京城洛阳，皇帝多次巡幸游狩，成为佛教活动的重要场所，建寺蔚然成风。位于汉魏洛阳故城遗址内的永宁寺，是一座以佛塔为中心的佛寺，是专供皇帝、皇后等礼佛的场所（图 52、53）。北魏洛阳佛寺的地理著作《洛阳伽蓝记》明确记载："嵩山中有闲居寺、栖禅寺、嵩阳寺、道场寺，上有中顶寺，东有升道寺。"[②] 太和八年（484 年），生禅师隐显无方，沉浮嵩岭，创建嵩阳寺。太和十九年（495 年），北魏孝文帝为安顿天竺高僧跋陀，在少室山密林之中建立寺院，故名"少林寺"。永平年间，魏宣武帝诏令冯亮、僧暹与河南府尹甄琛视嵩岳形胜之处兴建佛寺，遂监造了嵩高道场寺。正光元年（520 年），魏孝明帝将建于永平二年（509 年）的宣武帝灵台行宫改建为闲居寺（后世改称嵩岳寺）。正光二年（521 年），为安置

① ［宋］赞宁：《大宋僧史略》卷 1，《大正藏》卷 52，佛陀教育基金会，2001 年，第 237 页。
② ［北魏］杨衒之：《洛阳伽蓝记》卷 5，中华书局，1991 年，第 248 页。

图49　法王寺一号塔

图50　法王寺二号塔

图51　风穴寺全景

图52　永宁寺塔基

图53　永宁寺塔基出土大型塑像面部

明练公主而创建了明练寺，后因孝明帝的妹妹永泰公主出家于此改名永泰寺。正光年间，为纪念佛祖释迦牟尼而建造的嵩岳寺塔，是嵩山地区历史上建造的第一座塔，也是我国历史上出现的第一座砖塔和我国现存最早的塔。北魏灭亡后，魏孝文帝在嵩山积翠峰下的离宫也成了澄觉禅师的精舍，后来在开皇五年（585 年）被赐名会善寺。

普通年间，天竺僧人达摩（又名达磨）为了弘扬大乘佛法，不辞艰险，航海来到中国，先到广州，次年到金陵（今江苏南京），与梁武帝谈论佛法，见解不同，于是渡江北行，辗转来到嵩山，在五乳峰上的山洞里面壁九年，与徒弟慧可在嵩山传播大乘禅法。他“深信含生同一真性，客尘障故”。意即人皆有佛性，只是为物所障，认识不到而已，应当“舍伪归真”。为达此目的，就要修习佛法，“凝住壁观，无自无他，凡圣等一。坚住不移，不随他教”[①]。这种参禅方法简便易

① ［唐］道宣：《续高僧传》卷 16《菩提达摩》，文殊出版社，1988 年，第 470 页。

行，很适合当时许多平民欲禅难参，要求革新的心理，为佛教禅法拓宽了新路，并且一直为禅门后世所奉，演变为中国的禅宗。

图54 龙门石窟宾阳洞

在石窟的开凿上，嵩山地区最为重要的就是北魏时期开始开凿的龙门石窟和巩义石窟，二者几乎同时开凿于北魏孝文帝时期。龙门石窟宾阳洞，是魏宣武帝为他父亲孝文帝做功德而建（图54）。巩义石窟则为孝文帝时建寺，宣武帝时开始凿石为窟（图55、56）。北魏末年，天下大乱，嵩山地区战火连绵，我国北方禅法重心由嵩山向外地转移，嵩山佛教开始走入低谷。南北朝时，佛教盛行，佛寺遍天下。建德三年（574年），北周武帝下令禁止佛、道二教，嵩山僧众流亡严重。大象二年（580年），北周政权在杨坚的实际控制下，因杨坚崇信佛教，故而佛教复兴。

杨坚建立隋朝政权后，依旧支持佛教的发展。隋朝末年，天下大乱，群雄纷争，民不聊生。为了避免山贼的劫掠，嵩山少林寺僧不得不拿起木棍进行自卫抵抗。义宁元年（619年），王世充在东都洛阳自称大郑皇帝，命令他的侄子王仁则驻扎在少林寺柏谷坞的土地上，少林寺的土地于是就归王仁则所有。寺僧失去斋粮来源，度日更为艰难。在唐、郑两军决定胜负的柏谷庄大会战中，少林寺僧人志操、惠阳、昙宗等，“率众以拒伪师，抗表以明大顺”。他们帮助唐军对王世充作战，俘虏了王仁则，为唐朝政权的巩固立下了不朽的功勋。唐太宗“嘉其义烈，频降玺书宣尉”[①]，对参战有功的十三名武僧各有封赐，并赐予以少林寺为代表的嵩山佛寺多项特权，嵩山佛寺由此步入兴盛时期。

---

① ［唐］裴漼：《少林寺碑》，周绍良主编：《全唐文新编》卷279，吉林文史出版社，2000年，第3164页。

图55 巩义石窟寺帝后礼佛图

图56 巩义石窟寺摩崖大佛

贞观年间，道安跟随禅宗五祖弘忍修禅，得禅要后，游历诸方。麟德元年（664 年），道安来到中岳，称“此乃吾终焉之地”[①]，在会善寺传法 45 年。其间武则天多次躬亲禅窟，征至辇下，尊为国师，钦重有加，但他安之若素，传法不辍。

永淳二年（683 年），禅宗五祖弘忍的另一弟子法如高遁少林寺，“守本全朴，弃世浮荣”。垂拱二年（686 年），“四海标领僧众，集少林精舍”[②]，再三恳求法如开法。法如成为此时北方禅法的主要代表人物，其禅法受到僧众的普遍推崇。

上元二年（675 年），元珪出家于嵩山闲居寺（嵩岳寺），“习毗尼无解”，于是到会善寺拜道安为师，很快“印以真宗顿悟玄旨”[③]。垂拱二年（686 年），元珪在少林寺听了法如开讲禅要后，“豁然会意万象”[④]，佛性大增。法如圆寂后，元珪以嵩岳寺为道场，继续弘扬佛法。

圣历二年（699 年），净藏到会善寺从道安禅师参禅。景龙三年（709 年），道安圆寂后，又到岭南从慧能参禅五年，“能遂印可，付法传灯，持而北归”。开元二年（714 年），净藏回到会善寺，弘扬南宗顿悟禅法，首开南宗禅法北传之先河，在北宗禅法大行其道的嵩洛地区独树一帜。天宝五年（746 年），净藏“憩息禅堂，端坐往生”[⑤]，无疾示寂。

隐居嵩山的普寂，本欲投至法如门下，但因法如已经迁化，转投至玉泉寺神秀门下，“凡六年，神秀奇之，尽以其道授焉”。久视元年（700 年），神秀向朝廷推荐了普寂。神秀圆寂后，普寂成为一代禅学领袖：“天下好释氏者咸师事之。”[⑥]普寂在会善寺传法多年，被视为北宗嫡传，号称禅宗第七祖。

义净历时 25 年西天求法归国后，于长安四年（704 年）与少林寺纲维寺主义奖、上座智宝、都维那大举法济禅师及徒众，在“少林山寺重结戒坛，欲令受戒忏仪共遵其处”[⑦]，少林寺成为律寺。

---

① 大唐嵩山会善寺故大德道安禅师碑碑文。此碑位于会善寺大雄宝殿月台之前，开元十五年（727 年）立，宋儋撰文并书丹。

② 唐中岳沙门释法如禅师行状碑碑文。此碑立于法如禅师塔室内北壁，少林寺之东，建于永昌元年（688 年）。

③ ［宋］道元辑，朱俊红点校：《景德传灯录》卷 4《嵩岳元圭禅师》，海南出版社，2011 年，第 92 页。

④ 大唐中岳东闲居寺故大德珪和尚纪德幢，此幢现藏于洛阳龙门石窟东山擂鼓台院内，开元十三年（725 年）立。

⑤《嵩山会善寺故大德净藏禅师塔铭并序》。此塔铭嵌在净藏禅师塔北面，净藏禅师塔位于会善寺西侧，始建于天宝五年（746 年）。

⑥ ［后晋］刘昫等：《旧唐书》卷 191《普寂传》，中华书局，1975 年，第 5111 页。

⑦ ［唐］释义净：《唐少林寺戒坛铭并序》，［明］傅梅撰，向东、关林校点：《嵩书》卷 20，中州古籍出版社，2003 年，第 472 页。

武则天统治时期，年轻学者张遂不愿与武则天之侄武三思同流合污，“寻出家为僧，隐于嵩山，师事沙门普寂”①，法名一行。开元五年（717年），一行禅师和元同律师共同建造五佛正思惟戒坛，主持传戒，会善寺成为当时嵩洛地区的佛教中心。除了宣讲戒律，一行还奉命编撰新的历法，再次以登封阳城为中心观测点，开展大规模的天文测量，并编成结构严谨、条理分明的《大衍历》。

普寂的弟子同光，在少林寺“演大法义，开大法门，二十余年，震动中外。从师授业，不可胜言”②。大历五年（770年），同光在少林寺圆寂。

继一行和元同在会善寺共同建造戒坛后，大历二年（767年），唐政府敕许于会善寺西建立戒坛院，称琉璃戒坛，受戒者年年多达数千人。

唐代末年，一名14岁的少年，“依止嵩山会善寺西塔院法华禅师，为和尚执持瓶舄，旦暮焚修，诵法华经，励坚固志。三度寒暑，一部终毕”。最终得到了禅师的器重，为其落发，法名行钧。广明元年（880年），行钧开始出任少林寺住持。在他住持少林寺的45年间，“士庶写葵藿之敬，僧尼倾归仰之心”③。在战乱纷争的五代时期，行钧多次修缮少林寺，维持少林山门不坠并大力传颂佛法。

元祐年间，河南府尹韩缜仰慕曹洞宗义青的大弟子报恩的学问，“请开法于西京之少林”。报恩来到嵩山，与僧人多次辩论禅宗大义，使禅宗曹洞宗首次传入少林寺，由此少林寺从律寺变为禅寺。宋神宗“亲洒宸翰，改赐今额”④，并下诏令报恩在少林寺居住。

北宋末期，惠初担任少林寺住持后，大力倡导禅宗。宣和四年（1124年），惠初在初祖庵之北建面壁之塔，并请高官蔡京题字⑤。

兴定四年（1220年），万松行秀的弟子志隆主持少林寺期间，建立了一座药局，“取世所必用、疗疾之功博者百余方，以为药，使病者自择焉”⑥。少林药局由此开始。万松行秀的另外三位法嗣，乳峰德仁、雪庭福裕和复庵圆照先后来到少林寺和会善寺，嵩山佛寺新一轮的兴盛由此开始。特别是福裕，受元世祖之命主

① [后晋]刘昫等：《旧唐书》卷191《一行传》，中华书局，1975年，第5112页。

② 《唐少林寺同光禅师塔铭并序》。此塔铭嵌于同光禅师塔身背面，同光禅师塔位于嵩山少林寺常住院东侧100米处。

③ 《大唐嵩山少林寺故寺主法华钧大德塔铭并序》。此塔铭嵌于行钧塔身背面，行钧塔位于嵩山少林寺常住院东墙外约百余米处。

④ [宋]正受辑，朱俊红点校：《嘉泰普灯录》卷3《随州大洪第一世报恩禅师》，海南出版社，2011年，第90、91页。

⑤ 面壁之塔碑，现存于嵩山少林寺碑廊内。

⑥ [元]元好问：《元好问全集》卷35《少林药局记》，山西人民出版社，1990年，第4页。

持少林寺，修复寺院，确定了少林寺曹洞正宗的地位，并拟定以“福”为始祖的70个字的少林释氏源流派世谱。嵩山僧众称赞他“复嵩山，如祖师再出世”[①]，正是他使少林寺达到了空前的中兴。这一时期，以邵元为代表的一批日本僧人到少林寺求法，成为中日文化交流史上的佳话。

明代嵩山佛寺一直保持稳定兴盛的发展，究其原因，一是明政府扶持佛教，少林寺屡受明政府的封赏；二是嵩山涌现了一批应天顺民的高僧，如斯道道衍、雪轩道成、小山宗书、幻休常润、无言正道等。此外，少林僧兵在战争中立下大功亦是重要原因。嘉靖年间，“少林僧月空受都督万表檄，御倭于松江。其徒三十余人自为部武，持铁棒击杀倭甚众，皆战死。”[②]不光是抵御倭寇，少林寺僧人还在镇压农民起义、抗击蒙古军队南下等过程中发挥一定作用，与明政府建立了密切的政治关系。这一时期，少林武术名扬天下，在政府的庇佑下获得了广阔的发展空间，深入民间，远播海外。

清朝时，因反清复明情绪的迭起，清政府忌惮僧人习武，少林寺在政治上失去了最高统治者的支持。康熙五年（1666年），少林寺第二十八代方丈海宽圆寂，继任者未得到清廷的任职文牒，传承了数百年的钦命住持制度至此终止。康熙四十三年（1704年），康熙颁赐御书“少林寺”“宝树芳莲”二方匾额后，少林寺渐渐得以恢复。雍正十三年（1735年），河南巡抚王士性倡议大修少林寺，雍正皇帝亲览规划图审定方案，形成了今天少林寺的格局。自乾隆之后，清代统治者极力推崇儒家理学，佛教的地位大为贬降。乾隆十五年（1750年），乾隆皇帝祭祀中岳，亲临少林寺，夜宿方丈室，写下众多诗篇、匾额。乾隆之后，少林寺一步步趋于衰落。

清末以后，少林寺屡遭兵革战火。民国十七年（1928年），军阀混战，石友三部队火烧少林寺。大火延续数日，寺内建筑文物毁坏严重，少林寺辉煌不再。新中国建立后，特别是20世纪80年代新的宗教政策颁布以来，少林寺发展迅速，广泛开展中外文化交流活动，成为连接世界人民友谊的纽带。在世界各地热爱中国文化的人们心目中，少林文化是中华传统文化的象征。2010年8月1日，少林寺常住院、塔林和初祖庵，作为“登封‘天地之中’历史建筑群”的子项目，被联合国教科文组织正式列入世界文化遗产名录。

---

① 大元赠大司空开府仪同三司追封晋国公少林开山光宗正法大禅师裕公之碑。此碑位于登封市少林寺慈云堂院内，延祐元年（1314年）立。

② ［明］顾炎武著，张京华校释：《日知录校释》卷29《少林僧兵》，岳麓书社，2011年，第1138页。

二、少林寺与禅宗

佛教传入中国后，由于不同的理解和悟性，形成了中国特有的佛教宗派，主要有三论宗、瑜伽宗、天台宗、化严宗、禅宗、净土宗、律宗、密宗等等。其中的禅宗，又名佛心宗、达摩宗、无门宗，是6世纪初由菩提达摩在嵩山创立，主张用禅定概括佛教的全部修习，探究心性本源，以期见性成佛的大乘宗派，门下又有临济宗、曹洞宗、沩仰宗、云门宗、法眼宗等宗派。

汉魏时期，佛教传入中国后，与中国本土文化，尤其是儒家思想在很多方面产生了冲突。而这一时期的中国佛教，沿用古印度佛教倡导的苦行、戒律、禁欲等以长期的艰苦磨难为解脱途径的修行方式，更是阻碍佛教传播的重要因素之一。菩提达摩是连接古印度佛教与中国佛教的一位至关重要的人物，他学识渊博，甚得佛法三昧。普通年间，他航海来到中国，初在江南，后渡江到北方，游化于嵩洛之间，深受中国文化的影响。来到嵩山“面壁而坐，终日默然”[①]，提倡“二入四行”的禅法。二入指理入和行入，理入即是壁观，要求舍伪归真，行禅观法，证知真知。行入即指四行，报怨行、随缘行、无所求行和称法行。理入属于教的理论思考，行入是属于禅的实践，即理论与实践两者有机的结合。这种禅法，淡化了古印度佛教坐禅苦修磨难的色彩，开启了坐禅和慧悟并重的参禅之风，使禅宗的修行方式简便易行，从而获得了中国民众的认可。这种禅法，经二祖慧可、三祖僧璨、四祖道信、五祖弘忍、弘忍门下的北宗神秀和南宗慧能等禅师的大力弘扬，终于一花五叶，形成了以觉悟众生心性本源（佛性）为主旨，用禅定代替佛教全部修行方法的新的佛教宗派——禅宗。因达摩在“西天”（古印度）为禅宗第二十八祖，来到“东土”（中国）开创禅宗，故而少林寺初祖庵大殿门口才有“在西天二十八祖，过东土初开少林”的对联。

现在少林寺常住院天王殿西北隅的达摩一苇渡江图碑，描绘了达摩一苇代舟渡江而过的传说。少林寺西北约两公里的五乳峰上，有一天然石洞，相传为达摩面壁之洞。因为达摩在中国首传禅宗，所以被称为初祖，他的弟子慧可被称作二祖。现在嵩山五乳峰上的面壁洞、钵盂峰上的炼魔台、卓锡泉和少林寺常住院内的立雪亭，都是达摩和慧可传承大乘禅法的遗迹。

从北魏至隋唐，少林寺成为佛教诸家学说的集散地，禅、律共处一室，律僧

---

① ［宋］道元辑，朱俊红点校：《景德传灯录》卷3《第二十八祖菩提达磨》，海南出版社，2011年，第48页。

参禅，禅僧受戒。达摩一系的法如、惠超等在此传授大乘禅法；惠光律宗一系的僧达、昙隐、洪遵、义净等律宗大师在此传授律学；跋陀、僧稠一系的小乘禅法也在此流存，各派在少林寺都有传承。初唐时期，法如从禅宗五祖弘忍处学法，之后在少林寺传法三年之久，成为北方禅宗的领袖人物，少林寺也因此成为禅宗重镇。开元之后，神秀、普寂一系的北派禅宗仍然掌握着少林寺的法印。北宗普寂的门徒同光，在少林寺传法二十多年，他的门徒昙则及道真都执掌过少林寺。不论南宗、北宗，都推崇达摩为禅宗祖师。而达摩这一系的禅宗主掌少林，为少林寺成为禅宗祖庭起了重要的推动作用。

晚唐时期唐武宗发动的毁佛灭法运动，加之五代时期的社会大动乱，使嵩山佛教的发展举步维艰。与之同时，“不立文字，教外别传”[①] 的禅宗在我国南方大力发展并逐渐开始北传。南宗慧能创顿悟成佛之学，称佛性人人皆有，一方面使烦琐的佛教礼仪简易化，一方面也使从由古印度传入的佛教中国化，入宋之后成为各宗派的主流。

赵宋时期，达摩在嵩山面壁九年、初创禅宗的各种传说广为流传，道原的《景德传灯录》和普济的《五灯会元》对达摩在嵩山传法的详细记述，更加巩固了少林寺禅宗祖庭的地位。这一时期，禅宗大兴，革律为禅已成风气。律指律寺，恪守佛教经典理论的传统寺院；禅指禅寺，信奉禅宗的寺院；所谓革律为禅，就是把律寺改为与之修行方式不同的禅寺。曹洞宗报恩受河南府尹韩缜的邀请，来到少林寺开法，与众僧多次辩论禅宗大义，将少林寺由律寺改为禅寺。此外，报恩还同无尽居士张商英研讨儒、释、道三教大要。张商英虽位居丞相，却时常参禅问道，与众多禅林杰衲交游甚广。张商英在与报恩探讨儒、释、道大要时，指出“今乃破阴阳变易之道为邪因，拨去不测之神”的现实，向报恩请教这种说法的内在哲理。报恩首先从“西域外道宗多途”讲起，论述佛家的正道、邪正异途，并以佛为主，把儒、道、释三教的关系，概括为“三教一心，同途异辙”[②]。报恩的观点，深深地影响了张商英。此后张商英撰写长达一万多字的《护法论》，总结、剖析了自唐代韩愈《夷狄论》至宋代欧阳修《本论》的儒家排佛论思潮，结合自己学佛、知儒的心路历程，为佛教信仰社会化的合理性和佛教中国化的合法性进行辩解，成为记录宋代佛教渗透与儒家反渗透的思想标本之一，对当时以及后世的佛教信仰都有很大的影响。而报恩在少林开法，不仅正式将中国禅宗的观念尤其是曹洞

① [宋]普济辑，朱俊红点校：《五灯会元》卷1《释迦牟尼佛》，海南出版社，2011年，第13页。

② [宋]正受辑，朱俊红点校：《嘉泰普灯录》卷3《随州大洪第一世报恩禅师》，海南出版社，2011年，第90、91、93页。

玄旨传入少林寺，其“三教一心”的思想，对三教圆融的发展亦有一定的历史意义。在后世少林寺的历史发展中，三教合一的现象表现得相当明显。

元符三年（1100 年），宋哲宗去世后，登封知县楼异借助朝廷在嵩山脚下修筑皇帝寝陵的余力，向少林寺主持清江提出建造达摩面壁兰若的计划，得到支持后，面壁之庵很快建成[①]。因达摩为禅宗初祖，故此庵俗称初祖庵。因初祖庵归少林寺管理，故少林寺成为禅宗祖庭。

贞祐二年（1214 年），金国迁都汴京，嵩洛地区一时成为衣冠士大夫聚集之地。这些人与嵩山僧众的交往，促进了禅宗世俗化的发展。金末元初，北方曹洞禅法大宗师万松行秀兼容儒家、道家思想，形成新型曹洞禅法，其弟子耶律楚材等人的政治主张为元政府所采纳，在元政府的大力支持下，曹洞禅法在嵩山弘扬光大。万松行秀的弟子、少林寺住持东林志隆，重修了面壁庵和立雪亭。万松行秀的俗弟子、屏山居士李纯甫创立了新的禅宗思想——孔门禅，其实质是儒释融合，经孔门而入禅门，以儒学证佛法。他“于玄学似有所得，遂于佛学亦有所入。学至于佛则无可学者，乃知佛即圣人，圣人非佛”[②]。由此兼通佛、儒，自儒入佛，会儒、释、道三圣人理性蕴奥之妙要，而指归于佛祖。这种思想，被他的好友元好问概括为“孔门禅”[③]。孔门禅扩大了禅宗思想体系，使众多僧人积极入世，是元政府大力支持佛教发展的重要原因，对金元时期的政治、思想、文化都产生了巨大的影响。因孔门禅主要是李纯甫在少林寺时所论述，他的朋友、对孔门禅思想有一定贡献的东林志隆、元好问等人也活跃在少林寺，故孔门禅也被称为“少林孔门禅”。

综上所述，来自古印度的达摩，依据大乘教义和中国国情，在嵩山创立禅宗。此后禅宗进一步与儒家、道家思想相结合，获得了上至皇帝、士大夫，下至平民的广泛接受，成为汉传佛教的主流。在此过程中，嵩山地区，尤其是少林寺，一直是禅宗发展和传播的重镇，涌现出一大批引领禅宗发展的禅师，吸引无数僧人慕名而来学习禅宗大义。禅宗作为中华民族历史文化的重要组成部分，对中国社会各方面，尤其是哲学思想、教化社会、文化艺术等方面的影响广泛而深刻，至今仍发挥重要作用。

---

① ［宋］陈师道：《后山集》卷 12《面壁庵记》，文渊阁四库全书本，第 1114 册，台湾商务印书馆，1986 年，第 634~635 页。

② 《重修面壁庵记碑》，此碑现存于初祖庵大殿西亭，立于大定六年（1222 年），李纯甫撰文。

③ ［元］元好问：《元好问全集》卷 8《李屏山挽章二首》，山西人民出版社，1990 年，第 209 页。

第三节　嵩山道教：第六洞天中岳庙

道教是中国土生土长的宗教，因以“道”为最高信仰，认为“道”是化生宇宙万物的本原，故而得名。道教是在古代鬼神崇拜观念的基础上，以黄、老道家思想为理论根据，承袭战国以来的神仙方术衍化形成的宗教。贵己重生、清心寡欲、服食金丹、性命双修、成仙证真，是道教徒的日常生活。

东汉中后期，早期道教的天师道和太平道相继正式出现。北魏时期，寇谦之修道嵩山三十年，使道教的宗教形式逐渐完备。金朝时，王重阳以全老庄之真为宗旨，合并太一道、真大道和金丹南宗，创立了新的道教门派——全真道。此后，道教不断丰富、发展，成为中华民族传统文化的一个重要组成部分。

除了一代宗师寇谦之，历史上许多著名道士都曾在嵩山修炼，如浮丘公、王子晋、李八百、张陵、潘师正、司马承祯、丘处机等人[①]。道教在嵩山的重要道场有中岳庙、老君洞、崇唐观、三官庙、峻极宫、九龙圣母庙等，其中最为知名的当属中岳庙（图 57）。无论是道教的产生，还是道教的重大变革，都与嵩山密切相关，可以说，嵩山地区是道教发育成长的沃土。

一、嵩山与道教的渊源

远古时期，人类自身力量渺小，对拔地而起的巍巍高山产生了浓重的崇拜之情，将其视为神灵，对其进行祭祀和祈祷。道教承袭了这种山岳崇拜思想，将众多名山神灵纳入自己的宗教体系中。位居中原大地的嵩山，重峦叠嶂，烟波浩渺，物产富饶，自古就深受尊崇。嵩山是道教三十六小洞天中的第六小洞天，嵩山西北的缑山是道教的第三十二福地，嵩山的北翼邙山是道教的第七十福地，均为道教青睐的圣地。所谓洞天福地，是指道教神仙居住的名山胜地，有十大洞天、三十六小洞天、七十二福地之说。洞，通也，洞天，即通天，是由上天派遣上仙统治的山岳。福地则由上天命真人治理的山岳。在道教看来，每一处洞天福地都有某一位仙真管辖，都是修仙得道之所，也就是道士通天的圣地。中岳嵩山之所以被道教所重视，是因为“夫中岳者，盖地理土官之宫府，

① 登封市地方志编纂委员会：《登封市志》，中州古籍出版社，2008 年，第 227 页。

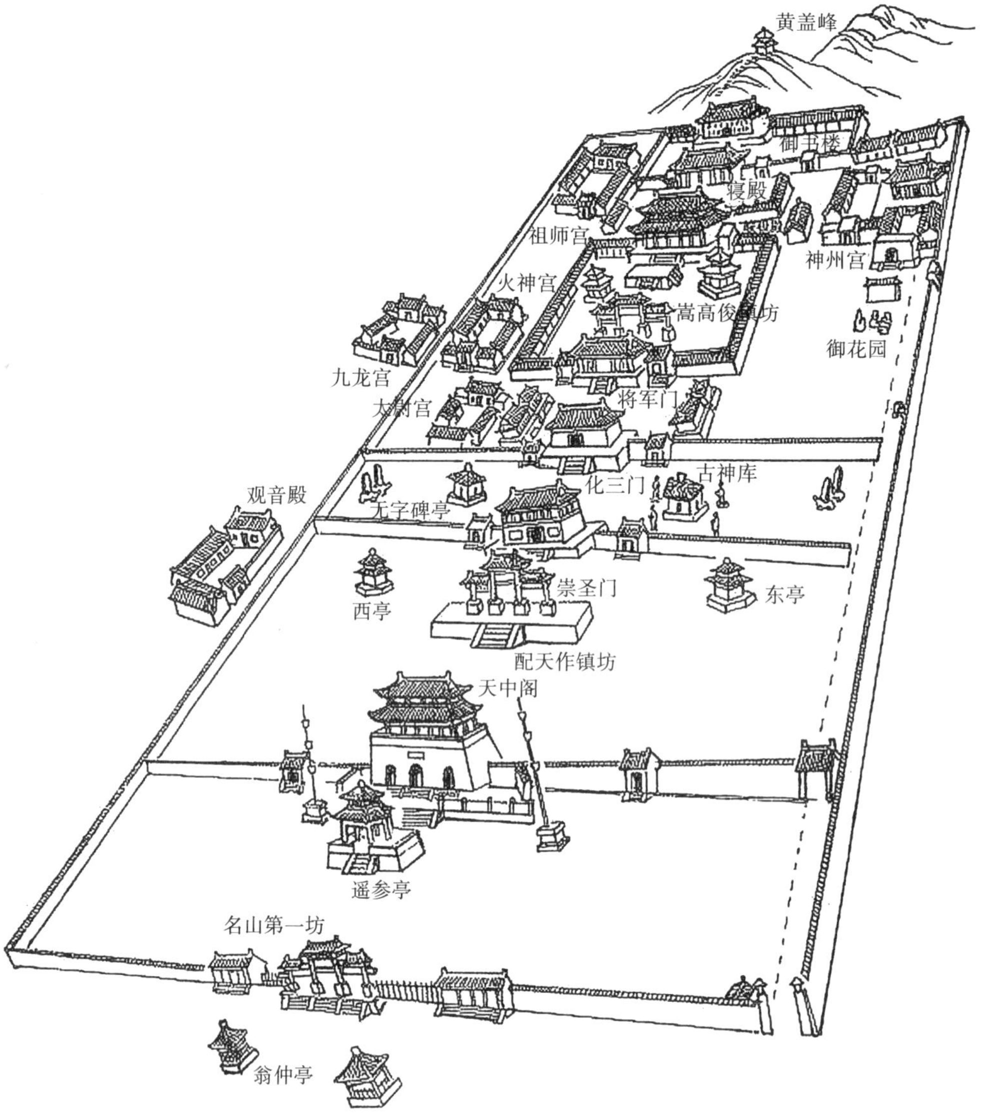

图57　中岳庙全图

而上灵之所游集，四通五达之都会也”[①]。也就是说，嵩山是众多神灵的居所，在天人之界中地位特殊。

嵩山附属山脉缑山，相传为西王母修道故地，因西王母姓缑，故而此山才得名缑氏山，简称缑山。嵩山东部的浮戏山有一山洞，名曰神仙洞，古称崆山洞，相传是道教神仙广成子居住之所，轩辕黄帝曾来此向广成子问道。嵩山金壶峰下

① ［清］景日昣撰，周树德、吴效华点校：《说嵩》卷14《中岳嵩高灵庙之碑》，中州古籍出版社，2003年，第296页。

的老君洞，相传是道教始祖老子以金壶之墨撰写《道德经》的场所。东周时期，太子晋因不满父亲周灵王的政策，居住别宫修道，后被道教神仙浮丘公接引上嵩山，在缑山驾鹤升仙，“亦立祠于缑氏山下，及嵩高首焉”①。嵩山峻极峰以东的白鹤观，即为纪念王子晋而建。元封元年（公元前 110 年），汉武帝游览嵩山时，听到山呼万岁之声。贪恋长寿的汉武帝听后十分高兴，于是下令“祠官加增太室祠，禁无伐其草木。以山下户三百为之奉邑，名曰崇高，独给祠，复亡所与。”② 这些措施，使祭祀中岳山神的太室祠的地位更加巩固。神爵元年（公元前 61 年），汉宣帝下诏太常以礼百川之大者为岁事，“自是五岳、四渎皆有常礼”③。五岳制度就此形成，太室祠成为祭祀中岳神的地方。元初、延光年间，阳城长吕常和颍川太守朱宠分别主持建造的太室阙和少室阙、启母阙，成为中国最古老的国家级祭祀礼制建筑典范。太延元年（435 年），魏太武帝立庙于嵩岳之上，嵩山道教由此勃兴。此后随着历代帝王对中岳神的封祀，嵩山中岳庙不断增修扩建，嵩山道教也愈加兴盛。

二、嵩山道教的发展

东汉时期，张陵（又名张道陵）无意官场，决计修道拯救百姓，曾隐居洛阳北邙山，后来到巴蜀传道，创立早期道教——天师道。有传闻说张陵“弃家学道，负经而行，入嵩山石室，隐斋九年，周流五岳，精思积感，真降道成”④。也有传闻说，神仙告诉张陵，嵩山中峰的石室内，“藏上三皇内文，皇帝九鼎、太清丹经，得而修之，乃升天也。”⑤ 于是张陵奔赴嵩山，得到这些道教著作，道行进一步提升。因为有关张陵创立天师道的确切记载非常简略，而相关传闻中的神异内容较多，虽然不足为信，但也可看出，嵩山与道教的产生密切相关。

除了张陵创立的天师道，东汉时期的嵩山地区，还有张角创立的太平道。张角以传道和治病为名，在农民中宣扬教义，信徒众多，为其发动黄巾起义奠定了群众基础。嵩山地区的颍川，就是黄巾起义的发源地之一。

---

① ［汉］刘向：《列仙传》卷上《王子乔》，上海古籍出版社，1990 年，第 9 页。

② ［汉］班固撰，［唐］颜师古注：《汉书》卷 6《武帝记第六》，中华书局，1962 年，第 190 页。

③ ［汉］班固撰，［唐］颜师古注：《汉书》卷 25《郊祀志第五下》，中华书局，1962 年，第 1249 页。

④ ［唐］王悬河：《三洞珠囊》卷六，《道藏》第 25 册，文物出版社、上海书店、天津古籍出版社，1988 年，第 325 页。

⑤ ［明］还初道人辑，傅钢等标点：《新镌绣像列仙传》，中国社会科学出版社，1996 年，第 51 页。

同样是东汉时期，嵩山脚下的“郐国鄙夫”[①]魏翱，潜心著述，成《周易参同契》一书。这是世界炼丹史上第一部理论著作，是空前绝后的道教经典，有“万古丹经王”之誉。

西晋时期，鲍靓“登嵩高山，入石室清斋，忽见古三皇文，皆刻石为字”[②]。依据这些嵩山刻石，鲍靓著成《三皇经》，其主要内容是劾召鬼神、符图及存思神仙真形之术，是道家重要著作之一。鲍靓的道行传授给葛洪，葛洪成为一代知名的道教学者、炼丹家和医药学家，与嵩山道士鲍靓不无关联。

北魏时期，“隐处中岳三十余年”[③]的寇谦之，“守志嵩岳，精专不懈”，潜心修道。神瑞二年（415 年），寇谦之在嵩山“忽遇大神……称太上老君”，授予他天师之位，赐下《云中音诵新科之戒》二十卷，并要求他“清整道教，除去三张伪法，租米钱税，及男女合气之术”。寇谦之“专以礼度为首”，对天师道进行了较为彻底的改革，制订乐章、诵诫新法，使道教摆脱了原始宗教粗陋浅薄的风貌，从形式到内容都得以健全和充实。始光初年，寇谦之将《录图真经》献给朝廷，深得魏太武帝的崇信。于是魏太武帝遣使祭祀嵩山，北魏政府“崇奉天师，显扬新法，宣布天下，道业大行”[④]。道教从此得到政府的认可，从民间进入殿堂。太延六年（440 年），寇谦之在嵩山为皇帝祈福，并称太上老君复降，授皇帝太平真君之号，魏太武帝遂改元太平真君，表达了皇帝对道教的诚心。寇谦之代张陵为天师，被称为北天师道，嵩山成为北天师道的发祥地。

值得一提的是，寇谦之改革道教，是融合了儒释道三教理论为一体，才得以成功。他宣扬天道轮回思想，并模仿佛教仪节，主张立坛宇、修功德、持戒修行，诵经忏成仙等，均是典型的引佛入道行为。同时，寇谦之号召兼修儒学，提倡三纲五常，使道教适应传统的礼教规范，从而获得更为广泛的支持，正是道教汲取儒家学说的表现。经过寇谦之改革后的道教，在嵩山、在整个北魏时期，极盛一时（图 58）。

隋唐之时，嵩山成为道教的中心，兴建起多座道观，有潘诞、刘道合、潘师正、司马承祯等知名道士。特别是在唐代，因李氏皇帝追认道家祖先老子为始祖，故而崇信道教，嵩山地区道观林立。大业年间，嵩山道士潘诞，“自言三百

---

① [东汉]魏伯阳等著，周全彬、盛克琦编校：《周易参同契注解集成》第 2 册，宗教文化出版社，2013 年，第 718 页。郐国是西周初年的封国，位于河南省新密市，嵩山东麓。

② [宋]张君房编：《云笈七签》，中华书局，2003 年，第 57 页。

③ 嵩高灵庙碑，现存中岳庙峻极门前东岳殿与南岳殿之间的四角亭内，立于太安二年（456 年）。

④ [北齐]魏收：《魏书》卷 114《释老志》，中华书局，1974 年，第 3050~3053 页。

图 58 《中岳嵩高灵庙碑》拓片，碑又名《寇君碑》，乃北魏太武帝时（390 年左右）颂扬寇谦之的碑刻，传为寇谦之书

岁”。隋炀帝为其改建嵩阳寺为嵩阳观，“华屋数百间”[①]，以求练得长生不老的仙丹。唐高宗仰慕刘道合的道行，“敕令于其隐所置太乙观以居之。召入宫中，深礼尊之。”[②]而潘师正，遵从其师上清道茅山宗第十代宗师王远知的嘱托，在嵩山隐居传道五十年。唐高宗游幸东都洛阳时，召见了潘师正，并询问他：“山中有何所须？”潘师正对曰：“所须松树清泉，山中不乏。”这一回答，展示了潘师正很高的德行，唐高宗听后“甚尊敬之。”随后便下令在潘师正所居之处“造崇唐观，岭上别起精思观以处之”。“前后赠诗，凡数十首。”永淳元年（682 年），潘师正羽化，“高宗及天后追思不已，赠太中大夫，赐谥曰体元先生。”[③]圣历二年（699 年），唐默仙中岳体元先生太中大夫潘尊师碣文并序碑立于嵩山。此碑文详细记述了唐高宗和武则天对潘师正的礼遇，至今尚存嵩山隆唐观中。潘师正的弟子司马承祯，居嵩山修道，深受潘师正的赏识，后被尊为上清派茅山宗第十二代宗师。

大周女皇武则天对嵩山访道情有独钟。证圣元年（695 年），武则天“将有事于嵩山，先遣使致祭以祈福助，下制，号嵩山为神岳，尊嵩山神为天中王，夫人为灵妃”。万岁登封元年（696 年）腊月，她率群臣封禅嵩山，“尊神岳天中王为神岳天中皇帝，灵妃为天中皇后，夏后启为齐圣皇帝；封启母神为玉京太后，少室阿姨神为金阙夫人；王子晋为升仙太子，别为立庙。”她尊岳神天中王为“神岳天中皇帝”，这是五岳神中第一个被封为“帝”者，还加封岳神之配偶天灵妃为“天中皇后”，并尊在嵩山成仙飞天的王子晋为“升仙太子”[④]。通过嵩山封禅，武则天给自己的政权涂上了一层神圣的光环。而借助于武则天封禅，使嵩山、中岳神地位之崇高，其他山岳、岳神望尘莫及。久视元年（700 年），武则天令道士胡超代其到嵩山峻极峰投龙斋醮金简一通，以求除罪。以上种种，均显示了女皇对嵩山、对道教的重视和崇信。

开元十八年（730 年），登封县令李方郁奉河南府银 10 万两，对中岳庙大加扩修，使这座礼制建筑得到了进一步的发展，使全国各地的神庙都无法望其项背：“海内神庙修洁崇盛，无逾于中岳”[⑤]，奠定了今日中岳庙的基础。

---

① [宋]司马光：《资治通鉴》卷 181《隋纪五》，中华书局，1956 年，第 5658 页。
② [后晋]刘昫等：《旧唐书》卷 192《刘道合传》，中华书局，1975 年，第 5127 页。
③ [后晋]刘昫等：《旧唐书》卷 192《潘师正传》，中华书局，1975 年，第 5126 页。
④ [后晋]刘昫等：《旧唐书》卷 23《礼仪志三》，中华书局，1975 年，第 891 页。
⑤ [唐]李方郁：《修中岳庙记》，[明]傅梅撰，向东、关林校点：《嵩书》卷 20，中州古籍出版社，2003 年，第 440 页。

天宝初年，唐玄宗为求长生不老，“考灵迹，求福庭”[①]，最终选定嵩阳观，特命观中道士孙太冲为其炼丹。丹成之后，瑞异辈出。天宝三年（744 年），嵩阳观立大唐嵩阳观纪圣德感应之颂碑，以资纪念。

唐末五代时期，道士李荃号少室山达观子，在嵩山隐居多年，著有《阴符经》《太白门经》《黄帝阴符经疏》等，对后世道教影响颇深，其中《阴符经》被称为道教五大经之一。

北宋时期，嵩山道教持续发展。建国伊始，宋太祖命令“有司制诸岳神衣、冠、剑、履”[②]，岳神有了不同以往的装扮，展现了宋朝开国的新气象，同时也将道教的岳神纳入国家的祭祀体系中。乾德二年（964 年），修缮中岳庙，“杂用二十三处，行廊一百余间，莫不饰以丹青绘之。部从栽松植木，去故就新。”修缮后的中岳庙，殿宇富丽堂皇，神像庄严圣洁，“足使谒者生肃然之礼，祭者敦如在之恭”[③]，增进了人们对中岳神的崇拜。大中祥符四年（1011 年），宋真宗为五岳山神加封帝号，中岳山神为“中天崇圣帝”，帝后号“正明”[④]，并派遣官员来到中岳庙祭祀。现存于中岳庙内的《中岳中天崇圣帝》碑，就是宋真宗册礼中岳山神为帝之事的实物见证。他还亲自撰写了一千多字的中岳醮告文[⑤]。大中祥符六年（1013 年），河南府增修中岳庙殿宇：“增修殿宇，并创造碑楼等，共八百五十间；移塑尊像，及装修新旧功德画壁等，共四百七十所。”[⑥]经过这次增修后，中岳庙的建筑鳞次栉比，美轮美奂。这一时期的嵩山道士，如舒知雄、贺兰栖真、种放，屡次受到宋真宗的召见。宋真宗初期，舒知雄“恳请入道，归嵩阳旧隐”。此后被人举荐出仕，但他再三辞职，“复求入道”，宋真宗为其精诚所感，“面赐紫冠服”，并赐号“崇玄大师”[⑦]。贺兰栖真隐居嵩山紫虚观，“自言百余岁”[⑧]，深于老庄，善于服气，被宋真宗宣召入宫。当宋真宗提出让他展示道教“点化”之术时，他巧借“点化”二字，不谈那些利用言语方术使人悟道成仙的“点化”法术，而是劝告皇帝实施尧舜之

---

① 大唐嵩阳观纪圣德感应之颂碑，现位于嵩阳书院大门外西侧 10 米处，天宝三年（744 年）立，李林甫撰文，徐浩书写。

② ［元］脱脱等：《宋史》卷 102《礼志五》，中华书局，1977 年，第 2485 页。

③ ［宋］骆文蔚：《重修中岳庙记》，［明］傅梅撰，向东、关林校点：《嵩书》卷 21，中州古籍出版社，2003 年，第 486 页。

④ ［元］脱脱等：《宋史》卷 102《礼志五》，中华书局，1977 年，第 2486、2487 页。

⑤ 此文在天禧三年（1019 年）被刻在中岳庙内的文幢上，现在仍然保留在中岳庙。

⑥ ［宋］陈知微：《增修中岳中天崇圣帝庙碑铭并序》，中华书局，1977 年，《嵩书》卷 21，中州古籍出版社，2003 年，第 484 页。

⑦ ［元］脱脱等：《宋史》卷 478《舒知雄传》，中华书局，1977 年，第 13865 页。

⑧ ［宋］李焘：《续资治通鉴长编》卷 61，景德二年九月癸亥，中华书局，2004 年，第 1367 页。

道，听一些“点化”天下黎民的太平之术：“愿以尧舜之道点化天下，可致太平。”[①] 宋真宗对他的言语大为赞赏，赐号“宗玄大师”。至于种放，将嵩山视为仕途捷径，过着亦官亦隐的生活，频繁往来于朝野之间，深得宋真宗崇信。但最终他迫于政治压力，“自乞徙居嵩山天封观侧”[②]，避世嵩山，不再出仕。即便如此，在他去世后，宋真宗还亲自制文派内侍前去致祭。北宋末期，道士王仔昔游历嵩山，道行进一步提升，能预测人的未来，宋徽宗先后赐其“冲隐处士”“通妙先生”[③] 之号。

北宋时期嵩山道教的活动场所，除了中岳庙，还有崇福宫。崇福宫与杭州洞霄宫“独为天下宫观之首”，“昭应、景灵、醴泉、万寿、太一、神霄、宝箓为比，它莫敢望在”[④]，地位显赫。宋政府设置了提举、管勾等职务来管理崇福宫。崇福宫供奉宋真宗御容，“威容凝粹穆，仙仗俨周围”[⑤]，是为宋真宗祭祀祈福的场所。宋仁宗时期，因崇福宫内北极紫微阁供奉的真武灵应真君在宋夏战争中帮助北宋战胜西夏，所以宋仁宗命令河南府官员“奉圣旨差殿使，及八作坊工匠，并赐金字牌一面，限一年，重新修盖。”[⑥] 宋神宗时期，因众多官员反对王安石变法，崇福宫成为朝廷安置政治异议和闲散官员的场所，如司马光、程颢、程颐、韩维、吕诲、范纯仁等人。这些仕途不得志的儒学大师，不光在崇福宫交往游宴，切磋学问，还时常到距离崇福宫仅一千米的嵩阳书院授徒讲学，著书立说。此外，众多与王安石治国理念不同的儒家学者，也纷纷来到嵩阳书院和崇福宫。就此，崇福宫不仅是道学传教之所，也成为儒学著书认学之地。北宋末期，崇福宫失修，因崇福宫会元殿供奉的会元神庇佑宋徽宗的降世与继位，故而宋徽宗在继位之初，便下令重修崇福宫，并为之写下洋洋洒洒一千多字的《西京崇福宫记》，其中的“王畿之西，琳官真馆，神圣所依，崇福为之冠”[⑦]，说明了嵩山崇福宫的神圣性。

宋金之交，中岳庙蒙受靖康之难，损坏严重：“庙之基构仅存，而缮修不时。上漏旁穿，风雨骞剥，玩岁愒日，殆不能支。”大定十四年（1174 年），金世宗遣

---

① [宋] 李焘：《续资治通鉴长编》卷 61，景德二年九月癸亥，中华书局，2004 年，第 1367 页。

② [宋] 杨仲良撰，李之亮校点：《皇宋通鉴长编纪事本末》卷 22《真宗皇帝》，黑龙江人民出版社，2006 年，第 343、345 页。

③ [元] 脱脱等：《宋史》卷 462《王仔昔传》，中华书局，1977 年，第 13528 页。

④ [宋] 陆游：《陆游集 · 渭南文集》卷 16《洞霄宫碑》，中华书局，1976 年，第 2126 页。

⑤ [宋] 程颢、程颐著，王孝鱼点校：《二程集 · 明道先生文一》卷 3《代少卿和王宣徽游崇福宫》，中华书局，1981 年，第 482 页。

⑥ 不著撰人：《玄天上帝启圣录》卷 3《毒蜂霭云》，《道藏》第 19 册，文物出版社、上海书店、天津古籍出版社，1988 年，第 594 页。

⑦ [宋] 李攸：《宋朝事实》卷 3《西京崇福宫记》，中华书局，1955 年，第 47 页。

使视察中岳庙，两年后，金政府开始对中岳庙进行大修，“总为屋二百三十有八间。”[①] 中岳庙规模扩大。正大六年（1229 年），登封县对中岳庙进行修葺，“殿宇复完，廊庑载敞，仪像之采服增饰，楼观之碧瓦更新，门阒阶陛，悉加整肃。”[②] 中岳庙焕然一新。

南宋与金对峙时期，道教内部宗派纷起。大定七年（1167 年），王重阳创立了以道教为主，兼融儒、释的全真道。王重阳的弟子丘处机，曾在嵩山、洛阳传道多年。蒙元时期，丘处机的弟子乔志嵩，在登封“府县僚佐合道官，相率具疏状，恳请凡四”的情况下，来到嵩山主理崇福宫。这一时期，崇福宫修缮完备，“复大起琉璃三清崇殿，规制宏邃，节税榱栋，涂金闻碧，极其绚丽。高真容服尊严，见者莫不竦肃。”[③] 全真道大盛，信徒众多，在嵩山地区占据了统治地位。与之同时，元代多位皇帝均遣使祭祀中岳，极为崇拜中岳神灵。至元二十八年（1291 年），元世祖下诏加封中岳神为“中天大宁崇圣帝”，这是中岳神继武则天、宋真宗之后第三次被加封帝号，也是加封最高的一次。

明清时期，道教与统治者的关系日渐疏远，所得的官方支持越来越少，加之自身未能与时俱进、调适更新等原因，道教的发展十分缓慢。洪武十五年（1382 年），登封设道会司于崇福宫，管理登封境内道教事务。成化八年（1437 年），道会司改设在中岳庙。乾隆十五年（1750 年），乾隆皇帝巡游中岳，来到中岳庙，适逢越南使臣向其进贡玉如意九只，乾隆皇帝将此交与中岳庙道士，专供祭祀之用。在明清四五百年间，两朝政府及嵩山教徒屡次重修嵩山道观，特别是在乾隆十五年，为迎接乾隆巡祭中岳，按照紫禁城的形式对中岳庙进行了大规模整修，奠定了当今中岳庙的建筑格局。但自乾隆开始，清代统治者极力推崇儒家理学，嵩山道教也无可避免地走向衰落。鸦片战争后，嵩山道教圣地，如中岳庙、崇福宫等，残破不堪，道士寥寥无几。20 世纪 80 年代以来，随着改革开放的发展，嵩山道教开始复兴，中岳庙、无极老母洞、峻极宫、二仙洞、白鹤观、天爷庙、安阳宫、九龙圣母庙等宫观洞庙香烛不断。2010 年，中岳庙作为“登封‘天地之中’历史建筑群”的子项目，被联合国教科文组织正式列入世界文化遗产名录。

---

① [金] 黄久约：《重修中岳庙碑》，[明] 傅梅撰，向东、关林校点：《嵩书》卷 21，中州古籍出版社，2003 年，第 502 页。

② [金] 李子槢：《中岳庙记》，[清] 景日昣撰，周树德、吴效华点校：《说嵩》卷 26，中州古籍出版社，2003 年，第 572 页。

③ [元] 梁宜：《嵩阳崇福宫修建碑》，[明] 傅梅撰，向东、关林校点：《嵩书》卷 21，中州古籍出版社，2003 年，第 507、507~508 页。

第四节　三教融合："天地之中"文化内涵的扩展

西周初年，周公欲迁都洛阳，遇到各种势力的强烈反对后，测日影以定地中，判定登封阳城是天下的中心，迁都洛阳据此有了天象根据，嵩山"天地之中"由此肇始。在中国传统的宇宙观中，"中国"即国之中，是择中建都立国的地方，是开地的中心。而天地中心则在嵩山，因而嵩山成为中国早期王朝建都之地和文化荟萃的中心，影响中国深远的三大宗教——儒、释、道，都在这里建立了弘扬传播本流派文化的核心基地。

与世界各地的宗教纷争、对立一样，中国佛、儒、道三教之间的争执，由来已久。早在佛教传入中原之前，儒、道之间就有了数百年的争执，佛教传入后，三教间的冲突在南北朝时期达到一个高峰。这当与三教各有不同的教义理论思想、统治者的宗教喜好不一、广大人民的宗教信仰不同等原因密切相关[①]。唯独嵩山地区，在不足10平方公里范围内，荟萃了以少林寺、中岳庙、嵩阳书院为代表的释、道、儒三教圣地。三教虽然偶有冲突，但和平共处却是其千年历史长河中的发展主流，这在中国的名山中是独一无二的。三教思想在嵩山碰撞、交流，推进了相互之间的认识，进而提高至哲学层次上的融合，并不断进行深化和完善，丰富了嵩山"天地之中"的文化内涵。

一、嵩山地区三教之间的融合

两晋南北朝时期，在统治者的扶持下，佛教得到了飞速发展。与之同时，道教在寇谦之的整顿下，形成较为完备的理论体系。佛教、道教的兴起，打破了儒家的主导地位，形成了儒、释、道三教鼎立的局面。与之同时，有识之士调和三教的呼声也越来越高，三教融合的思想初见端倪。达摩在嵩山初创禅宗，寇谦之

① 儒、释、道三教融合的原因，已有多位学者从不同时期、不同角度进行了相当全面的论述，如任继愈：《唐宋以后的三教合一思潮》，《世界宗教研究》，1984年第1期；陈兵：《略论全真教的三教合一说》，《世界宗教研究》，1984年第1期；赖永海：《宋元时期佛儒交融思想探微》，《中华佛学学报》，1992年第5期；洪修平：《儒佛道三教关系与中国佛教的发展》，《南京大学学报（哲学·人文科学·社会科学版）》，2002年第3期；严耀中：《论"三教"到"三教合一"》，《历史教学》，2002年第11期；陈兵：《晚唐以来的三教合一思潮及其现代意义》，《四川师范大学学报（社会科学版）》，2007年第4期；李四龙：《论儒释道"三教合流"的类型》，《北京大学学报（哲学社会科学版）》，2011年第2期。珠玉在前，本章不再赘述。

在嵩山改革道教，均是这一时期三教融合思想的成果。因前文已有深入论述，此处不再赘述。延至隋唐，嵩山涌现出一大批精通儒学的得道高僧。如元珪，"年甫弱冠，以儒学见称。厌俗浮荣，归心释教。"[①] 再如一行，"少聪敏，博览经史，尤精历象、阴阳、五行之学。"[②] 这些高僧，与刘道合、潘师正、司马承祯等道士一样，屡屡受到皇帝的召见，深受皇帝的宠信。嵩山佛教与道教，同时得到了兴盛发展，都有众多信徒，佛寺和道观的建设并行不悖。

北宋时期，嵩山儒、释、道人物的交往更为密切。明道二年（1032 年），广受士人称颂的河南府通判谢绛，带领欧阳修、尹洙等儒家学子拜访峻极峰石室内的汪姓僧人。汪僧"法道谛实，至论多矣"[③]，即使欧阳修和尹洙博学善辩，也被他的高论折服，一行人都接受了佛学的洗礼。熙宁四年（1071 年），登封知县张琬，与道士张子隐、傅继登、僧人显泰以及隐士周谷同游嵩山[④]。在这次出游中，官员、道士、僧人和隐士结伴同行。

不光是三教人物交往密切，宋代嵩山的各类艺术作品，也体现了三教融合的思想。天禧三年（1019 年），宋真宗御制的中岳醮告文，被刻在中岳庙峻极门前东侧的八棱石幢上（图 59）。这座石幢，高 2.27 米，围径 1.70 米，上有石雕宝珠幢刹，幢上饰柱状花纹，石雕宝珠幢刹，下为仰覆莲须弥座。石幢本身是佛教的建制，是刻有陀罗尼经文的柱形构筑物。中岳庙这个石幢的样式，有浓重的佛教风情，但上面所刻的文字，并不是佛经，而是大力提倡儒学的宋真宗所做

图59　宋真宗御制中岳醮告文幢

① 大唐中岳东闲居寺故大德珪和尚纪德幢。前文已有介绍。

② [后晋] 刘昫等：《旧唐书》卷 191《一行传》，中华书局，1975 年，第 5112 页。

③ [宋] 谢绛：《游嵩山寄梅殿丞书》，[宋] 欧阳修著，李逸安点校：《欧阳修全集·附录》卷 4，中华书局，2001 年，第 2717 页。

④ [清] 景日昣撰，周树德、吴效华点校：《说嵩》卷 15，中州古籍出版社，2003 年，第 299 页。

的歌颂嵩山和岳帝的文字："挺乔岳以尊方，号下都而分治。神乡福地，咸纪宝章；乘烟御风，常回欻驾。"[①] 这些文字，极似道家的口吻。而这个石幢所在地，却是中岳庙，而不是佛教场所。石幢的样式、文字以及所在地，是三教相互渗透和融合的证明。铸造于治平元年（1064 年）的中岳庙镇库铁人，不在道教的神仙谱系中，而是更接近力士的角色，由于铸造者为军匠，故而铁人的衣着装扮和神态举止介于道教神像与世俗武士之间，反映了宋代道教的世俗化倾向。此外，宋代登封窑生产的一个酒瓶，瓶上绘有一人，头戴儒巾，挑着葫芦，袒着弥佛腹，集儒、释、道三教人物明显特征于一体，故今人称之为和谐瓶[②]。三教合一的文化元素，在嵩山地区俯拾皆是。

建立于北宋末年的纪念禅宗初祖达摩的初祖庵，是饱读儒学诗书的登封知县楼异所建。然而他的建造计划，却先向少林寺主持清江提出，并得到后者的支持。初祖庵建成之后，儒学大师陈师道撰写《面壁庵记》，直接表达自己对三教融和的看法："耶夫道一，而今之教者三,三家之后相与诋訾。盖世异则教异，教异则说异。尽己之道，则人之道，可尽究其说。则他说，亦究其相訾也。固宜三圣之道非异，其传与不传也耶。"此即三教同源、三教合流之意。陈师道还在这篇记中简单叙述了三教各自的发展历史，首先是儒学的发展："子孔氏之门，颜、闵、冉皆无传，仲弓之后则有荀卿，曾舆之后则有孟轲，端木赐之后则有庄休，而荀、孟、庄之后则无传焉。"接下来是道家的发展："李氏之传关尹，尹之传复无闻焉。"最后是佛教的发展，并明确指出佛教的传承连绵不断，儒家学者对佛教缘由曲衷的考述是不对的，"释自能仁二十八世而为初祖，祖之东六世而为曹溪，至于今又十有五世。而儒老子之徒欲与校其源委，误矣。"所以陈师道认为"三圣之道非异"。此外，儒学大师陈师道所作的记，却是"比丘昙潜书"[③]。昙潜，又名道潜，是游历四方的僧人，应楼异的邀请来嵩山游玩。在这一篇纪念禅宗初祖的记文中，儒、释、道三教的状况都被作者提及，可见嵩山加深了作者对三教的理解。儒学之士

---

① ［清］叶封、焦贲亨撰，陈斌、李红岩校点：《嵩山志》卷 14，中州古籍出版社，2003 年，第 283 页。

② 宋代登封窑"酒徒醉归"酒瓶，现藏于上海博物馆。

③ ［宋］陈师道：《后山集》卷 12《面壁庵记》，文渊阁四库全书本，第 1114 册，台湾商务印书馆，1986 年，第 635 页。嵩山地区碑刻蔚然大观，其中一些是政府官员为表彰僧道功劳而立碑题记，如中岳嵩高灵庙碑、皇唐嵩岳少林寺碑、大唐嵩阳观纪圣德感应之颂碑、少林大宗师裕公道行碑等，一些是政府官员、儒学大师、知名僧道为纪念寺庙道观的建设而立碑，如面壁之塔碑、重修面壁庵记碑、大金承安重修中岳庙图碑等。这些碑刻，多由儒、释、道三教人物共同完成，是嵩山地区三教密切交流的明证。因陈师道儒学出众、信受佛法，且深涉道教典籍，是三教合一思潮中的代表人物之一，且这篇为纪念初祖庵建立而写作的纪文深刻地表达了他的思想，所以本章以此为例，详细阐述，而略过其他的碑刻题记。

楼异、陈师道和僧人清江、昙潜的关系非同一般，楼异在登封任职，清江在少林寺，陈师道和昙潜是楼异的朋友，并不在嵩山常住，这些人的所作所为，正是嵩山儒、释两教互相渗透的结果。

金元时期，我国北方社会动乱不止，广大人民生活困苦，士子学者报国无门，无奈而在宗教中寻求慰藉，统治者也迫切希望借助宗教力量来扩大、巩固自己的统治。为适应时代要求，谋求自身发展，禅宗和道教，都进行了一些思想调整。大安元年（1209 年），少林寺在《大唐天后御制诗书碑》的背后，刻下《三教圣像图》（图 60）。图中为佛祖释迦牟尼，右为儒教始祖孔子，左为道教始祖老子。李纯甫在少林寺创立的孔门禅，顾名思义，是儒、释融会的禅宗。儒家思想中的积极进取、修身治国等内容融入禅宗，扩大了禅宗的思想体系，为佛门中人积极入世提供了理论依据，少林寺僧人相继担任高级别的僧官，参与管理全国佛教事务。少林寺也因此在元代获得了更大的发展。丘处机、乔志嵩在崇福宫所传播的全真道，以三教合一为宗旨，共同传习和诵念三教经典，对三教的修持方法也融会贯通而加以应用，从而获得了广泛的社会支持。为收揽人心、安抚在战争中饱受摧残的民众，蒙元政府大力支持全真教的发展。嵩山崇福宫继北宋之后，再次繁盛。

图60 《三教圣像图》

到了明代，三教合一的思想在各个领域都产生了重大的影响，已经成为一种社会共识。嘉靖四十四年（1565 年），少林寺为小山禅师立碑，碑阴为《混元三教九流图》（图 61）[①]。此图以线刻画，画中人物的头像，从正面看，是剃度须髯的佛教鼻祖释迦牟尼；从两侧来看，分别是头戴方巾的儒家至圣先师孔子和头挽高髻的道教始祖老子。三教人物共存于一碑，画为一人团座，手持九流混元图。九流即儒、道、墨、法、名、阴阳家、纵横家、杂家与农家，泛指汉代之后中国主要宗教和各种学术流派。此图以直观的形象揭示三教合一、浑然一体，诸子百家异流而同源的思想。人物之上为《混元三教九流图赞》，赞曰：

佛教见性　道教保命　儒教明伦　纲常是正
农流务本　墨流备世　名流责实　法流辅制
纵横应对　小说谘询　阴阳顺天　医流原人
杂流兼通　述而不作　博者难精　精者未博
日月三光　金玉五谷　心身皮肤　鼻口耳目
为善殊途　咸归于治　曲士偏执　党同排异
毋患多歧　各有所施　要在圆融　一以贯之
三教一体　九流一源　百家一理　万法一门

赞文说明，佛教的根本是“见性”，指导人们向善，倡导慈悲为怀；道教的根本是“保命”，注重人身生命，倡导延年益寿；儒教的根本是“明伦”，注重伦理道德，三纲五常。农家、墨家等九流各有其不同的社会功用。三教九流虽有治世救世的不同观点和方式方法，但彼此之间却有共通之处，殊途而同归，共同服务于人类社会。少林寺树立这块石碑来启迪众僧，正是少林寺心胸宽阔，不拘门户，融会创新各种思想的真实写照，也是少林寺千百年来香火永盛的重要原因之一。少林寺天王殿门外的哼哈二将，理论上是道教人物，但却是佛门的护法；千佛殿西侧的地藏殿，供奉道教的十大阎罗王神位；后壁的二十四孝画图，则又是儒家传统教义。这些都是儒、释、道三教文化相结合的产物，也是嵩山地区三教和平共处、长期并存的明证。

---

① 小山禅师行实碑，现仍存于嵩山少林寺钟楼前，立于嘉靖四十四年（1565 年），朱载堉为之书丹并篆额，署名曰“三教中人、狂仙载堉书”。此碑碑阳为小山禅师行实碑，碑阴即为混元三教九流图赞碑。

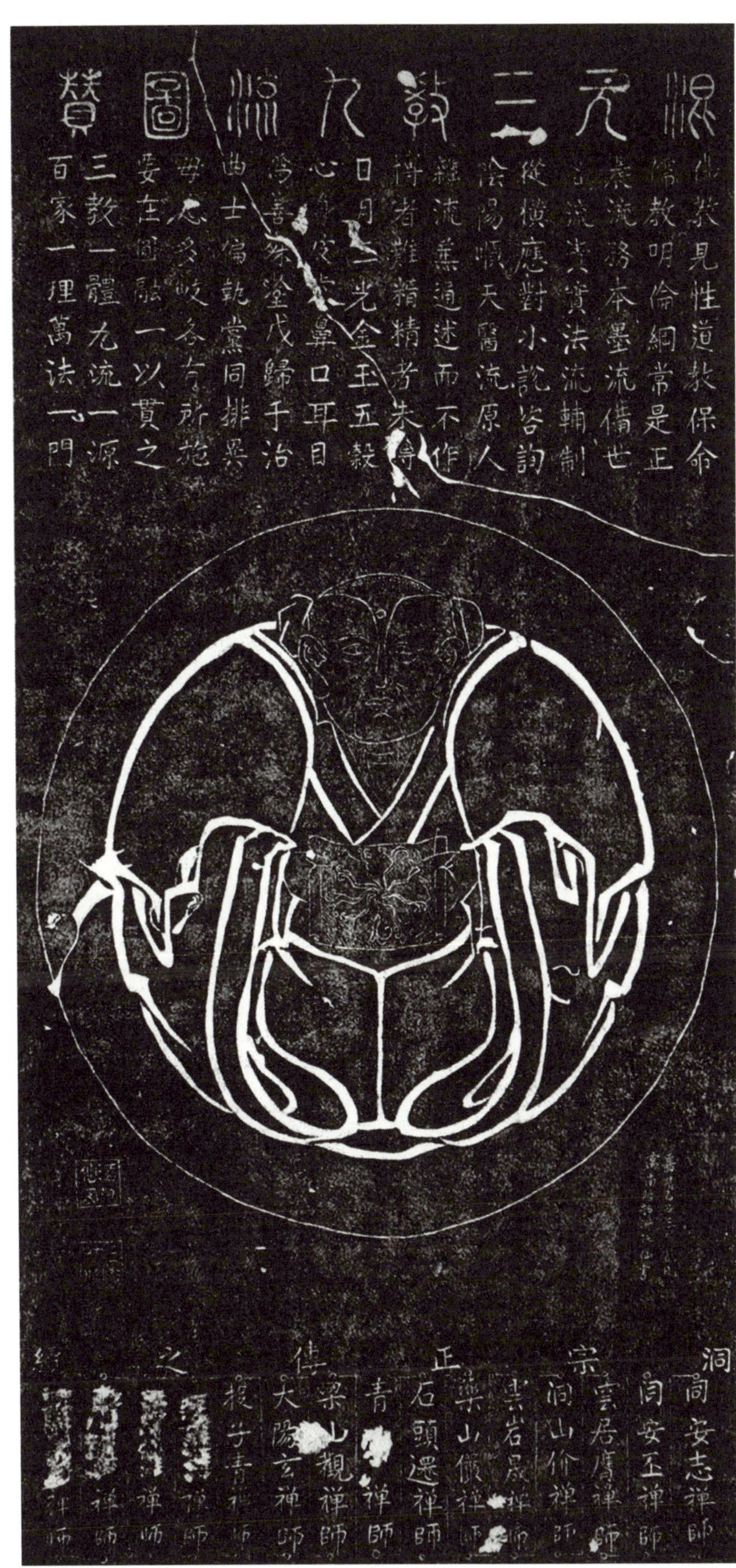

图61 混元三教九流图碑拓片

光绪二十三年（1897 年），道姑吴援舟在少室山待仙谷创建安阳宫，经民国十六年（1927 年）道教信徒集资重修后，改名为嵩莲宫，山门大书“三教九流同归大道，千崖完壑合成景观”。时至今日，这里成为莲花寺，共有三进院落，二进院为安阳宫正院，院门石雕对联为“才分天地人总属一理，教有儒释道终归同途”。院中有一通三教圣人图碑，中为佛，右为儒，左为道。碑上对联曰“三人三圣蟠天际地昭日月，先觉先知往古来今振纲常”。安阳宫分为三洞，中间为安阳洞，奉祀无极、皇极、太极；右为三教洞，奉祀孔子、释迦牟尼、老子；左为三皇洞，奉祀伏羲、神农、黄帝。莲花寺的种种状况，均表明了清末民国时期，三教合一荟萃嵩山，和谐发展。

以上所述，均是嵩山地区儒、释、道三教融合的生动例证。历代政府在嵩山举行的各种祭祀活动，一般遵循的是儒家礼制，但却是在道教场所（中岳庙和崇福宫）举行，采用的是道教祭祀方式。在嵩阳书院讲学的程颢、程颐、司马光、耿介等大儒，多次出入于嵩山的佛寺、道观，对佛学和道学都有广泛深入地研究，早已广为人知。禅宗、理学、孔门禅在嵩山地区开创和传播，道教在嵩山改革，全真教在嵩山流传，均是三教思想精髓融会贯通的结果。少林寺内的混元三教九流图赞碑，更是直观地体现了三教合流、和睦相处的宗旨。嵩山文化博大宽广的情怀和海纳百川的气度，就此一览无遗。

二、天地之中：嵩山三教融合的精粹

作为正统思想的儒教、本土的道教以及从西天而来的佛教，这三种不同的教派，在嵩山地区和平共处，互相汲取对方的优点，推动自身的发展，从而有了长久的生命力，至今仍兴盛不衰。嵩山三教之所以相互融合，与嵩山“天地之中”的自然位置与政治意义息息相关。

嵩山地区被称为“天地之中”，有着深厚的历史渊源。一方面，嵩山是远古人类活动的中心地区，是华夏民族最早繁衍生息的地方，“天地之中”的观念最早在此发端。另一方面，嵩山地区是中国最早的政治中心，随着夏商周三代在嵩山地区立国建都，嵩山“天地之中”由地理中心演变为政治中心和正统地位。正是在这种思想观念的引领下，嵩山儒、释、道三教才得以和睦相处并相互交流，融为一体。

嵩阳书院的前身，嵩阳寺和嵩阳观等，均与嵩山位居全国地理中心和政治中心密切相关。生禅师于太和八年（484 年）在嵩山之阳创建嵩阳寺，看中了此地“当中岳之要害，对众术之抠耳”[①]。极力支持嵩阳寺发展的北魏司空裴衍，曾赞颂嵩山说：“嵩岑极天，苞育名草，修生救疾，多游此岫。”[②]嵩阳寺迅速发展的时期，正是北魏政府大力支持佛教发展，皇帝和大臣信佛、礼佛的时期，也是北魏政府厉行改革，将都城从平城迁到洛阳之时。也就是说，这一时期嵩山佛寺的兴盛，得益于洛阳成为国家都城。政治中心的转移，带来了佛教发展方向向“天地之中”的转移。延至唐代，唐玄宗之所以选择观内道士孙太冲为其炼丹，就是因为“嵩阳观者，神岳之宅真，仙都之标胜。直中天晷景之正，记烈祖巡游之所。抱汝含颍，风交雨会，阴阳之所蒸液，偓佺之所往还。”[③]也就是说，此地地处天地之中，正是阴阳交会，人神通达之地，选择在此炼丹，正得天时地利人和。宋代的嵩山，隶属于西京洛阳，正处于东京开封和西京洛阳之间，是国家统治中心区域内唯一的名山、大山，嵩阳书院率先感受到了国家重视文教的气息，屡屡受到皇帝赐书、赐额，成为宋代四大书院之一。宋政府有意提倡三教合一的国家政策，以及熙丰期间众多巨儒宿学因反对变法而纷纷来到嵩山，促进了理学的形成。至于佛教，传入中国之后，首先就在国都洛阳和嵩山地区建立佛寺，然后以此为中心向外传播。太和十九年（495 年），魏孝文帝为安置跋陀，敕令在与都城洛阳对望的嵩山山麓、少室密林中，为其建造少林寺。此后达摩也来到距离洛阳不远的嵩山首传禅宗。为纪念达摩而建造的初祖庵、为安放历代高僧尸骨而形成的塔林，都可证明佛教和政治中心息息相关。道教与嵩山的渊源更为久远。远古时期的山岳崇拜，认为嵩山位居中天，是群山之祖：“宇内名区，未有若此者，宜其居天地之中，为群岳之宗也欤。”[④]这也是汉三阙与中岳庙创建之初的理念支撑。随着时代的发展，寇谦之借助北魏政府的力量改革道教，全真教借助蒙元政府的支持成为道教主流派别，而这些政权也纷纷利用道教的力量来巩固、扩大自身的统治，均是道教与政治中心密切往来的明证。此外，嵩山地区书院、佛寺、道观比邻而居，嵩阳书院甚至就是在佛寺、道观的基础上改造而成，近距离的位置，为三教相互交流提供了方便。儒家学说吸收佛教、道教思想，形成了理学；佛教吸收儒家、道教思想，产生了禅宗和孔门禅；道教吸收儒家、释家学说，形成了天师道和全真道。儒、释、道三教之所以在嵩山立足和发展，正是嵩山“天地之中”思想观念深入人心的结果。

---

① 《中岳嵩阳寺伦统碑》。前文已有介绍。

② ［北齐］魏收：《魏书》卷 71《裴衍传》，中华书局，1974 年，第 1575 页。

③ 《大唐嵩阳观纪圣德感应之颂碑》。前文已有介绍。

④ ［清］耿介撰，李远校点：《嵩阳书院志》卷 1《形胜》，中州古籍出版社，2003 年，第 13 页。

综上所述，在嵩山地区，儒、释、道三教和谐共处，广泛交流，取得了大发展，繁荣了学术，推动了禅宗、理学天师道、孔门禅、全真教的传播。从西天而来的佛教，本土的道教以及作为正统思想的儒教，并未在嵩山这一区域内产生冲突，反而和平共处，互相吸收对方的优点，促进自身的发展。“天地之中”的强大文化凝聚力成就了儒、释、道三教的兴盛，是嵩山三教发展的外在物质支撑和精神力量。与此同时，儒释道三教汇流这一文化现象的本身，也正好诠释了“天地之中”观念深层次的文化内涵。

长期以来，基于古人宇宙观、宗教信仰、文化认同等各种因素相互撞碰而形成的“天地之中”观念，使嵩山地区成为中国早期王朝建都之地、中国文明起源的中心和文化荟萃的中心。中国古代儒教、佛教、道教等文化流派纷纷来此朝拜圣山、祭祀山神，传经、讲道并在此建立核心基地。在“天地之中”的文化背景和文化积淀下，嵩山地区包容儒、释、道三大教派，形成了一道三教荟萃的靓丽风景，是三教合一体现最为完美的地方。在嵩山的三教圣地中，以中国古代四大书院之一的嵩阳书院为代表的儒家文化在我国儒学方面占有重要地位；少林寺是中国佛教的禅宗祖庭，佛教文化独领风骚；中岳庙是我国现存最早的道教庙宇之一，距今已有 2000 多年的历史。嵩山地区儒、释、道和谐共处，共同发展，显示出“天地之中”思想包容万物、海纳百川的精神，也是中华民族传统文化的缩影和特性。尽管在金朝之后，囿于地理环境和军事重心，嵩山地区不再成为王朝统治中心，但“天地之中”作为中华民族持久的一种宇宙观核心信仰和论证王朝正统、王权合理的文化承载，早已成为中华民族特有的精神灵魂和恒久流传的文化形态。

第六章

登封『天地之中』历史建筑群的建筑结构与文物价值

登封“天地之中”历史建筑群，位于河南省郑州市西南75公里的登封市境内，文物建筑多居于著名的中岳嵩山南麓。该遗产包括8处11项建筑。8处指8处建筑所在地，11项指11个文物单位，如中岳庙与太室阙，同在一处，但公布的是两个文物保护单位，故为1处2项。历史建筑群由东向西分别是：观星台、中岳庙、太室阙、启母阙、嵩阳书院、嵩岳寺塔、会善寺、少室阙、少林寺常住院、初祖庵及少林寺塔林。在这批古建筑群中，观星台、太室阙、少室阙、启母阙和嵩岳寺塔5处，早在1961年3月4日已被国务院公布为第一批全国重点文物保护单位，其余6处随后也相继被公布为全国重点文物保护单位。这说明它们在申遗之前，早已成为我国的重点保护对象，在科学、历史、艺术、教育、宗教等方面具有非常突出的学术研究价值，在国内外已早负盛名，而且许多建筑在20世纪初已在国内外著作中予以介绍和研究，具有较高的文化知名度。它们是“天地之中”观念的物质载体，承载着嵩山地区千百年来形成的文明和丰富的文化内涵。

对于这一重要文化遗产的保护，早在新中国成立之前，党和人民政府就非常关注，为了在解放战争中不使重要文物古迹遭受损坏，党和政府曾约请清华大学著名建筑专家梁思成教授编写一本《全国重要文物建筑目录》提供给作战部队及地方以注意保护。梁思成先生还在重要、特重要的项目前加了“○”标志，从一个“○”到四个“○”，表示其价值的层次，当时登封的嵩岳寺塔、观星台、太室阙、少室阙、启母阙等都加有“○”的标志，特别是嵩岳寺塔，加了四个“○”。这些文物保护单位都未遭受战火的损坏。全国解放后，登封的这些古建筑都得到了国家文物局与省市领导的重视，从20世纪60年代先后建立了文物保护档案，规划了保护范围，建立了文物保护机构，并且拨专款进行了全面保养与重点维修工程。其中嵩岳寺塔出现塔身裂隙损坏后，在中央古建筑研究专家关心指导下，河南省古代建筑保护研究所和登封县文物部门协同勘察、制定维修方案，开展了长达近10年的维修，除古塔本体外，还整治了大塔周边环境，改变了民居包围古塔的杂乱面貌；观星台、中岳庙、少林寺、会善寺、嵩阳书院等也都进行了重点维修；启母阙、少室阙也都重建了坚固而便于参观考察的保护房。总之，登封“天地之中”历史建筑群，在申遗前后都一直认真做着加强保护与科学管理的工作。特别在申

遗成功之后，在日常科学监控、建立文物档案、加强文物保护宣传等方面均取得了突出的成绩。

登封“天地之中”历史建筑群，与其他文化遗产比较，有许多突出的特点。首先，该建筑群跨越的历史时代很长，从东汉安帝刘祜元初五年（118 年）建造的太室阙开始，中经北魏、唐、五代、宋、金、元、明、清各个朝代，前后九朝长达近 1800 年之久，这在世界文化遗产中是罕见的。第二，该建筑群，所包含的建筑类型特别丰富多彩，如以中岳庙、太室阙、少室阙、启母阙为代表的礼制建筑；以嵩岳寺塔、少林寺、会善寺为代表的宗教建筑；以观星台为代表的科技建筑；以嵩阳书院为代表的教育建筑。第三，从建筑用材上，又有以初祖庵大殿、中岳庙大殿、会善寺大殿为代表的木结构建筑；有以汉三阙、少林寺门前及五乳峰上明代石牌坊为代表的石结构建筑；以观星台、净藏禅师塔为代表的砖结构建筑等。这些建筑在我国建筑上都有着重要的地位及突出的代表性。如汉代的太室阙、少室阙、启母阙均为建造在太室祠、少室庙、启母庙前的祠庙之阙，而在四川等地现存的石阙（近 20 处）均为墓阙，河南的三处庙阙是全国独有的，而且阙上的铭文、汉画图像又具有重要的历史与艺术价值。北魏时期建造的嵩岳寺塔，是我国现存最早的砖塔，已有 1400 多年的历史，是中国密檐式塔的鼻祖。少林寺是中国禅宗的祖庭、少林武术的发祥地。少林寺塔林是我国最大、时代最多的塔林，现保存古塔 228 座。会善寺净藏禅师塔是我国最古老的八角形塔，其檐部的仿木构做法，为研究唐代木构建筑提供了重要的参考实物例证。中岳庙是一座大型祠庙建筑群，占地 10 万平方米，建筑保存完整，是五岳祠庙中反映古代礼制文化的代表之作。观星台在“天地之中”历史建筑群中，是最能直接解读这一文化由来的古天文台，在国内久负盛名。正因为有了这么多出类拔萃的优秀历史建筑，所以登封“天地之中”历史建筑群被称为“是中国古代礼制、宗教、科技和教育等建筑类型杰出的代表，是中国古代建筑技术和建筑艺术漫长发展的滥觞，更是中国先民独特宇宙观和审美观最真实、最深刻的反映。登封‘天地之中’历史建筑群为已消失的传统文化提供了宝贵的实物见证，是一座东方古代建筑艺术殿堂。她以古老与博大、凝练与舒展、沧桑与辉煌，向世人展示着中国古代文化、哲学和建筑艺术的瑰丽。”[①] 下面我们就从“天地之中”的源头建筑——观星台开始，逐项加以探析，从不同类型的历史建筑中，深入研讨 8 处 11 项历史建筑的珍贵文化价值。

---

① 张体义：《这是一座无与伦比的东方古建艺术殿堂》，《大河报》2010 年 8 月 2 日 A08 版。

第一节　观星台

一、地理位置与历史沿革

观星台位于登封市城东南15公里的告成镇北的高地上。东临公路，西北有五渡河，南临颍河。告成，古称阳城，从考古发掘资料看，这里自夏至周，由汉到唐，乃至宋、元各个时期，都是政治、经济和文化较发达的地区。原河南省文化局文物工作队（今河南省文物考古研究院）为了探索夏代文化遗存和寻找阳城遗址，从1975年起以登封告成镇一带为重点，展开了更进一步的考古调查与发掘工作，不仅在这里找到了东周城遗址，而且还发现了两座东西并列的龙山文化中晚期城垣建筑遗址。1977年11月，结合王城岗龙山文化中晚期"小城堡"城垣建筑遗址的发现，又在登封召开了全国各地考古专家参加的河南登封告成遗址发掘现场会，考察了考古现场，进一步肯定了"小城堡"对探索夏文化的重要意义。近年，配合国家"中华文明探源工程"项目，又发现了一座面积30余万平方米龙山文化晚期城址，将原来发现的城堡环围其中，更有可能是夏初阳城。"王城岗城址的发现对探索夏文化、确立夏代早期都城均有重要价值。"①另外，在今观星台东侧，现保存有东周时期的"阳城遗址"，为全国重点文物保护单位。其地面以上，还保存有约8米高的夯土墙体。更可贵的是，在城址内出土的陶器上，还"发现印制有'阳城'和'阳城仓器'戳记。充分证明这里是东周时期的阳城遗址"②。而古周公测景台就选址在这座东周古阳城之西的近旁，这绝不是一种巧合，而是说明古台所处之地与当时的政治活动中心密切联系。又据《河南府志》载："告成测景台左有龙华寺，齐武平元年（570年）创建。"当年，寺中还刻立有《尊圣陀罗尼经》石幢等文物③。在古阳城址之东的大冶镇西刘碑寺村的石淙河石崖上，现完好地保存着唐代刻诗。武则天率皇族及大臣在此观景吟诗，于久视元年（700年）五月将诗文刻于石淙河车厢潭的崖壁之上，至今诗文字迹清晰可读，这便是有名的《石淙河摩崖题记》，为河南省文物保护单位，也是嵩山地区著名的盛唐文化景区之一。当年还在这里建造了三阳宫及寺院和佛塔等。这些都足见观星台所处之古阳城一带，历史上是一个文化繁荣的古城，

① 河南省文物局:《河南省文物志》，文物出版社，2009年。

② 河南省文物局:《河南省文物志》，文物出版社，2009年。

③ 陆继萼修、洪亮吉纂，清乾隆五十二年（1787年）刻本《登封县志》卷三十，《金石录》。

自然也吸引了许多政治家、文学家、天文学家为探索华夏文明、考察"地中"说遗迹、改革古代历法等而至此朝圣、考察或进行天文测验等活动，早已成为人们心目中"天地之中"的圣地。

二、观星台的建筑

观星台是一座坐北面南的中小型古建筑群（图62）。建筑主要布置在中轴线上。从南向北计有照壁、大门、戟门、周公测景台、周公测景祠、观星台、帝尧殿等，左右为砖筑的院墙、戟门前后有水井，院中立有明清碑刻17通。现分别介绍于下：

1. 照壁

照壁坐落在大门之前，距大门前墙8.24米，是一座上部筑有硬山式瓦顶直壁建筑。此壁南边3.97米处为一地坎，坎南底下为大片农田。照壁正面（北面）正照着大门，是观星台建筑群的前沿屏障与标志性建筑。照壁通高5米，东西长8.09米，墙厚0.66米，下部有基座。照壁北面中部镶嵌石匾额一方，匾高0.515米，宽1.255米。匾心题"千古中传"四个大字，由匾额题刻可知照壁及石匾年代为清"乾

图62　观星台全景

隆戊辰（1748 年）孟春”建造，由“邑令施奕簪敬立”。其题“千古中传”四字，正是对周公测景台和观星台之悠久历史与“天地之中”文化根源的真实题照和颂扬。

2. 大门

大门为面阔三间、出前廊式的硬山建筑。其明间为院落的主入口，置板门一合。两次间为门卫室。在大门前廊的双石柱上刻有对联一副：

上联：石表寓精心，氤氲南北变寒暑

下联：星台留古制，会合阴阳交风雨

该联刻制于清“嘉庆十四年己巳（1809 年）五月”。此联生动地歌颂了“周公测景台”和观星台观天测地、交会风雨的神奇功能。它和照壁上的“千古中传”，正是前额后联，前呼后应，形成了一组完整的具有古台特色的楹联文化，使到此考察的人们，在大门之外便可感悟到这座天文科学圣地浓重的科学文化气息。

3. 戟门

戟门又称仪门，位于大门正北 31 米处，是一座面阔三间的硬山式建筑。其明间门道，两次间为管理室。此门东西筑内院墙，墙间另筑单间掖门各一所。这组建筑是近年依原制恢复重建的。

4. 周公测景台

周公测景台位于戟门之北 11.12 米的中轴线上（图 63）。此台为青石雕琢而成，由巨大的台座承载平面长方形的表柱组成，结构简洁端庄。石台座呈覆斗状，高 1.95 米，下平面近似平行四边形，其东边沿明显偏北，西边沿明显偏南。下部四边线长度不一，东边长 1.84 米，南边长 1.86 米，西边长 1.76 米，北边长 1.94 米。台座上沿四边也略有差异，东边长 0.88 米，南边长 0.82 米，西边长 0.90 米，北边长 0.84 米。整体台座下大上小，上下有较明显的收分，下边为上边的一倍以上，所以，具有早期古台较强的稳定感。在台座北面石壁上刻有对联一副：

上联：道通天地有形外

下联：石蕴阴阳无影中

图63 周公测景台

显然是歌颂周公土圭测景的玄妙与奥秘。

在台座的顶面刻有中心凹槽，石表之下榫置于槽内，十分稳固。石表顶部装一屋顶式表帽，当作为石表庄重美观之用，表正面刻“周公测景台”五字。表通高 196.5 厘米，是按照唐尺八尺而定，当为唐代的“八尺之表”。以其高可求得此表一尺为 24.5 厘米。在石表背面，北侧下沿距台座上面北边沿之距，当属土圭部分，其尺度为 36.6~37 厘米（边沿呈弧形，不甚平直），如以表尺计算，其圭长恰在一尺五寸上下（即 1.49~1.51 尺），正符合“土圭之长，尺有五寸，以夏至之日，立八尺之表，其景适于土圭等，谓之地中，今颍川阳城为然”[①] 之记载。由此证明唐南宫说主持刻立“周公测景台”石表之时，是按照土圭之法，以唐尺为准进行策划的，以此突出对周公的纪念，而又以它作为唐代天文大地测验的标准中心点坐标来应用。这一石圭表的制造者南宫说，已载入《新唐书·地理志》：“阳城……万岁登封元年将封嵩山，改阳城曰告成……有测景台，开元十一年（723 年）诏太史监南宫说刻石表焉。”[②] 这座石表的建立，实为第二年唐代僧一行（张遂）为编制《大衍历》而在全国十三个地区进行“天下测景”科学实践活动做的一项准备工作：

---

① 东汉郑玄在注释《周礼·地官·司徒》土圭测景时，引用郑众的话。

② [宋]欧阳修：《新唐书·地理志》，《二十五史》（6 册），上海古籍出版社、上海书局，1986 年，第 108 页。

建立天文大地测量的中心点或标准点。《中国大百科全书》天文卷在介绍一行这次天文测景时说："《大衍历》把李淳风关于蚀差的计算向前推进一步；提出全国不同地点对于标准点阳城（今河南登封告成镇附近）计算蚀差的方法，称为'九服蚀差'。"由此也可见，著名天文学家一行在这次编修新历与开展天文大地测验活动中，对古阳城是十分重视的。也可证明，"周公测景台"正是唐开元十二年（724年）天文大地测验实践活动的实物见证。

5. 周公测景祠

该祠居"周公测景台"与观星台之间，是一座面阔三间、前有卷棚的硬山式建筑。卷棚进深 4.2 米，大殿进深 7.6 米。两建筑之间有 0.64 米的排水空间，下为散水地沟一道。从初建时定名"周公测景祠"看，该祠是纪念周公姬旦当年土圭测景、确定地中而建立的。在明代建成该祠时，知县"任丘邝公……题其门曰：'周公测景祠'。祠内作周冢宰周公之位"，并制祭文曰：

天生元圣，道隆德备。
制礼作乐，经天纬地。
维此土中，测景有台。
辨方正位，继往开来。[①]

由此说明，周公测景祠初建时，目的完全是纪念大政治家周公为求地中而进行土圭测景实践活动，并没有后代任何神化迷信的色彩。故今后此祠仍当恢复为"周公测景祠"而取代后世所泛称之"周公祠"。

6. 观星台

观星台在周公测景台之北 20 米处，是一座砖砌的高台（图 64）。元朝初年，天下初定，为了发展农牧业生产，需要使用良好的历法，而当时的历法"袭用金旧"，但不久便发现金代的《大明历》有误差。所以在至元十三年（1276 年）时，元世祖忽必烈采纳了刘秉忠过去提出的改革历法的建议，"遂以守敬与王恂率南北日官，分掌测验推步于下，而命文谦与枢密张易为之主领，裁奏于上，左丞许衡

① ［明］嘉靖七年（1528）陈宣撰《周公祠堂记》碑，现立于观星台院内。

图64　观星台

参预其事。”[1]组成了一个精干的工作班子。一个规模宏大的天文、历法改革活动开始了。郭守敬（1231~1316年）在这次改革中，发挥出作为一位杰出科学家的重大作用，很得元世祖忽必烈的重用。他非常重视前人的科学经验，更注重自己的观测实践与技术创新。他说：“历之本在于测验，而且测验之器，莫先仪表。”[2]在测验方面，他曾向元世祖建议，说唐代时一行曾令南宫说到天下十三个地方进行天文大地测验，而今天的国家疆域比唐代广大，需要到更边远的地方进行天文测验。元世祖批准了他的建议，于至元十六年（1279年）设十四员监候官，分几路出发到各地进行天文观测。据记载，当时“四海测验凡二十七所”[3]，比唐朝多了一倍以上。当年三月，郭守敬由上都、大都开始，历经河南，转抵南海，亲自掌握南北主要路线的实测。在“四海测验”的二十七处之中，前七处为详测，包括北极出地高度、夏至晷影和昼夜时刻；而其余二十处只测北极出地高。详测的七处，前六处的北极出地高各差十度，如：南海15度、衡岳25度、岳台35度、和林45度、铁勒55度、北海65度、大都40度。在“四海测验”中记载有“河南府阳城，北极出地三十四度太弱”之记录。此记录与前述郭守敬由北而南行程中的“历经河南”，均证明来过阳城。观星台之建立，很可能即筹建于此时。

在天文仪表改革方面，郭守敬和北宋时期科学家沈括（1031~1095年）一样，

---

① [明]宋濂：《元史》卷一六四《郭守敬传》，中华出局，1976年。

② [明]宋濂：《元史》卷一六四《郭守敬传》，中华出局，1976年。

③ [明]宋濂：《元史》卷一六四《郭守敬传》，中华出局，1976年。

非常重视观测仪象的制造。在新仪表的研制中，他坚持简要实用的原则，创造了简仪、高表、候极仪、浑天象、玲珑仪、景符等十几种仪器。从《元史·天文志》的相关记述中可知，在新创制的诸仪之中，尤为重要的是简仪和高表两种。如郭守敬等在一次奏仪中称："臣等用创造简仪、高表，凭其测实数，所考正者，凡七事：一曰冬至。……二曰岁余。……三曰日躔。……四曰月离。……五曰入交。……六曰二十八宿距度。……七曰日出入昼夜刻。……所创法凡五事：一曰太阳盈缩。……二曰月行迟疾。……三曰黄、赤道差……四曰黄、赤道内外度。……五曰白道交周。"[①] 由此可见，在元初新创诸仪中，简仪和高表是主要的天文仪表。而且此二仪器在实测中还相互配合参考，所谓"简仪、高表，用相比复"，这批铜制的仪器一直保留到清初，被毁。现保存在南京紫金山天文台的一架铜制简仪，是明代正统二年（1437 年）仿制的。而元代初年郭守敬所创制的四十尺高表，仅在大都（今北京）司天台中造有一件。而且使用此高表在"四海测验"的大都一地观测记录中，也证实了大都确实是使用高表测出的夏至晷景之长："大都北极出地四十度太强。夏至晷景长一丈二尺三寸六分，昼六十二刻，夜三十二刻。"[②] 除此一例用高表之外，从测景所得尺寸证明，其他各处仍然使用的是"八尺之表"。在元初的"四海测验"中，仅记有"河南府阳城，北极出地三十四度太弱"[③] 而未有夏至晷景长度之记录，可能巨大的砖台尚未建成。但从《元史》卷一六四《郭守敬传》可知，在大都建司天台、置四十尺铜表之后"又请上都、洛阳等五处分置仪表，各选监候官"。从现有资料看，另加之五处，仅有洛阳（实指阳城）一地得到了证明，而且将 40 尺之铜表，改为砖砌之 40 尺表槽，其测景效果是完全相同的。从实际测验记录和保存实物看，元初很可能仅在大都（北京）和登封告成两地分别按照郭守敬的创造建立了"高表"的铜表与石圭和砖台与石圭两处，而铜表于清代毁后，唯一所存之"高表"实例，只有观星台一处了，可谓至臻之国宝。在中国及世界天文学史中，观星台都是极其珍贵的天文学文物建筑，也是世界上最重要的古天文台之一。

关于铜制的四十尺高表结构，《元史·天文志》记述的十分清楚："表长五十尺，广二尺四寸，厚减广半，植于圭之南端圭石座中，入地及座中一丈四尺，上高三十六尺，其端两旁为二龙，半身符表，上擎横梁，自梁心至表颠四尺，下属圭面，共为四十尺，梁长六尺，径三寸……"这一结构尺寸，与今观星台砖砌表槽直壁相符。与四十尺铜表相配合测景的是石圭与景符。

① ［明］宋濂：《元史》卷一六四《郭守敬传》，中华出局，1976 年。
② ［明］宋濂：《元史》卷一六四《天文志》，中华出局，1976 年。
③ ［明］宋濂：《元史》卷一六四《天文志》，中华出局，1976 年。

《元史·天文志》称:“圭表以石为之，长一百二十八尺，广四尺五寸，厚一尺四寸，座高二尺六寸，南北两端为池”中间有水渠“与南北池相灌通，以取平”。

根据以上高表与石圭的做法与尺度，正与观星台相符合，有力地证明观星台即为郭守敬天文仪表改革科学成果的实例。

观星台的建筑结构，由两部分组成。一是由回旋式踏道簇拥着的台体；二是出自台北面中部凹槽下部，由南向北，用36方青石板平铺于砖座上的石圭(俗称量天尺)。

观星台是以砖砌筑的覆斗形台体，下大上小，收分明显，具有早期高台建筑的特征。台高9.46米，连同台顶明代小室通高12.62米。台平面作正方形，底部每边长16米余，顶边长8米余。台体造型稳重而壮美。台北面东、西侧设踏道口。砖砌护栏，红石为阶，端庄大方，为古台增色不少。梯道边沿和台上四周砌有1.05米高的石帽砖墙，以确保登临者的安全。平坦的台顶供天文观测人员在表槽近处安置高表上部的横梁、悬球等天文仪器，调整上部横梁与下部石圭关系。高耸的台顶又是天文工作者观测北极(星)出地及其他星象的理想之处。登封观星台改铜表为高台表槽，以直壁代替铜表，既能满足高表测景的功能，直壁(即表身)又是砖台的一部分，十分稳固，易于长久保存，更无铜表遇巨风地震倾斜与被人为盗毁之虞。观星台历经七百余年至今巍然屹立的事实充分证明了这一点。

台顶小室，为明嘉靖七年(1528年)县令侯泰维修此台时“建室于其上”的作品。但是，一列小室的中部屋顶，却妨碍了本台的测景功能，日景在正午时被小室之南面房坡阻挡，石圭上得不到可测之日景倒像。故在1975年整修古台时，北坡屋顶原样保存，南坡屋顶的表槽上方部分不再保留，如此既对元、明时期观景台整修形象无大改观，又可全年于此台进行正常的日景观测。

石圭，俗称“量天尺”(图65、66)，其南端伸入台体表槽之中，距直壁36厘米，由此自南向北直抵北面的帝尧殿前，距殿之前墙4.5米。石圭为砖石结构。圭之下部用青砖砌成圭座，其上以36方青石雕作圭面池渠结构。石圭长311.96厘米，宽53厘米。圭面两端作池，南池为26厘米×26厘米的方池；北池为条形池，其东、西两端凿有泄水孔。南为注水池，北为泄水池，二池之间凿双股水渠，渠宽2.5~3厘米。此渠池之功能，《元史·天文志》说是为了构建石圭时，上面取平之用。以水渠定平，这是古代天文仪表上常用的方法，就连高表上部的横梁上，也有水渠测平的设计。另一种说法，是用来排水的，说台上原有铜壶滴漏计时器，滴漏出的水可滴入注水池，然后从水渠及泄水池排出[①]。此说多为后人记述，缺乏具体内

① [明]嘉靖七年(1528年)陈宣撰《周公祠堂记碑》，现立于观星台院内。

图65 量天尺

图66 量天尺局部

容，有待进一步查证。

从观星台所存表槽高度（由石圭上面至台体上沿近于36尺）以及石圭长度达128尺之基本尺度看，是符合前述《元史·天文志》中“高表”与“石圭”之基本做法的，但在石圭的宽度、水渠旁刻度等尺寸与做法上由于明代进行过整修，也存在着一些出入。

郭守敬改革圭表，易传统的“八尺之表”为四大高表，又在高表上端配置“横梁”；在石圭上配置针孔成像的“景符”等，其目的就是为了得到天文观测的精密数据，创制精良的历法，服务于农牧业生产。《元史·天文志》解释说：“按：表短，则分寸短促，尺寸之下，所谓分、秒、太、半、少之数未易分别；表长，则分寸

稍长，所不便者，景虚而淡，难得实影。前人欲就虚景之中考求真实，或设望筒，或置小表，或以木为规，皆取端日光下彻表面。今以铜为表，高三十六尺，端挟以二龙，举一横梁，下至圭面共四十尺，是为八尺之表五，圭表刻为尺寸，今申而为五，厘毫差易分别。”另外，关于表加高之后，横梁投影变虚的问题，郭守敬又创制了接景的仪器——景符，可使太阳的倒像及横梁的细线同时穿过针孔而呈现在石圭之上。《元史·天文志》“景符”条称：“景符之制，以铜叶博二寸，加长博之二，中穿一窍，若针芥然。以方框为趺，一端设为机轴，可令开阖，榰其一端，使其势斜，倚北高南下，往来迁就于虚梁之中，窍达日光，仅如米许，隐然见横梁于其中。旧法一表端测晷，所得者日体上边之景。今以横梁取之，实得中景，不容有毫米之差。”[①] 我们曾用复制的横梁、景符在观星台现场实测，与《天文志》所述完全相同，说明前述所引是真实测验的准确记录。就我们测得的数据分析，高表测景所得景长可准确到 ±2 毫米，相当于太阳天顶距误差 1/3 角分，远远领先于当时其他国家的观测水平，是我国天文科学发展史上光辉灿烂的一页。观星台在日寇侵华战争中曾受到日军的炮击，东壁有几个弹洞，其他壁面有多条裂隙，经 1975 年大修，台体的大多伤痕及台顶倒塌的东侧小室已修复完整，尚留东壁损毁较轻的弹洞作为日军侵华破坏我国珍贵文物的罪证。

7. 帝尧殿

帝尧殿位于观星台量天尺北端 4.5 米处。该殿初建于明天启七年（1627 年），初名“螽斯殿”。清嘉庆十四年（1809 年）改名为帝尧殿，并于殿前增建了卷棚。今大殿与卷棚场为面阔三间的硬山式建筑。檐石柱上刻有对联。

8. 元代殿址

在帝尧殿北的中轴线上，距观星台石圭北端 24.94 米处，2008 年新发现一座元代建筑基址。该殿址为面阔三间、左右带挟屋二间的遗址。其平面呈倒“凸”字形，正房前有月台，东西一列共七间，通面阔 27.06 米，南北进深 16.56 米，占地 448 平方米[②]。现已原地掩土保护。这一中轴线上的元代建筑遗址的发现，说明元代初年建造的观星台，并非单独的高台建筑，在中轴线还有形式考究的其他工作及住宿建筑。如前所述，在大都（北京）建立司天台后，“又请上都、洛阳（即

---

① ［明］宋濂等：《元史·天文志》卷四十八，中华书局，1976 年。

② 宋秀兰、张高岭：《登封观星台元代建筑遗址探析及复原设计》，《古建园林技术》2010 年第 3 期。

阳城)等五处分置仪表，各选监候官”[①]，这些天文官员，到阳城建观星台之同时必然要建立工作居住用房，所以在台之北发现同时代古建遗址，当是必然的。

三、观星台的历史与科学价值

观星台（含周公测景台及古碑刻）是一座国内少有的科学文化历史建筑。

首先，从周公测景台的历史与石表与土圭的关系等方面看，它是周公以“八尺之表”的土圭测景，求取地中，并由地中对应之“天中”“天下之中”和“天地之中”。这里是登封历史建筑群的发源之地。所以，清乾隆九年（1744年）《登封县志》增刻的康熙三十五年（1696年）县志的《图绘志》中，有《测景台图赞》称：“台名测景，只数尺耳。天地之中，乃建于此。”直言之，即说天地之中，起源于周公土圭测景以求地中之事。

其次，观星台保存了高表古制、石圭长达128尺。这组郭守敬所创圭表史上最高成就的元代实物，就坐落在这里。由于新创仪表的出现，“四海测验”空前的天文实测活动的成功，元初创造了一部先进的《授时历》。该历的精确性、先进性，达到了当时中国，乃至世界的先进水平。据《元史·历志》记载，由《授时历》精确计算出的“合成岁余”（即一年之长度）为“每岁合得三百六十五日二十刻二十五分”，即每年长度为365.2425日，以小时计算为365日5时49分12秒，与三百年后世界通用的阳历（即罗马教皇格里高利所造的《格里高利历》）完全相同，比之现代科技测定的回归年长度365日5时48分46秒，二者一年仅差26秒，其先进性由此可见。《授时历》是在我国使用时间最长的一部历法（长达364年），而且还传播到朝鲜、日本等国，被长期直接或间接使用，为我国及邻国的农牧业生产与天文科技的发展做出了积极的贡献。

最后，唐代的天文科学家一行、南宫说等为创制《大衍历》，进行了天文仪器改革创新和在全国范围（十三地）的“天下测景”，并留下了“周公测景台”石表；元代的郭守敬、王恂等，为了创制《授时历》，借鉴一行改革仪表、重实测的精神，在仪表改革上取得重大成就，在天文观测上开展了全国（二十七地）的“四海测验”，创制了举世先进的《授时历》，留下了观星台高表、石圭遗迹。历史相隔550多年，唐、元两代开展的天文历史改革，方法惊人之相似，成就惊人之突出，人物惊人之杰出，这当在中国历史上罕见之事。一行、郭守敬的名字，已被用来命名新发现的小行星和月球上

① [明]宋濂：《元史》卷十，《本纪》第十，中华书局，1976年。

的环形山，他们是世界级文化科技名人，是我们国家与民族的骄傲，值得我们永远学习，尤其是他们在探求科学技术方面永不停步的创新精神，更是我们宝贵的财富。

第二节　中岳庙

我国自古就有对名山大川的崇拜与祭祀之礼，尤其是五岳四渎之神更是受到历代帝王的崇敬。中岳嵩山，因处五岳之中，近于洛阳、开封等古都，所以受到更多更高等级的帝王封禅礼遇。中岳庙便是由此逐步发展起来的，现为五岳祠庙中建筑规模最大、最完整的建筑群。

一、地理位置与历史沿革

中岳庙位于登封市城东 4 公里的嵩山太室南麓黄盖峰下。庙南有玉案山，东有牧子岭，西有望朝岭，四面环山，庙前有太室阙，阙南近临奈河。其四周环山面水，是一处难得之风水宝地。自秦汉以来，庙址虽有几次迁移，但始终没有离开这一区域。现在，由郑州通往登封的公路以及嵩山地区的主要旅游线路均经过中岳庙前。改革开放以来，中岳庙成为中岳嵩山文化旅游的主要景点之一，尤其是每年的传统庙会期间，来自全国各地、各行各业的商家云集于庙之内外，形成一种人气极旺的特殊庙会景象。

据《山海经》“中山经”记载，大约自战国以来，太室山和少室山均已建立了神祠、山庙。“少室、太室皆冢也。其祠之太牢之具，婴以吉玉。其神状，皆人面三首；其余属，皆豕身而人面也。”[①]这一记载，表现出太室、少室山区原始居民的图腾崇拜与其他山地神明崇拜之不同。秦统一天下，曾诏令祠官把天下常奉的名山大川列出次序，规定自崤山（今河南省渑池西南）以东，定太室（崇高）、恒山、泰山、会稽、湘山五山及华山以西的七山定为天下名山。并令祠官每年向这些名山的祠庙供奉牛犊、珪币以及脯酒等，以敬祀神灵。西汉元封元年（公元前 110 年）三月，汉武帝刘彻“遂东幸缑氏（今偃师市境），礼登中岳太室。从官在山下闻若有言‘万岁’云。问上，上不言；问下，下不言。于是以三百户封太室祠。命曰崇高邑”。由此可知，此邑城乃因祠庙而立。从汉代所建太室阙位置推之，

① 方韬译注：《山海经·中山经》，中华书局，2011 年。

东汉时期的太室庙当在今阙北不远处。石阙建于东汉安帝刘祜元初五年（118 年）。由太室阙铭可知，东汉时期称这里的山神为“崇高神君”，说他为人们做了许多好事，所以要建祠立阙，以得到他的庇护和保佑。北魏时，曾三次迁庙于东南岭（玉案山）、嵩山上及神盖峰（黄盖峰）。武则天垂拱四年（688 年）七月改嵩山为“神岳”，封其神为“天中王”，配“天灵妃”。天册万岁元年（695 年）腊月，武则天封禅于神岳，改元为万岁登封元年（696 年），“登封”县名由此而来。并尊“天中王”为“神岳天中黄帝”，“天灵妃”为“天中皇后”。唐玄宗开元年间（713~741 年）中岳庙址改建于黄盖峰下，即为今中岳庙址，自此庙址未再变更。唐开元十八年（730 年）唐玄宗李隆基仿照汉武帝元封元年加增太室祠的故事，重新修饰祠宇。天宝年间（742~756 年）每年六月唐室均遣河南府尹到岳下祭祀岳神，“岁无违者”。北宋初年（963 年），宋太祖赵匡胤下令为中岳之神制作衣冠剑履，自此中岳神像着衣戴冠，直至近现代未改。宋太宗赵炅太平兴国八年（983 年），赠五岳封号，名中岳之神为“中天崇圣帝”，帝后号“正明”，派遣礼官按时祭祀。并以县令兼庙令，尉兼庙丞，专管祀事。长期以来，对岳神的崇拜，由皇帝派遣礼官致祭的礼制文化形成了制度。唐、宋两代对中岳庙进行了多次修葺，基本上奠定了今日中岳庙的宏大布局（图 67）。一些地方仍可看出早期建筑的印记，是研究中原地区古建筑的重要实例。

图67　中岳庙全景

二、中岳庙的建筑

中岳庙建筑群，规模宏伟，占地面积 10 万平方米。自大门前的“名山第一”坊开始，至后院围墙南北长 600 余米，东西宽平均 160 余米。现存文物建筑，中轴线上自南向北为：汉翁仲双亭、名山第一坊、遥参亭、天中阁（正门）、配天作镇坊、崇圣门、化三门、峻极门、崧高峻极坊、露台、峻极殿（正殿）、垂花门、寝殿、御书楼以及庙后黄盖峰顶的黄盖亭等。在中轴线建筑左右还有各处掖门、六角亭、神库、四岳殿、回廊、御碑亭以及金、石附属文物等。尤其是在中轴建筑区的东、西两侧，还建有“六宫”——东路为乾隆行宫（已毁，尚存花园少许湖石等）、神州宫、小楼宫；西路为太尉宫、火神宫、祖师宫。另在庙墙外西侧建有无极殿、九龙宫等。以上建筑中，除中轴线主体建筑外，一些房屋多成普通瓦舍，卑萎不制，不一一记述，现就主体部分，自南向北记述如下。

1.“名山第一坊”及汉翁仲亭

1942 年以前，此坊为木结构建筑，至 1942 年改木坊为砖结构牌坊，并易名称“中华门”。近年又拆除“中华门”重新恢复“名山第一”牌坊。现该坊为中岳庙大门前的一座壮观建筑。结构为三间四柱七楼柱不出头式牌坊。主楼檐下额枋题“名山第一”四个金字，七楼坊顶覆以黄色琉璃瓦，四根巨柱饰以朱红色，其下部有雕刻精美的夹杆石，柱间层层枋木、花板饰以金龙丹青石绿诸色和玺彩画，装饰档次殊高，此坊临近路边，有着极好的观光导引作用。

在“名山第一坊”前，中路东西侧有汉翁仲石像两尊。石像雕刻极为古拙，高 1 米许，二像皆平顶大头，头戴平帻（帽类），故呈现“平头大脸”之状，身着长衣，双手于胸前扶剑。文献对此石刻无多记载，仅知原在太室阙附近，当与汉代所建规模不大的太室祠有关，是一件极为珍贵的中岳庙石刻文物，所以新中国建立后，为之建造了保护性双亭，以防游人触摸刻画。但鉴于其石刻文物年代古远，并已有风化与损坏之迹，仍当采取进一步保护措施为妥。

2. 遥参亭

遥参亭位居天中阁正门之前，原意为过路急行之客，在庙外参拜岳神之建筑物（图 68）。初为重檐方亭，1942 年改建为今之形制——高台、八角重檐式亭，上覆黄

图68 中岳庙遥参亭

色琉璃瓦。下檐八面坡顶施正脊、垂脊及各式吻兽；上檐为八角攒尖顶，亭刹高耸，铁锱稳固。亭下高台，以砖石砌造，合上新配望柱栏板。正背面筑石阶踏道。

3. 天中阁

天中阁建于遥参亭后长台上，为中岳庙之正门（图 69）。此阁为一座气势轩昂的高台建筑，原名“黄中楼”。明嘉靖四十一年（1562 年）改建成为天中阁。以“天中”命名，更显出中岳神庙之特征，也是“天地之中”历史建筑群的又一重要标志性建筑。由于“天中阁”的定名，就连庙前阁下的街道亦名为“天中街”。天中阁建在 7 米多高的砖台上。阁为面阔五间、进深一间的重檐歇山式建筑，四周有回廊，阁顶覆绿色琉璃瓦。阁通高约 20 米。在高大的墩台上，券有三座洞门，洞内置实榻大门，门扇上钉着硕大的门钉与铺首等。阁东西两端分别砌筑登台的踏道。台顶四边沿砌筑有 1 米多高的女儿墙，供登临的人们凭栏眺望周边风光。阁下月台上东西两侧筑有屏墙，左右对称，墙心有雕饰精美的瑞禽神兽。门左右置巨型石狮一对，是为守门狮子。由于此阁的墩台、门洞、重檐阁顶均似天安门，故当地人们称天中阁为“小天安门”，如此规格之庙门，在河南只此一例。

图69　天中阁

4. 配天作镇坊与坊东六角亭

坊居天中阁北，为庙院内第一坊。该坊为三间四柱三楼柱不出头式木结构牌坊。此坊开间宽阔，布局大方。檐下施斗拱，屋面覆黄色琉璃瓦。四柱下部用石雕夹杆石，柱上端前后加支戗木 8 根，结构坚固。正楼（明间屋顶，亦称明楼）作庑殿式，上施正脊和四垂脊及大吻、走兽等；次间两间的次楼上顶各作一半庑殿式瓦顶，装饰与正楼同。正楼题额为"配天作镇"四字；次楼分别题额"宇宙"和"具瞻"各二字，皆作蓝底金字，十分醒目明快。此坊为清初时建，1979 年曾经落架整修（图 70）。现坊之东有六角亭一座，是 1942 年毁清乾隆年间建的东朝房，改建为亭子。

5. 崇圣门与化三门

在配天作镇坊以北，有两座构筑规格较差的歇山式建筑，前名"崇圣门"，后称"化三门"。二门原来是与峻极门同样规格的中轴线门庭建筑，1942 年改建成现在面貌。虽然仍保留原有五开间规格，并采用歇山形式，但从屋顶到门窗装修等均已失去古建筑故有之风貌。"崇圣门"当取义于中岳之神奉号为"中天崇圣大帝"

图70 配天作镇坊

（宋太宗赵光义所上尊号）；化三门之名，清崔应楷《重修中岳庙碑记》称："化三门者取三才（天地人）变化之义也。"道家称过其门有消灾避祸，求得吉祥之福。1958年12月，陈毅元帅到中岳庙参观曾在其所作诗中说："巍巍中岳庙，少小即知名。今日亲观览，荒凉满目陈……一览已无余，建筑乏艺能……"推想"巍巍中岳庙"当指庙之原有古建筑天中阁、峻极门、峻极殿等；而"建筑乏艺能"当指1942年时拆改的崇圣门与化三门等。

在崇圣门与化三门之间的中轴线东、西两侧，分别建有两座小型建筑。其东为古神库，宋、金时期称为"火池"，周边有四铁人护卫"火池"。此火池当为祭祀者火化祭品之处。后改池为平面方形、四角攒尖顶式的砖亭，称为"神库"。唯宋代铁人依然护守如故。与神库对应的西侧无字碑亭一座，亦为平面方形的四角攒尖顶砖构建筑。因亭内立一通没刻碑文的无字碑而得名，石碑仅于边沿饰以线刻纹饰，无碑刻内容，据称以中岳之神功德无限，难于言表，故而无法书文记之。碑面空白，可令人有更宽阔的思考与崇敬。此亭之西，建有花圃，是庙院美化的基地，使庙内四季飘香，环境更为优雅。

6. 峻极门及四岳殿

峻极门是峻极殿（中岳庙正殿）前中心四合院的大门。宋、金之际称"上三门"，

在其前之二门分别称作“下三门”与“中三门”。殿前左右分列四岳殿，尤似中岳之尊，配列四岳之位。

峻极门面阔五间，进深两间六架，为单檐歇山式建筑。梁架作中柱造。明间开过门一间。正面两次间塑守门将军泥塑两尊，故俗称为“将军门”。檐下施五踩斗拱，明间和次间各四攒，稍间各三攒。每间额枋之下、柱侧均饰以雕花雀替，梁枋斗拱等木构件面上均绘以精美的清式彩画，使高台之上的五间大门显得非常壮丽。大门东、西侧各建掖门一座，故有“三门”之称。

峻极门前，中轴线东、西两侧各建高台建筑两座，是为“四岳殿”。四座殿宇皆为高台建筑，与峻极门一起组成一区密集型建筑群，皆立高台之上，显得特别壮观。1944 年台上殿宇被拆毁，仅存殿台。台为砖石结构，其石栏上的望柱、栏板雕刻有精美的图案。近年来，四岳殿上部的殿宇得到重建。四岳殿东侧北端为东岳殿，南端为南岳殿；西侧南端为西岳殿，北端为北岳殿。这一组群建筑布局，正是《史记·封禅书》所载“昔三代之居，皆在河洛之间，故嵩高为中岳，而四岳各如其方”的形象表现。这种用高台建筑表现五岳关系的做法，在别处尚不多见，是我国建筑文化中珍贵的实例。

7.“崧高峻极”坊与“路台”“御碑亭”

在进入峻极门后的中轴线上，有一座造型秀丽端庄的三间四柱三楼柱不出头式的木结构牌坊，正楼上作庑殿顶，覆正黄色琉璃瓦，正脊两端饰龙吻，四垂脊下端饰垂兽，下有戗脊。次楼各作半顶，其制如正脊之半。三楼皆由密集的斗拱承载，正楼除柱头科斗拱外，中部用六攒平身科斗拱，皆为九踩斗拱；两次间用七踩斗拱。正楼上下两枋之间置蓝底金字题额：“崧高峻极”，是为坊之正名。额左右置透雕花板，斗拱和额枋饰以龙云纹彩画，四根柱子油漆作红色，柱下部用雕饰大方的夹杆石稳固木坊，柱之前后又用八根戗木支撑，以防因风力或地震引起的前后倾斜。从峻极坊的高宽比例，构件尺度，艺术设计等多方面研究，均可称作嵩山地区，乃至河南省最为优秀的木制牌坊之一（图 71）。

路台，在峻极坊以北的中轴线上。在宋、金时期称路台，今亦称为拜台。台由砖石砌成，高 1.30 米，南北长 11.10 米，东西宽 11 米，为正方形。台之各面砌有石阶踏道，台中部有一方拜石，十分平整光滑，是官员与民众进行朝拜中岳之神的地方。

御碑亭两座，居路台东、西两侧，式样相同，是清乾隆年间所建。亭为八角重檐攒尖顶式建筑，亭周环廊围绕，规模壮阔。亭顶覆盖黄色琉璃瓦，上檐宝顶

图71　中岳庙峻极坊

之下分砌八条垂脊、戗脊，脊筒之上有垂兽及角神、走兽等；下檐饰有各面博脊、龙吻、垂脊走兽等。八根檐柱与老檐柱间，有一周台上环道。老檐柱间砌有坎墙，上置门窗。东亭原称“御香亭”，当为放香之所；西亭原名“御帛亭”为置帛之所，皆为祭神之用。后因东亭内刻立有清乾隆十五年（1750 年）诗书御碑，西亭内亦刻立有乾隆四十八年（1783 年）御碑，而通称之为御碑亭。此二亭，也是中岳庙亭式建筑中最高规格之古亭（图 72）。

8. 峻极殿

峻极殿位于路台以北的高台上（图 73）。大殿前为一座两米多高的大月台。台的正面筑三座登台的踏道，东、西两侧面各筑一座踏道，方便人们从五处踏道口出入。在正面中部的踏道中部，用巨石雕造成上有盘龙、中为二龙戏珠、下为群鹤闹莲的陛石，其左右分砌东、西石阶，这是中岳庙礼制建筑的又一处具体表现。其东边之阶，古称“阼阶”，又称“主阶”“东阶”，是宫廷中帝王、家庭中主人用的台阶；西侧的石阶，称“宾阶”“西阶”，是宾客们使用之阶。月台十分宽阔，四周及各台阶两边皆配有雕工精美的望柱栏板，以此石栏维护高台上人群的安全，同时也为大殿增加了壮丽之景观。

图72　御碑亭

图73　峻极殿

月台北面坐落着中岳庙的主体建筑——峻极殿。该殿面阔九间，进深五间，建筑面积920平方米。殿高23米，为重檐庑殿式建筑，殿顶覆盖黄色琉璃瓦，上、下檐下施以七踩与五踩斗拱，梁架、斗拱上饰有和玺彩画。大殿为清官式建筑，是研究河南清代官式建筑的范例。殿内柱础，雕刻极精，具有早期雕刻与造型特点，当为宋代大殿的遗物。这座供奉中岳之神的大殿，历代享用帝王等级的祭祀与建筑规制，许多名人、书家为之题写匾额，现殿檐下仍悬挂横匾十三方，正门上方之匾为清文宗咸丰皇帝御书"威灵镇佑"四个大字。由正门进入殿内，仰头可见梁枋斗拱上均绘有清代最高档次的和玺彩画。明间顶部天花板之中，有一座精工雕制的盘龙藻井，为大殿增加了极高的品位与神秘感。殿的中部为一座大型神龛，规制壮丽，雕刻精美，龛内为被封为"天中王""天中黄帝"的中岳之神的塑像，高约3.6米。自宋代起神像头戴冕旒，身着锦袍，双手持一笏板。岳神两侧塑有侍臣、神童等神像。神龛之外，正前面置一大供案，上置放着祭祀时使用的铜鼎、铜蜡台及各种祭器等。神龛左、右两边塑有两尊站像，高约6米，身着武将甲胄，头戴金盔，手持斧钺、铜锤（金瓜）等长柄兵器，是护卫岳神天中王的"镇殿将军"，两像庄严威武、神气十足。据庙中老年道长说，东、西两镇殿将军像，名为方弼、方相。殿前面东侧有一木制钟架，其上悬有明万历元年（1573年）所铸大铁钟一口，重达1000斤。此钟上铸龙纹钟钮，下口沿作八个钟唇，钟形端庄大方，相传击之钟声洪亮，可远闻十余里外。殿前方西侧有木制的鼓架，其上架有一大鼓，鼓径1.3米，系20世纪80年代制作的牛皮鼓。此钟鼓，也是殿中法器之一，亦可弥补庙中无钟鼓二楼之缺憾，以此可代晨钟暮鼓及为其他法事活动之用。另外，在大殿背面、对着后门，还立有一通石碑，碑上仅阴刻一个"☵"形字，此为八卦中的"坎"卦，"坎"属于八卦中之水象，水可灭火，立碑之意，仍为"保护"木结构的峻极大殿，因为中岳庙历史上与现实中，最重要的事就是防止火灾，故立此碑以镇火；还有一说，因庙后黄盖峰之西，有一山头名"火焰山"，古人为防不吉，刻此碑以"镇"之。这也是古代风水文化的一种表现。

至大殿停步，前望殿台左右，是一周拱卫在大殿左右的长廊配殿，构成了一座大型的中心四合院落，亦是此庙建筑的高潮与精华所在，也是我国礼制建筑群中权威之体现。从唐、宋帝王对中岳神庙大加封位以来，中岳庙建筑规制一再升高，并且一直保留了这一以主殿为中心的廊院制度，这样的规模，实不多见。正如我国建筑界泰斗刘敦桢先生所说："峻极门内，原构有左右廊屋，现已崩塌，但自此折北，尚存东西廊各三十一间，至北端，再折转向内，与大殿会合。庙中建筑，唯此迴廊，尚存古法。”[①] 这种“尚存古法”，亦正是千百年来我国营造学上难得的传承，是中国古代建筑历史中重要法式极为珍贵的实物例证，具有重要的研究价值。据有关著作记载，中岳庙回廊院的回廊间数，屡有增减变化，“东西廊房：北接中岳大殿，南连峻极门，构成一座完整的中心院落。宋太祖乾德二年（964 年）重修后，建制为 72 间；明思宗崇祯十四年（1641 年）失火被烧毁；清世祖顺治十年（1653 年）重建为 92 间；乾隆元年（1736 年）重修时改建为 84 间。现制为 90 间。”[②] 刘敦桢先生调查中岳庙时，所见到廊房严重损毁的面貌，在 20 世纪七八十年代已得到了省、市领导的关注，并予以修复，形成现在完整无缺的中岳庙大回廊中心院的面貌。关于这座大殿的建筑年代与手法，刘敦祯先生说：“此殿结构雕饰，以及内部的和玺彩画，均系清官式做法，颇疑乾隆重修时，特自北平派迁匠工至此。惟檐柱柱础上，施覆盆，雕盘龙与写生花，不类当时的作品。”[③]

9. 寝殿

自大殿后门或东、西两侧边门北上，过一间精巧的悬山式垂花门，进入寝殿院内。该院除垂花门之外，也仅存寝殿一座古建筑了。该殿面阔七间，进深三间，为单檐歇山式建筑，殿顶覆以黄色琉璃瓦，建筑面积 347 平方米。现殿内保存了相当完好的天花板装饰，目前看来色彩还非常清晰明快，图案结构完整，其内容为龙、凤两种，明间饰龙，次间绘凤。殿内明间塑有天中王和天灵妃神像，左右塑有两侍女。另外，神龛两侧还置有龙、凤木榻，并分别有泥塑的“中天王”的睡像与天灵妃坐像。两侍者立于神龛之外。总之，此殿内乃模拟皇室后宫制作的。寝殿是中岳庙中仅次于峻极殿的建筑，开间上由九间减为七间，规格上从重檐庑殿顶降为单檐歇山顶，这些做法正体现了我国古代礼制建筑的中的等级差别。但是，就此殿的建筑年代、彩画现状、黄色琉璃瓦顶等来看，都有其重要的价值。据《嵩岳庙史》记载，它重建成于明成化十六年（1480 年），清乾隆初年进行过重修，保留有较早的做法，是中岳庙内时代较早的木构建筑。寝殿前有一月台，现月台上石雕的“日”“月”石雕两件，用以怀念原生长在月台上的“日柏”“月柏”两株名木。现月台东侧有“日柏亭”一座，亭外壁嵌有清宣统二年（1910 年）刻立的《日柏亭成记碑》一通。

---

① 刘敦桢：《河南北部古建筑调查记》，《中国营造学社汇刊》第六卷第四期。

② 登封市文物局：《嵩山中岳庙》，香港国际出版社，1997 年。

③ 刘敦桢：《河南北部古建筑调查记》，《中国营造学社汇刊》第六卷第四期。

10. 御书楼

御书楼位于寝殿之后，原名黄箓殿，是庙中存放道箓之处（图 74）。原为古建形制，民国年间改为现状。面阔十一间、进深三间，屋顶作歇山式样，实乃硬山式建筑，即人们称之为假歇山。这一楼房的建立，与其前的寝殿与峻极殿极不协调。

图74　御书楼

11. 黄盖亭

出中岳庙后门，在庙外向北的 500 米的黄盖峰之巅，建有一座重檐八角亭，上覆黄琉璃瓦，因山峰之名，名曰“黄盖亭”。站在亭前，回瞰中岳庙全景，别有一番感慨之情，原来这里也建过早期的岳庙。如今，这里仅存一亭，成为中岳庙大型建筑群的尾声和结语，但也只有在此，方可领略全庙庄严浩大之整体气概。

三、珍贵的历史文物

中岳庙现存殿宇，主要是清代官式建筑，对研究河南清代官式建筑具有十分重要的价值。此外，分布在庙院前后的石雕、碑刻、铸铁艺术品以及规模巨大的

古柏林带环境，均是十分珍贵的国家宝藏，具有突出的历史、艺术以及生态等多方面的研究价值。下边择要、依时代先后作以介绍。

1. 东汉石翁仲

东汉石翁仲位于庙前“名山第一坊”以南约 20 余米处。为保护石翁仲，20 世纪 50 年代建方亭两座并加有护栏加以保护。翁仲高 1 米许，其形态十分古拙，所谓“平头大脸”，身如矮柱。仔细观察，是头戴平帻，身着长衣，腰间束带，双手持剑的武士。从时代上看，当为东汉庙前石刻。翁仲所戴平帻，在许多汉代石刻或壁画上多有例证。石翁仲的保存及太室阙的位置，对于研究汉代太室祠（中岳庙的前身）原始位置，有着重要的历史价值。对于这两尊极为珍贵的雕像保护，主管部门应有更加科学的保护措施，并加强历史文化方面的深入研究。由于现在的保护亭较小，并不能完全防止风雨冰雪的侵蚀和人为的污染（如旅游区公路边的汽车振动与尾气的损害及游人的涂抹等）。汉代石刻虽然不少，但直接与庙宇历史相连接，与汉代石阙建筑相互印证的人物石雕，则是少之又少，作为世界文化遗产的一部分更应当有针对性采取保护措施，如复制原大原形的“翁仲”取代汉代文物，将东汉翁仲移入庙内陈展室展出，使其在适宜的恒温、恒湿、空气流通的优良环境中展示，并有人负责讲解，充分发挥其历史价值。且现在翁仲亭之位置，并非文物本体的历史原址，没有立于今庙前之特殊意义。对于这样极其珍贵的石刻文物，保护是第一位的，展示是第二位的，展示应有科学环境条件。

图75　宋代铁人

2. 宋代铁人

四铁人位于庙院内崇圣门后部甬道东侧之古神库的四隅（图 75），形象生动逼真，是我国岳庙现存最高大完整的四大铁人，建造于北宋英宗治平元年（1064 年）前后，距今已有九百多年的历史了。四铁人被人们称为“镇庙铁人”“镇库铁人”或“四大水星”。四铁人的装束基本相同，他们头戴战盔，身着道领长袍，双肩前后缚带，于背后作结，腰间紧束玉带，束袖扎腿，足蹬战靴，完全是四员战将的形象。由此可知他们是守护中岳庙的护卫武神。从金代永安年间所刻的《大金承安重修中岳庙图》碑可知，四铁人所在位置与原址无异，只是原建于四铁人中心的“火池”改为今日的方亭。“铁人的艺术造型，基本上是写实手法。这主要表现在人物身段各部比例以及服装履带塑造的真实与协调上。另外，由于匠师们对人物面部表情的精心刻画，使人看后，便能把四个衣冠姿态基本相同的铁人，一个个找出他们的特点来。总之，四铁人不仅都是威严雄壮、生动逼真，而且也都是非常具有个性的。”[①]关于铁人的铸造者，在东南角和西北角两尊铁人身上可见到“忠武军匠人”的几个名字，他们是董瞻、□时因、李诚、秦士安、秦顺等。另外还有“□□主吕荣”“登封县押司刘琰、押司张简”等当地人员。四铁人所保留的历史信息、艺术成就和铸铁技术等内容是极为丰富的，不愧为国之重宝。

3.《中岳嵩高灵庙碑》

此碑为中岳庙乃至嵩山地区最古老的碑刻，立于峻极门前东侧东岳殿与南岳殿之间碑亭内。此碑刻立于北魏太武帝太安二年（456 年）。碑高 2.82 米、宽 0.99 米、厚 0.33 米，碑额为篆书“中岳嵩高灵庙之碑”八字。碑额有直径 14 厘米的碑穿（透空的圆孔，这是汉碑以来的一种古碑形制，保存着墓碑与下葬辘轳石板的渊源关系）。碑顶为龙首，碑侧饰有精美的雕刻。碑文由著名道教名人寇谦之撰写。碑文为魏体字，两面刻碑文，记载着北魏时期中岳庙的迁徙与修葺活动。由于自然风化等原因，原碑字迹多已剥蚀，碑文严重残缺，难以句读。所留下的数百个可读碑文，仍具有很高的书法研究价值。

4. 宋、金“四状元碑”

位于中岳庙东华门与西华门内，立有宋、金时期刻立的四通巨碑，因撰文者皆为两代的状元，故俗称为“四状元碑”。这四通宋、金碑刻对了解和研究宋、金之时中岳庙的地位、庙宇建筑保护维修及相关社会活动均有重要的史料价值。东华门内两碑是宋代的王曾撰《中岳中天崇圣帝庙碑》与金代的黄久约撰《重修中

---

① 张家泰：《宋代铁人》，《郑州晚报》1964 年 1 月 28 日，第 3 版。

岳庙碑》；西华门内两碑皆为宋碑：一为卢多逊撰《新修嵩岳中天王庙碑铭》，一为陈知微撰《增修中岳中天崇圣帝庙碑铭并序》碑。四碑形制考究，雕饰精美，书法均佳，状元撰写，为庙中一奇。更重要的是，碑文中记述了不少有关中岳庙宋、金时期的建筑增建与维修资料，使人们对这段历史有较具体的认识，如建筑图标的绘制、工程的领导、庙宇的盛况等。

5. 金代《大金承安重修中岳庙图》碑

该庙图碑是宋金时期中岳庙整体布局的真实写照，刻立于金章宗完颜璟承安五年（1200 年），距今已有八百多年的历史（图 76）。以此图和今日中岳庙布局相对比，我们会发现，我国建筑文化的传承与发展变化概况。由于该庙图是非常写实的，且建筑物旁又多有题榜，使我们可以更真实、形象地看到八百多年前中岳庙的宏伟而严谨的建筑群组合与布局特征。今碑保存在中岳庙峻极门东掖门内。碑高 1.26 米、宽 0.73 米、厚 0.21 米，圆额方趺，周边阴线刻缠枝牡丹一周。庙图的中轴线上最下部（南端）有河流及河北岸的“石阙”（即今之太室阙）。北上有

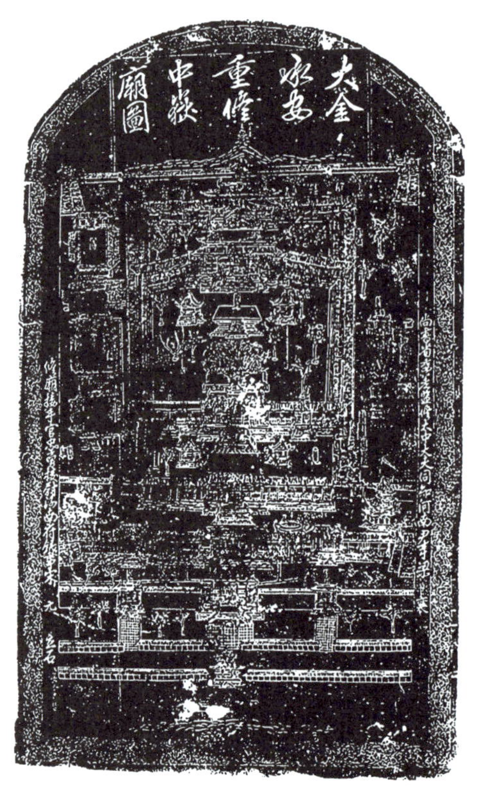

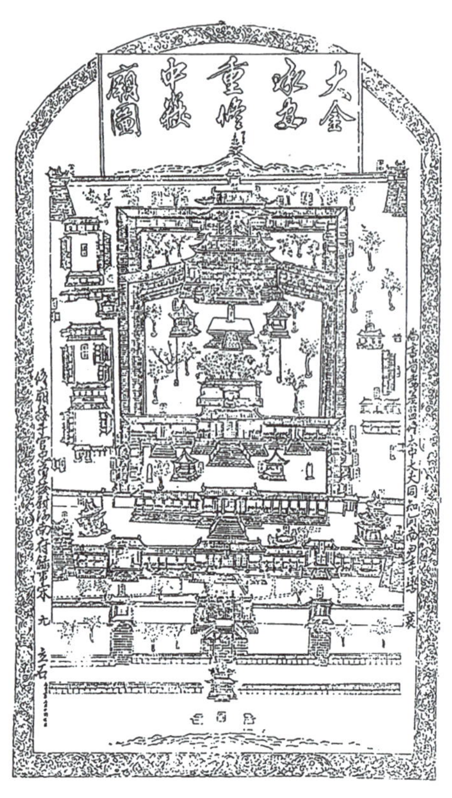

图76 金代《大金承安重修中岳庙图》

重檐十字脊的方亭，独居庙门之外，为今“遥参亭”的位置，当为古人考虑到过往急行人们在庙外参拜岳神的场所，至今的遥参亭当是它的延续与功能上的传承。此亭以北为两列通庙之宽的排房，可能为庙前街道，亦即今日的天中街。在北边排房中部留有入口，树二望柱。街之北有三方砖铺砌的甬道，直抵三座庙门之前。中间之门，图上题榜曰“正阳门”，是在柱头饰有宝珠的望柱，上方插入横枋构成门的框架，门心装门扇，中双扇，边单扇。三门下部为饰有图案的花板，上为直棂格条。三门之间用横条相连为一体。正阳门建在一台明上，中心间设有台阶，台阶两侧及台明、望柱间装有直棂式栏杆。正阳门左右前墙间，各建单间四阿顶门楼，内用实榻门。这是庙图中的第一道过门。此门之后是第二道过门，此门为面阔五间的单檐四阿顶大门，从图上题榜可知其名为“下三门”。这里所称的“三门”，是指此门五间房子中，有明间及左右次间共三间均开实榻大门（钉有门钉的板门），并非包含主门两侧面阔一间的侧门，因为侧门也各有自己的门名，东门题榜称“东挟门”，西边题榜“西挟门”。此挟门与中门之间的连接建筑，已由其前正阳门左右的墙壁改作廊子，在廊子的东西两端，还建造了高台阙楼，图面题榜称为“角楼”，实乃二出之阙楼。阙楼上部为饰有鸱吻之四阿瓦顶，阙室为木结构房屋，阙室错落为高低二层。阙身高台为砖砌的整齐壁面，最下层有分块砌筑的阙基层。这是宋、金重要建筑群中使用砖木结构角阙的珍贵实例。由此布局可以看出，自此门一线向北，当是中岳庙主体院落之开端。

自下三门向北为“中三门”。中三门与下三门的建筑形制基本相同，亦为面阔五间的四阿顶建筑，大门左右各有八间廊子，均坐在须弥座式的台基之上，显得特别规整。廊子两端靠后部位筑有两段隔墙，墙上开有单间小门，墙头覆有瓦顶。此东、西偏门是直通东、西侧院的通道。在东偏门的外侧建有重檐九脊殿式碑楼两座，在西偏门外侧建有重檐九脊殿式碑楼一座，这是古人对珍贵碑刻采取的有效保护措施，同时也为庙院增加了景观。另外，在中三门神道之东还刻绘出“火池”一座，火池为圆形，其上沿口处还饰有三弧形（形如“凸”字，改直角为弧线花瓣纹装饰）。垛子一周。火池四面有四铁人护卫。此“火池”便于焚烧纸帛香火，是为宋金时的原始功能之需要而作，到清代已改建为现存的四角攒尖式的砖砌古神库了。

“中三门”之北是“上三门”。其建筑规格与前两门相同，仍为面阔五间的单檐四阿式大门。门建在高台基上，正门左右各有五间廊房，东、西廊房之中心一间为过门，置实榻大门各两扇，各门及廊房均建在台阶之上，上三门及东、西单间过门前均筑有栏杆式踏道，廊子外边沿设栏杆护卫。上三门左右两厢各建五座小殿，组成了方形院落。各东、西小殿名称，东侧自北向南为“皂君殿”“东岳殿”“山雷公”“南岳殿”和“府君殿”；西侧自北向南为“二郎殿”“北岳殿”“真武殿”“西岳殿”“土宿殿”。上三门前的院内神道两侧建有四角攒尖方亭两座，皆为井亭。亭两侧各立有古碑一通。东侧碑首上部有碑穿圆孔的，即为北魏“嵩高灵庙碑”。

以上所述“下三门”“中三门”和“上三门”的位置即今之崇圣门、化三门和峻极门。中三门与上三门之间东西两侧的十座小殿，到宋、金之后仅保留了其中的四座，即东侧的“东岳殿”“南岳殿”和西侧的“北岳殿”“西岳殿”，这是一个重要的变化，突显出了五岳共存的文化特色。

“上三门”以北是一座以“琉璃正殿”为中心的大型回廊式的主体院落。此院内分布着一些祭祀活动礼制必需的建筑物与构筑物，是宋、金时期中岳庙高规格建筑布局与建筑特征的极重要的表现。上三门内不远处，是“降神小殿”一座，小殿面阔略与上三门相似，前有单间抱厦，殿后为一片竹林，竹林左右边各有一高杆，下用夹杆石稳固，很可能是用以挂旌幡的幡竿。在幡竿近处还有 8 株树木。在竹丛上方是一座须弥座式的“路台”，台平面为方形，立面有较深的束腰，正面设有垂带式踏道。台面中部有一圆物，可能为祭祀用的供具，题榜为“路台”二字。这一做法也保留至今，只是形制、尺度有此变化。路台的上部左右均有一四角攒尖的亭子，题榜即此二字。

路台之后，即为本庙最雄伟庄严的主体建筑——“琉璃正殿”。该殿坐落在直壁式高台上，为面阔七间重檐四阿顶建筑，殿顶饰有鸱尾和脊兽，檐下饰有不太明晰的斗拱，在七间殿堂中，左右两端为过道，装实榻大门，中间五间为隔扇门各两扇，在两次间前筑有双阶，而明间无阶并用栏杆加以阻隔。踏道左右有筒状器物。大殿两侧为斜伸向回廊的斜廊各八间，形成了大回廊的前院部分。大殿之后复有一座面阔五间重檐九脊殿式建筑，题榜：“琉璃后殿”，在两殿之间有廊屋相连，题榜称“琉璃过道”。此三座建筑构成平面上的“工”字形结构。其周环廊，形成大回廊之后院，植树满院。

琉璃后殿之北为中部的后门、东西角楼以及后门与角楼间的庙北围墙。墙外有山峰与山上亭阁，图上题榜称“神盖峰”，上筑面阔三间的四重檐的高阁，这是中岳庙的最高处建筑物，现称“黄盖峰”与“黄盖亭”。

自中三门及围墙以北，亦即大回廊之东、西两序，也刻绘了两组建筑。东侧建筑稀疏，有面南单檐房屋四座，面西房一座。位“东华门”之北，有两座面阔五间的“院子房”，前后而立。其北是一座面阔五间，坐东向西的“神厨”，又向北是坐北面南的“监厨厅”，平面为倒丁字形，正面三间，背面一间宽，如“虎尾子”组合。“监厨厅”之东，另有小房一间。总之，东侧别院为厨事所在地。西侧边院，建有规整的四合院三座，西华门内偏北建门楼三间，此门为“断砌造”形式，即门的明间不筑台基，门台做在两次间，以方便车辆出入。此门之东偏后，又筑低门三间。其后是一座四合院，正房五间，房前筑有月台一座。东厢房三间，西厢房五间。此院之北又接一院，该院题榜为“使厅位”，可能是为祭祀中岳的官员建造的住所。其正屋五间，当心间用实榻大门两扇，此屋西侧有小屋一间。屋东有拐角墙，直下南大门处。由此可知这是前后两院为一宅，故有前门与后门。此大院北又置散屋多间，其西侧一小室题“西水门”当是排水建筑。再北有大门及平房多间，后为一座“道院”，是由四座面阔五间的四阿顶建筑围合而成的方形院落，正屋与西屋明间均为实榻大门。这里是道人的生活区。

从庙门图碑和现今中岳庙建筑布局，我们可以看到千百年来，这座庙宇的礼制建筑特色、庙宇的宏大规模以及早期大型回廊式平面结构、重重大门的威严和重要金石文物的保存，这些都为学术研究提供了十分难得的资料，这是登封“天地之中”历史建筑群中建筑规模最大、保存最完整的一座建筑珍宝。

第三节 太室阙

在登封“天地之中”历史建筑群中的礼制建筑，除中岳庙外，还有太室阙、少室阙与启母阙。在我国古代，阙是建在都城、宫廷、祠庙、陵墓以及民居等建筑群前面的高台建筑，用以瞭望远处情况，也是门户的标志。《说文》称：“阙，门观也。”同时，古人也常以这种形式建筑来标示主人的尊卑地位，如《白虎通》所说：“门必有阙者何？阙者，所以释门，别尊卑也。”可见，阙是我古代礼制建筑中的一项突出表现形式。正如孔子所说，“居处有礼，进退有度，百官得其宜，万事得其序”。嵩山汉三阙，在全国尚存的三十二座汉代石阙中，是仅有的三处庙前石阙，其余皆为墓前阙，而且多数存在四川等少数省份，大多地区没有此类建筑。所以，汉阙在全国文物建筑中是稀有的文物建筑类型。

一、地理位置与历史沿革

太室阙位于登封市东 4 公里中岳庙村南奈河北岸，其北 500 米是中岳庙。该阙铭中记有造阙的纪年和造阙人名。阙铭刻在西阙北面：“元初五年（118 年）四月，阳城县长……吕常始造作此石阙，时监之。”其下还有参与造阙的官吏如“颍川太

守京兆杜陵朱宠”等。该阙的阙铭刻在西阙南面阙身上部第一层的居中部位，阙题为篆书，分三行，每行三字：“中嶽泰室阳城□□□”，后三字已剥蚀不清，据高文先生根据三字残迹考证，释为“崇高阙”三字。这当是其原名。阙铭还记述了造阙的宗旨，既是对中岳太室之神——“崇高神君”功德的赞扬歌颂，铭文称：“立天四海，莫不蒙恩，圣朝肃敬，众庶所尊，以颂功德，刻石纪文。”（图 77、78）

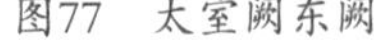
图77　太室阙东阙

图78　太室阙西阙

太室阙，是太室祠前的建筑，由此推之，汉代的太室祠庙，当距石阙不远的平地上，少室阙与启母阙也与庙址较近。后代由于庙院不断扩大，才逐渐迁至中岳庙的今址，与太室阙之间拉开了长长的距离。民国年间又为之加盖了券洞式的太室阙保护房，起到了保护的作用。20 世纪 60 年代进行了“四有”保护与测绘工作。

二、建筑结构与文物价值

太室阙由东阙与西阙两部分组成，二阙之中“缺然为道”，相距 6.75 米，古时称作神道。两阙形制相同，内高外低，分为母阙（正阙）与子阙（次阙）。这种形制，称为二出阙。两阙均由阙基、阙身和阙顶三部分。东阙高 3.92 米，西阙高 3.96 米。

上下共用巨石雕刻叠砌而成。阙基用两层长石条砌成，分作上高下矮的二层台形式，石面无雕饰，为素面平面，这是整座石阙的基础承重部分。阙基以上至子阙下用六层巨石平砌成阙身，每层以二至三石相连接。阙身四面雕刻有篆额、阙铭以及车骑出行、杂技马术、青龙白虎、朱雀玄武、楼台亭阁、人物动物、水波云纹和多种装饰图案等，从不同方面反映了汉代社会生活、文化思想、雕刻艺术的重要内容。阙顶分上下两层，皆雕作汉代常用的四阿顶（即四坡顶）。其两端略显微翘，其脊之两端均饰有柿蒂纹的圆瓦当6块。正脊之下，是由二巨石雕成的屋顶，四面为坡面，四角雕出垂脊，屋坡面上雕出筒瓦、板瓦瓦垅，筒瓦下端雕柿蒂纹瓦当，板瓦下端为素面瓦头。正脊两面屋坡面上各雕筒板5垅；左右两侧面屋坡面上各雕筒瓦垅3垅。正阙屋檐之下为两巨石合成的长栌斗形构件，从其形制与位置看，它当是木构阙体上部由撑拱承托起来的阙室，即“观”的示意形状。斗形石（观）再往下，砌长石一方，其三面皆饰有乳钉（圆形点状）纹饰（少室、启母二阙，均是这种做法），从木阙结构分析，此处应是阙室下部某种结构的演变。至于正阙外端的子阙做法，与上檐基本相同，也由正脊、垂脊、屋面瓦垅组成，只是由于屋坡变小，正背面仅饰两垅筒瓦，侧面只有一垅筒瓦。在屋檐下，还仿木构屋顶，雕出了圆形椽子。在东阙北面的子阙檐下，有三个椽头上还刻有同心圆装饰图案，这有可能是十分罕见的汉代彩绘图案。

太室阙西阙南面阙身上部第一层，刻有阙额（居正阙檐下中部），三行九字“中岳泰室阳城□□□”（后三字为“崇高阙”三字）。这与西阙北面阙铭所记“惟中岳泰室崇高神君”的称谓是相一致的，说明此阙、此神祠所供奉的山神名“崇高神君”。题额九字三行，略近方形。阙额之傍，靠边之处，刻一圆腹、长尾而人立状的巨鳖画像，占着这么突出的位置，故有专家认为这是大禹之父鲧的神像①。刻在西阙北面的太室阙铭内容，更为珍贵。此铭记述了营造此石阙的宗旨，主要为了赞扬中岳太室之神“崇高神君”的功德。阙铭说：“并天四海，莫不蒙恩，圣朝肃敬，众庶所尊，以颂功德，刻石纪文。”（图79）

太室阙在嵩山汉三阙中是最重要的、最有代表性的古建筑。其重要价值表现在三个方面：首先它建于东汉元初五年（118年），不仅是三阙中时代最早的建筑，而且也是登封“天地之中”历史建筑群中时代最古老的建筑。第二，太室阙在营造技术方面，也是三座汉阙中最规范的建筑。从建筑用材上，石块非常匀称，

① 河南省博物馆、河南省文物研究所、河南省古代建筑研究所主编，吕品编著：《中岳汉三阙》，文物出版社，1990年，第17页、64页及101页下图。

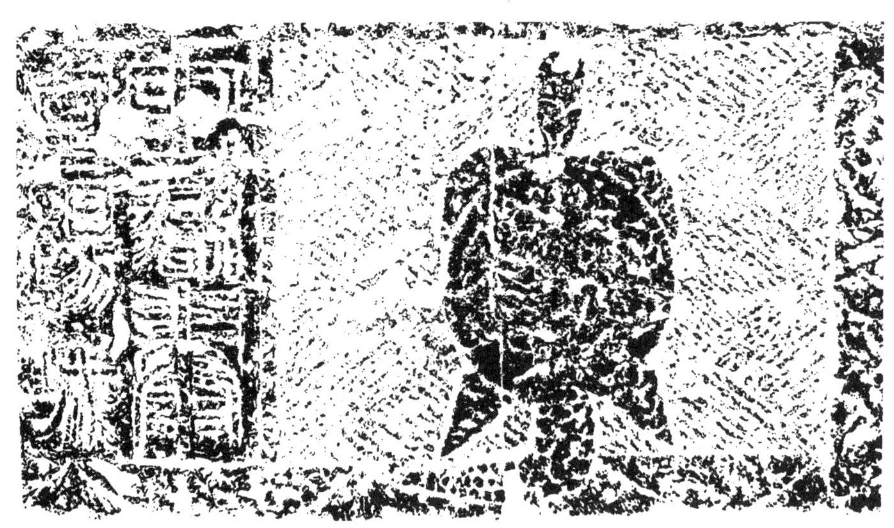

图79　太室阙阙铭和鲧像

两阙并峙，石层整壮，左右对称，雕刻精致。尤其在装饰图案的设计规划方面，非常讲究两阙对称平衡之理念。如主阙檐下的长斗形“观”，上平部分，四面统一皆刻水纹，其下的斜边及底边，皆刻勾云纹，除残破处外，凡可看到的各处图案，都是如此，没有错乱处。又如阙身最下一层，各面都雕饰帏幔纹，也很一致。特别应注意的是，在东、西两阙相对照的内侧面，即东阙之西面和西阙之东面，都在阙身下部第二层雕出一件铺首衔环，用以表示人们至此就是到了门阙之前了。因为铺首乃门上特殊的装置。第三，太室阙的阙铭中有具体的建造年代、有具体的建造者和参与者，又有造阙的崇拜对象——崇高神君。这在古建中，是非常少有的。尤其是造阙人的官职、籍贯等，更为我们研究祖国的营造史，提供了难得的第一手资料，我们今天见到的许多重要建筑是没有留下这些珍贵资料的。总之，太室阙是我国早期建筑遗产中极为难得的国宝与世界文化遗产。

第四节　少室阙

少室阙为少室山庙前的神道阙，和太室阙一样，同属名山祭祀的重要礼制建筑之一，是 1961 年国务院公布的第一批全国重点文物保护单位。

少室阙位于登封市城西 6 公里的少室山东麓，居十里铺村西侧，阙南临少溪河。少室山庙早已废毁，但在 1964 年省文物工作队派人调查、建立“四有”档案时，在阙南不远处曾发现地面上散存的早期建筑遗留下的残砖与筒板瓦，从砖瓦表面纹饰看，当为汉代遗物，那里可能是少室山庙的旧址。少室阙在“文化大革命”时期，曾受到一定损失，部分阙上石层被推倒。至1972年，文物部门派技术人员参照原测绘图并予以修复，验收时通过对照原测绘图纸，做到了完全恢复原状。现少室阙置于文物保护房内进行认真的保护（图80、81）。

关于少室阙的建造年代，因铭残失，仅余“三月三日”等字，无法直接认定其建造年代。但造此阙的主事人员，十分之八都与启母阙相同，甚至这些人员的籍贯、官职名称也多相同。如“丞零陵泉陵薛政”“五官椽阴林”“户曹史夏效”“监庙椽辛述”“长西河圜阳冯宝”等九人都是一致的（图82）。其中，也有一人职务

图80　少室阙东阙

图81　少室阙西阙

图82　少室阙阙铭

升迁的，名叫来寿者，在元初五年（118 年）四月参加营造太室阙时，他的身份是“崇高乡三老”，而在后来兴造少室阙与启母阙时，他也都参加了，但是他的身份就变成了“将作椽”了。由此可以证明少室阙的建造时代，大抵与启母阙同时或前后连接，而启母阙的兴建年代是东汉安帝刘祜延光二年（123 年），较太室阙晚五年。

少室阙在汉三阙中，绘画内容丰富多彩，许多画面反映出汉代社会的生活情景，大的设计内容中、画面布局上，也与太室阙有所区别，但与启母阙有更多的类同。如在正阙的檐下长方平面的斗形承檐巨石上，已不用太室阙上水波纹与勾云纹，而是将斗周边的雕刻面积区划成许多小的区格，其内雕刻出人物、动物以及几何图案等。尤其是少室阙东阙上（南面）的双人格斗图（或谓击剑图）以及另一幅驯象图、礼仪拜谒图、宴饮图、车骑出行图、百戏等图，都反映了汉代上层社会中礼制、宴乐、出行等生活情况。如《狩猎图》（图 83）中，前后两猎手，一前一后合猎一鹿，前骑马猎手侧身向后，拉弓箭向被围之鹿瞄准待发，而奔逃的惊鹿，却回头在观望身后持弓追赶的骑手。多么惊心动魄的一幅狩猎图！猎手的强悍、双马的飞驰、奔鹿的惊恐，处处表现得活灵活现。尤其是跑在奔鹿前面的人和马，姿态刻画得极为生动，马的前腿平伸，胸头向下、后腿也平伸向后方，马的四蹄腾起，宛如天马行空，马上的骑手左手持弓，右手搭箭，侧身回首，一派飒爽英姿气势。1800 年前的这幅狩猎图，充分显示了汉代石刻匠师们高超的艺术才能。我们从这些生动的狩猎图中，也仿佛看到汉代社会生活中的一个活生生的狩猎场面。另外，在少室阙的画面中还有许多描绘自然界中的动物形象，如少室阙东阙西面刻画的“哺雏图”，中间的两只大鸟，口衔食物，转颈送给雏鸟面前，表现出动物中的长幼关爱之情；在少室阙东阙的南、北、东、西四面的阙檐

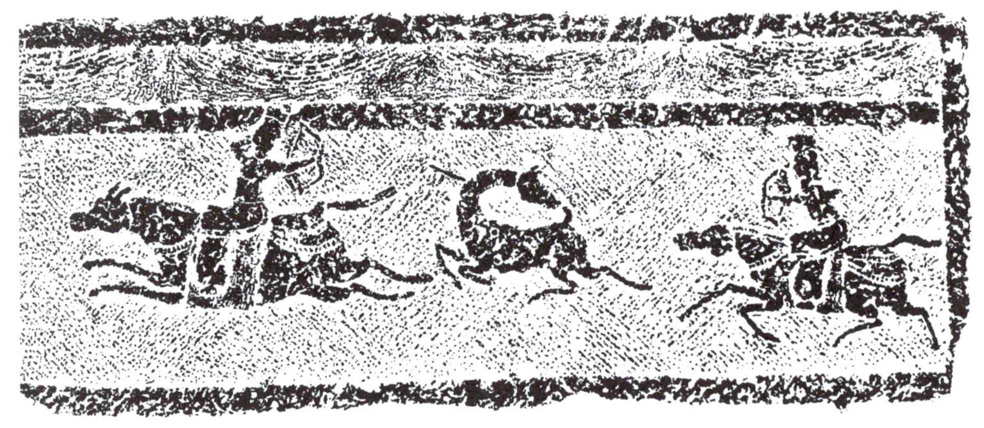

图83　狩猎图

下，还刻出了十幅十三只鸟雀和燕子的图像，也表现出人类在实际生活中，常常把小燕子当作朋友，为它们提供檐头窝巢，以达到人燕和谐共处、亲和自然的传统。这些与人性相通的动物形象，反映人们善良的内心世界。

第五节 启母阙

启母阙是嵩山汉三阙中遭到损毁最严重的一座。正阙檐部已不完整，子阙阙檐遗失。但是此阙却保存了长篇的石刻铭文，具有重要的史料价值和书法价值，而且一些画像内容也具有重要意义。

一、地理位置与历史沿革

启母阙（图 84）位于登封市城北 3 公里的太室山南麓万岁峰下，处于现代建造的仿古形式的保护房中，有专人管理。启母阙北 190 米处的山坡上，有一巨石奇观，一方高耸的巨石立于山坡上，高约 10 米余，其石下部围长 43 米，其北又有一巨石平卧地上，这便是著名的“启母石”。其实顺着两石向北部山顶望去，显

图84 启母阙

然这巨石是从山岩中劈裂滚落下来的自然山石。可是，一段有趣的历史记载与传说便因此石流传千古。据《汉书·武帝纪》载："元封元年（公元前110年）……春正月，行幸缑氏。诏曰：朕用事华山，至于中岳，获蹻鹿，见夏后启母石。"说明此石由来已久，且定名甚早。颜师古在此条文献下引用《淮南子》注释称："启，夏禹子也，其母涂山氏女也。禹治鸿水，通轩辕山，化为熊。谓涂山氏曰：'欲饷，闻鼓声乃来'。禹跳石，误中鼓。涂山氏往，见禹方作熊，惭而去，至嵩山下化为石，方生启，禹曰：'归我子'，石破北方而启生。"[①] 因汉景帝名刘启，故汉武帝为避讳先帝之名，改"启"为"开"，称"开母石"。所以此阙铭称"阳城县开母庙兴治神道阙"，有汉之世称"开母阙"，汉世以后，仍复原名称"启母石阙"。

二、启母阙的结构与文化价值

启母阙虽然在三阙中损毁严重，但其基本结构仍与太室、少室二阙相同。今东、西两阙之上檐仅存半，子阙檐尽失。所以现高受到影响，东阙现高3.18米，西阙现高3.17米。东阙子阙檐下阙身尚缺一石；西阙阙身完整，保存历史信息较多。值得注意的是，启母阙所用石材比较厚重，与太室阙相近。但也存在东、西二阙之阙身砌层不等的问题，这是因为西阙所用较厚的石层刻写阙铭的缘故。除去丢失的正脊一层，现东阙通体计11层，而西阙通体用10层。虽然如此，两阙的实际高度几乎是相同的。

关于阙体各部分的雕刻内容、艺术装饰，启母阙也有许多不同于太室阙的做法。首先，在整体格局上，启母阙不太讲求东、西二阙的对称与呼应。启母西阙为了雕刻阙铭文字，就把斗形石下边的一层乳钉纹（表示结构的部分）之位置挤掉了，从北面看去两阙不一致，打破了太室阙在结构部分四面如一的做法。另外，同太室、少室二阙相比，启母阙没有留出篆额的位置，而让文字与画面占满空间。太室阙留有九字篆额、少室阙留下六字篆额，而此阙却没留阙额位置。今人所知其为"开母阙"，只能从铭文的字里行间看到"阳城县开母庙神道阙"几个字来。在大片空间撰写了长长的阙铭，正是此阙的一个突出特点和重要价值（图85）。首先，阙铭歌颂了大禹治理洪水的伟大功绩与忘我精神。铭称："洪泉浩浩，下民震謍"，大禹为治此洪水"三过亡入，寔勤斯民"，这种为了人民的生存，奋力治水，

① ［东汉］班固：《汉书·武帝纪》颜师古注，中华书局，1962年。

图85 启母阙阙铭

三过家门而不入的精神，一直是我中华民族代代相传的精神财富。铭文中还提刻了禹的父亲“伯鲧”和妻子“涂山”氏女，他们也都是与大禹治水有关的人物。另外，在阙铭之下，还题刻了《堂谿典嵩高庙请雨铭》一文，为隶书，刻于建阙以后五十余年的东汉熹平四年（175 年）。

在启母阙的雕刻图案画面中，除了其他两阙上已有的四灵、社会人物与各种动物之外，还有一些历史传说故事中的内容。如西阙北面的“大禹化熊图”，图中有三人，一怪形人居画面之中，他头很大，不显四肢，全身扭曲，从头至身，全饰以曲线密纹，似在变化中。左右二人着长衣、束腰、戴冠。其中右边一人走向近前，对面而立，另一人则立于较远处。有专家称此画面为“夏禹化熊图”（图 86）[①]。如是说成立，文图对照，集于此阙，当为极为珍贵的资料。

除此之外，还有许多人物活动的刻画内容都十分生动，如我国早期足球活动——“蹴鞠图”（图 87），刻画得十分优美。蹴鞠者，身着长衣、曲身扬臂、舒动长袖、起足踢鞠，其姿之美，如同舞蹈。另外，在斗形石四周的区格中，还刻

① 河南省博物馆、河南省文物研究所、河南省古代建筑保护所所主编、吕品编著：《中岳汉三阙》第 38 页及图一三五《夏禹化熊图》。

图86　夏禹化熊图

图87　蹴鞠图

有西域魔术之类的吐火、幻术等杂技项目。这些内容反映了汉代与西域的文化交流，是十分珍贵的历史资料。

嵩岳汉代三阙，不仅在各自所在的庙祠中均属于礼制建筑物，而且在三座石阙的建制上也反映出礼制的观念。这种观念表现在造阙的高度上，三座石阙分出三个等次：太室阙最高（东、西二阙分别为3.92~3.75米），少室阙次之（东、西二阙分别为3.37~3.75米），启母阙最低（东、西二阙分别为3.18~3.17米）。建造年代上，太室阙也是早于少室阙、启母阙五年，而且直接由“阳城县长……吕常始造作此石阙，时监之”，所以选材精良，至今保存最完整，成为三阙建筑结构、艺术装饰以及准确纪年等多方面完美保存的代表作品；少室阙乃依少室山庙为依托，虽次于太室之尊，但仍是宗山之列，自当有别于启母庙之尊显。这种山庙间的等级差别，反映在造阙尺度、用材上自然会有所差别，有别亦即礼也。至于阙身上雕刻的各种文字与反映社会生活的图画，则各有所长，并不因为三阙等次而受约束，有些价值是用今人的眼光来评定的。

第六节　嵩阳书院

书院文化，在我国文化教育发展历程中，曾发挥过重要作用，有过重要影响，出现过许多著名的教育家和培养出无数国家社会需要的栋梁之材。早在唐开元年间（713~741 年）已有书院之名，尚属官府设立的机构，主要从事校刊经籍、征集遗书、辩明典章等。至五代南唐时（937~958 年）曾于庐山白鹿洞建立学馆，始招生徒，教授经典。北宋时是书院发展的兴盛时代，许多著名学者在书院讲学，主要讲授儒家经典，当时也出现了一些著名的书院。元明清时期书院均很盛行，直到清代晚期，书院才改为学校。当今保存的登封嵩阳书院，成为中国古代教育文化的实物见证。

一、嵩阳的地理位置与历史沿革

嵩阳位于登封市城北 3 公里的嵩山太室南麓峻极峰下，居山之阳，故名嵩阳书院。书院居高地上，前有双溪河流过，四周多植树林，自然环境清幽，是古人教书育人的风水宝地。这里最初是北魏太和八年（484 年）建造的嵩阳寺，本为佛寺。至隋大业八年（612 年）改为道教建筑嵩阳观。五代后周显德二年（955 年）改嵩阳观为太乙书院。至北宋时这里已经成为著名的书院。至宋至道三年（997 年），又改太乙书院为太室书院，并御赐匾额，并多次赐给书院经典书籍。景祐二年（1035 年），再改名为嵩阳书院，一直沿用至今。据清景日昣《说嵩》称，嵩阳书院与白鹿洞、石鼓、岳麓并称为四大，使其成为北宋时期的中国四大书院之一。北宋时期是嵩阳书院的兴盛时期，影响很大。一是表现在经皇家批准设立了书院的院长管理院事，制度完善；二是在经济上赐给学田一倾，经济上有了一定的来源，可以安定师生生活；三是有了一批著名儒学大家执教，如司马光、范仲淹、程颢、程颐等，他们的影响很大，使求学者慕名而至，并培养出了许多于国家有用的人才。宋之后很长时间内，由于社会不稳定，致使嵩阳书院没有大的发展。所以，现书院之布局与建筑，主要保存了清初以来重修的嵩阳书院面貌。“清康熙十三年（1674 年），登封知县叶封重修嵩阳书院，于故址东南 10 步远的地方，筑堂三楹、庖、湢、大门、台阶和围墙五十丈，并把两株汉柏圈于院内。康熙十六年（1677 年），登封名儒耿介建先贤祠、三贤祠、丽泽堂、观善堂、辅仁居，并在叠石溪旁建川上亭、天光云影亭、观澜亭等，三年而成。康熙二十三年（1684 年），河南巡抚王日藻捐俸银建藏书楼，学道林尧英捐俸银建讲堂。康熙二十八年（1698 年），河南巡抚闫兴邦捐俸银建道统祠，登封知县张壎建博约、敬义二书斋，知县王又旦建三益、四勿二书斋。清康熙年间，嵩阳书院累计拥有学田 1427 亩，以供师生伙食及津贴费用。至清乾隆四年（1739 年），知县施奕簪又为嵩阳书院拨土地 123 亩，以利书院维修房屋之用[①]。这是古代地方政府拨发的专项经费，实在难能可贵。新中国成立以后，也对嵩阳书院及其周边文物进行了多次维修。嵩阳书院现为全国重点文物保护单位。

二、嵩阳书院的建筑文物

嵩阳书院所处环境十分清幽雅静，小河环绕于前，青山巍然在后，原本道家、佛家看重之风水宝地。现书院已经成为嵩山地区开放的旅游景点之一。现在书院由主院与西院考场两院组成。主院有大门、先圣殿、讲堂、泮池、小石桥、道统祠、藏书楼及东、西配殿、厢房、碑亭等。西院原为考场，仅存一中轴线上的建筑，现恢复后为三进院落。中轴线主体古建筑简介如下。

大门（图 88），为面阔三间、进深两间单檐硬山卷棚式建筑，顶覆灰色筒板瓦。门建于清康熙十三年（1674 年），1986 年重修。大门上额悬“嵩阳书院”横匾。明间置两扇大板门，两次间为砖墙。大门外为一广场，门之西立有《大唐嵩阳观纪圣德感应之颂》巨碑一通（图 89）。大门内有内隔墙，墙中部辟墙门，与大门对应。入墙门即为先圣殿。

先圣殿（图 90），面阔三间，进深三间，为单檐硬山式建筑，殿顶覆灰色筒板瓦。该殿建于清康熙二十五年（1686 年），殿中奉有孔子及四大弟子塑像。此殿是学生礼拜祭祀之殿，此殿东侧建博约斋一座，其斋为面阔五间、进深二间的单檐硬山式建筑，顶覆灰色筒板瓦，建于清康熙二十年（1681 年），1982 年至 1986 年曾落架大修。先圣殿之西侧建敬义斋，其规格与博约斋大体相同，面阔五间，进深四架，亦于 1982 年至 1986 年大修。

讲堂（图 91）位于先圣殿后的中轴线上。面阔三间，进深三间，为单檐硬山式建筑。这里是书院的讲学之地。

泮池与小桥，建在讲堂之后，这是书院中的特色建筑。泮池为双环形，池中通道上，架一座传统式望柱栏杆小石桥。在古代的学宫与书院中多建有此类水池。此池是 1991 年复建的。

---

① 宫嵩涛：《嵩阳书院：中州教育史上的明珠》，《中国文化遗产》2009 年第 3 期。

图88 嵩阳书院大门

图89 《大唐嵩阳观纪圣德感应之颂》碑

图90　先贤殿

图91　嵩阳书院讲堂

御碑亭，位于讲堂东南侧，亭内置清乾隆皇帝题《游嵩阳书院》诗碑一通。原亭毁于民国初年，亭基尚存。2005 年在原址复建新亭。亭为平面方形，四角攒尖建筑。

道统祠，位于泮池石桥以北，为面阔三间、进深七架的单檐歇山卷棚式建筑。建于清康熙二十八年（1689 年），殿内供奉帝尧、夏禹与周公三尊塑像。

三益斋与四勿斋，分别建在道统祠的东、西两侧。原结构为面阔五间的单檐硬山式建筑，初建于清康熙二十八年（1689 年）。此两斋于 1986 年被改建为面阔十一间的硬山房。

藏书楼（图 92），是嵩阳书院主院中轴线上最后一座建筑。为面阔五间、进深三间的二层硬山式楼阁，是书院的藏书之所。该楼建于清康熙二十三年（1684 年），1989 年进行过整修。

图92　藏书楼

将军柏（图 93），在书院主院内，二门之西与先圣殿与讲堂之中的西侧，现生长有两株“将军柏”。据传早在西汉元封元年（公元前 110 年）汉武帝巡幸中岳嵩山时，曾在此看到已相当高大出众的三株大柏树，便封之为“大将军”“二将军”和“三将军”，其中“三将军”在清康熙六年（1667 年）被火烧毁了。现院内的两株巨柏，已成为书院乃至嵩山的一大奇观，成为游人留影的胜地。近年来管理部门聘请了古树保护专家，对两树进行了专业的保护工作。

考场院，在主院的西侧。考场与主院内部连通，考场分前后三进院落。近年

图93　将军柏

来文物部门对考场原有建筑进行了维修，并恢复了周边的厢房、院墙和道路等，使整座书院东、西并联，而且还在书院大门前，进行了绿化整治，保“古井”，筑“杏坛”，建碑亭，使前区环境更为协调一致。

三、书院的名碑石刻

1.《大唐嵩阳观纪圣德感应之颂》碑

该碑位于嵩阳大门前西侧 10 余米处（图 94）。其原址在书院西南隅土崖边，因安全问题迁至今址。该碑系全国重点文物保护单位，俗称大唐碑，刻立于唐天宝三年（744 年）二月五日。碑由基座、碑身、碑额、云盘、碑脊等五层巨石雕造叠砌而成，通高 9.02 米。其中，碑趺（方座）高 95 厘米、宽 315 厘米、长 206 厘米。碑身高 385 厘米、宽 206 厘米、厚 104 厘米。在用材比例上高、宽、厚之比，约为 4 ∶ 2 ∶ 1，即碑身厚为宽之半，宽为高之半，所以整体上显得雄浑壮观。碑身正面刻颂文，其余各面，饰以纤细的阴线花纹图案，可惜被历代游人加刻的题记所破坏或剥蚀不清。碑身之上为巨型碑额，高 125 厘米、宽 225

图94　《大唐嵩阳观纪圣德感应之颂》碑拓片

厘米、厚 115 厘米。其正面额心内阴刻篆书四行，行三字："大唐嵩阳观纪圣德感应之颂"，为裴迥所题。字左右各雕云纹方格，其内各雕一降龙。背面装饰雷同。侧面云纹格内，各雕一立龙。此额石在整座唐碑上，位置与雕工都是非常突出的。它和其上部的构件有机结合起来，成为全碑艺术造型的精华部分。碑额之上是雕造精湛的大云盘，由两块巨石拼合而成，其形下窄上宽，四面呈斜弧面，整体上若大鹏展翅之势，气度轩昂，与众碑不同。云盘北部在明代时曾被雷击毁，为保碑顶平衡近年进行了素面补配。云盘上面，是用一巨石雕成的"二龙嵌珠"，大抵呈三角形，中高 154 厘米，下宽约 300 厘米。整座大唐碑宛如一座建筑物，下有基座，中为屋身，上为屋顶。总体观之，此碑在造型设计上是新颖壮丽的，在艺术上是中国古代石雕艺术中圆雕、高浮雕、线雕等多种技法的充分展示。而且碑文是由唐代大书法家徐浩所书隶书，又具有重要的书法价值。

2. 明《登封县图碑》

立于先圣殿月台踏道西侧。碑高 105 厘米、宽 86 厘米、厚 20 厘米。此碑由明万历二十一年（1593 年）知县陈国章刻立。地图内容除通常刻绘山脉、河流、城镇、村庄、关隘之外，还刻出登封域内各处的名胜古迹，而且一些古迹刻绘图还十分写实，记录了当时存在、现在已无存的内容，颇具历史资料价值。如地图中的告成观星台，图上刻绘出观星台上面有一座亭子，证明明代时曾在台顶建亭的做法。另外，图中还绘出了数十座古寺、庵、庙、观、塔、台的名字和位置，其中有些古迹已不存在，而图上还有着确切的记录。如此具体、生动的文物古迹图碑，他处并不多见，这也是我国地图史迹中的珍品佳作。

3.《中岳嵩阳寺碑铭碑序》

该碑现立于嵩阳书院大门外，置于碑亭中，碑刻立于"天平二年四月八日"（实为西魏文帝元宝炬大统元年，535 年），是嵩山地区最早的碑刻之一，也是一通具有重要佛教文化艺术的珍贵碑刻，又是这座书院历史沿革（先为佛寺，又改为道观，最后定为书院）的实物资料。唐代改寺为观时，曾于麟德元年（664 年）将魏碑迁至会善寺，清代又移至寺西琉璃戒坛旧址；2004 年物归原址，回到了嵩阳书院，还文物古迹之历史真实，使之和大唐碑一样，现场证明着此处古建筑群由佛寺、道观转为书院的千年演变过程，给人以真实可信的历史信息。尤其是此处历史建筑群是在开山奠基的初创阶段，这在此碑中已有了许多具体的生动记载。

碑文称：“有大德沙门生禅师……隐显万方，沉浮嵩岭，道风远被，德香普薰，乃皇帝倾心以师资，朝野望风而屈膝，此山先来未有塔庙，禅师将欲接引四生，拯拔群品，卜兹福地，创立神场。北背高峰，南临广陌，西带浚涧，东接修林，于太和八年岁次甲子，建造伽蓝，筑立塔殿，布置僧房，略深梗概。司空裴衍，为寺坛主。……禅师乃构千善灵塔二十五层，始就七级，缘差中止。沙门统伦、艳二法师，以师遗功，成此洪业。分□余砖，更□两塔，并各七层，仰副师愿，殊特妙巧。塔殿宫堂，星罗棋布，龛房禅室，侧□环绕。径阁通门，前后楼榭，墙廓重复，菀衍逶迤。”以上碑文，记述了诸禅师在开创嵩阳寺之初在佛寺殿堂建设上的重大成就，接下来又描写佛寺园囿环境美化方面的突出成就，所谓“沟霤筧泉，四殖甘果，柳袅长条，松擎圆盖。池荷炤灼，翠叶红辉。微波碧澈，潺流瀵漱。异禽驯兽，饮啄相鸣。”生动地描述了园囿之中山泉水顺沟或沿着长长的竹管子流着，松、柳等树木飘着长长的枝条或擎起绿色的松盖，莲花在池塘中显出美姿，河水泛着碧波，被驯服的小兽、异禽昂着头在相互争鸣。此碑的这些内容，正说明千百年前古人早已看到了这一带自然景色的幽静与美丽，所以才会出现佛教、道教、儒学均连绵不断地争相于此营造寺、观、书院等各类建筑，传播着佛、道、儒诸家文化。

4.《题汉封三柏诗碑》

此碑为明万历庚申年（万历四十八年，1620 年）所立，上刻有登封知县刘余祐《题汉封三柏》诗一首，用以称颂千年古柏顶天立地、不惧雪霜的雄伟气概，以及三柏相依，好似三国时桃园结拜的三位神威的将军护卫着这座书院。此碑附刻在明万历二十一年（1593 年）登封县地图碑之背面。

5. 清代重修嵩阳书院碑多通

这些碑记述了自五代以来修建嵩阳书院的历史事件，游历书院的著名人物和书院建筑规模内容等，均具有重要的研究价值。

首先是刻立于清康熙十二年（1673 年）九月，由“登封县知县楚黄后学叶封谨撰”、“邑庠后学焦钦宠书丹”的《重建嵩阳书院记》碑。碑高 139 厘米、宽 81 厘米，立于嵩阳书院先圣殿前月台前西边。碑文首先讲述了登封人文地理之形势，“登封接迹伊洛，其学术风教不甚相悬，又嵩岳多奇，四方达人高士自远而至，学者苟向往之心，不患无观摩之益”。作者立碑纪前古贤圣及本朝重建之功业，其目的乃是激励后人，“考论尚友，望古而自淑”。更珍贵的是在以下碑文中，作者概

要地记述了历朝于本书院建设之贡献及当时自己身体力行修建书院的情况："先是崇福宫有太室书院，建自五代周时。宋至道闻赐九经，景祐间重建，改称嵩阳书院，废于金元。明嘉靖间，知县侯泰即嵩阳观故址复建书院，祀二程先生，仍曰嵩阳，诸生以时讲业其中。又废于兵灾，无半椽片瓦之存，即汉封将军三柏，亦焚其一。余每过徘徊慨息，思兴从之未暇也。今年二月，始相度故基东南十许步，筑堂三楹，庖门阶以次而及，缭以周垣五十丈，并护二柏于内。"足见古人对汉柏爱护有加，护于院中，有利于古柏的保护。而对于在嵩山和书院有重大贡献的大贤名儒，也在碑中逐一记出："有宋韩公维、吕公诲、司马公光、程公颢颐兄弟、刘公安世、范公纯仁、杨公时、李公纲、李公邴、朱公熹、倪公思、王公居安、崔公与之，凡提举主管崇福宫者，皆大贤名世，可为我党矜式，以名宦中无祀，祀于此，落成。"自是之后，书院之内崇祀圣贤之殿宇香火不息，以至于今。其后碑文中还对书院门外西南隅之大唐碑"唐相李林甫颂述明皇丹成之辞"进行研究和评述，指出此碑"文章丽秀，字书精警，未当不可爱玩，而一闻其姓名，则诋唾堕之。亦未始不可为吾党戒也。"观此评说，足见作者爱憎之分明。

清康熙十九年（1680年）《嵩阳书院碑记》（碑前后双面刻碑文六篇）记载了本书院兴废事件、名家讲学、历次维修、重要事迹、书院地位等重要史料，现择要选记如次。张壎《嵩阳书院记》刻文载："嵩阳书院，宋提举管勾诸贤游历处也，金元时废于兵火。明嘉靖间，知县侯泰建二程祠，今废久矣。邑之贤大夫耿逸庵先生……乃推本于源流承传之人，崇祀程朱夫子，特立祠焉。中构一堂，颜曰丽泽，傍书：'君臣父子夫妇昆弟朋友之义'；'博学审问慎思明辨笃行之目'。定《辅仁会约》，集诸生每月初三日课文，十八日讲学，寒暑风雨不辍，诚今日之鹅湖、白鹿洞也。……嵩阳书院得先生复振，无不向风慕义，立雪其门，从此真儒辈出，关闽濂洛之统，于今有传人乎。书院前后数楹有位次，汉柏郁茂，二室耸峙，箕山颍水旷然在怀，先生每偕人士讲学谈道于清泉白石间，恍然有浴沂咏归之乐。"上文具体而生动地记述了耿逸庵先生修建嵩阳书院的具体内容、楹联文化、讲学日程与严格要求，以及学业振兴、人才辈出等兴盛情景，尤其是书院所处清幽的山水环境，"先生每偕人士讲学谈道于清泉白石间"的记述特为精彩而真实，如今书院之前山溪淙淙，仍是各地游人流连忘返之地。

汤斌《嵩阳书院记》称：嵩阳书院建自五代，宋初与睢阳、白鹿、岳麓号称四大书院（景日昣《说嵩》所称"四大书院"为嵩阳、鹿祠、石鼓、岳麓四院，与此说有别）。在环境描述中特指出这里的"中天清淑之气"的天地之中特色。文中尤其对于书院的历史重要事件记述颇详：如宋太宗赵炅"至道中赐九经子史，置校官，生徒至数百人，称最盛。二程朱子讲学于此，后人因建祠。明末兵乱，倾圮殆尽。国朝崇儒右文，知县事黄州叶封建堂三楹，祀二程、朱子，二地邻崇福宫，凡宋臣之带崇福宫衔者，皆祀之。”接着又记耿逸庵先生，“家居讲学，以程朱为道统，建堂三楹，迁主崇祀。又作讲堂三楹，颜曰丽泽。旁署两斋，曰博约，曰敬义；书舍若干楹，庖湢门垣具备”。

继之有耿介《创建嵩阳书院专祀程朱子碑记》，突出阐明专祀程朱先贤的重要意义，并且进一步将儒学理论与主张归纳为“天理”二字，该碑称：“如孔门颜之克复、曾之忠恕、思之诚明、孟之仁义，言虽不同，而旨则一。若夫天理二字，何其包含广博，蕴蓄精深，统括而无余也。”另外，有吴子云《嵩阳书院讲学记》、郭文华《嵩阳书院程朱子祠记》、窦克勤《嵩阳书院记》诸文，内容与前各碑内容大体一致，各有儒学理论如中庸之道等的种种阐释。而在书院自身的建设与活动方面未见新的记述。

6.《施奕簪断地》碑

碑立于大将军柏东北的甬道西侧，碑高 216 厘米、宽 81 厘米、厚 16 厘米。清乾隆五年（1740 年）九月刻立，由焦如蘅撰文、张学诗书丹，嵩阳书院肄业生仝立石。碑正面刻“登封县正堂加六级施断入书院岁修地一百二十三亩”，碑阴刻碑文：“公讳奕簪，字珮其，号锦溪，福建泉州府安溪晋江人。……雍正乙卯（十三年，1735 年），来宰吾登，政通人和，百废待举。……复念嵩阳书院为兴贤名区，下车以来即加意作养，思流遐迩。每临课试，环顾院中房廊数十间年久将倾，不有岁修之资难以永存。迨庚申（乾隆五年，1740 年）春，适邑龙泉寺有应没官田一百二十三亩有奇，逐渐断归书院，岁计所入，酌资修补。是年秋雨侵剥，道统祠、藏书楼势不几支，已赖其力焕然一新。自今以望，隋年经营，次第修理，行见斯院守好如初。……尤可记者，书院祭祀囊无成规，公命将新庄租银三两六钱永作祭费，岁于仲秋举行，礼歉称是，庶无废坠。”[①] 教学与祭祀，在古之书院中皆为主要的事务，有了安全教学的房屋和一定的祭费，即可保障书院的正常运营，培养贤良人才。

以上诸碑内容，皆可从书院建筑规制、具体兴废纪事、名公巨儒事迹、书院与古代社会的关系以及丰富多彩的书院文化等从不同侧面，给我们以认识与启迪。应当说这些碑刻保存至今，是嵩阳书院的一批极为珍贵的文化财富。在登封“天地之中”历史建筑群世界文化遗产中，嵩阳书院正是一种在当今的社会中已经不

① 书中所引有关嵩阳书院中碑刻原文，均转引自常松木编著《嵩阳书院》所附碑刻原文，大众出版社，2012 年。

再继续实用的教育建筑史迹，并完全符合入选世界遗产中的第③条，即“能为一种已经消失的文明或文化传统提供一种独特的或至少是特殊的见证”。在我国，书院虽有漫长的发展历史，但在清朝晚期，已经改书院为学校，不复作为教育的机构，成为一种已经消失的文明或文化传统的独特的见证者。

第七节　嵩岳寺塔

嵩岳寺塔是我国现在最古老的砖塔。其优美的抛物线造型，高超的建筑技术，使它早已驰名中外建筑史学界，许多中外建筑著作中都留下了它的资料。

一、地理位置与历史沿革

嵩岳寺塔位于登封市西北 6 公里的嵩山太室南麓嵩岳寺院中央。寺东、西有两山岭相护，越过东岭，便是大法王寺。寺北是太室山群峰，如一巨龙远卧于天际。唯塔南面，是一条曲折山坡车道，中经嵩阳书院，可直通登封城内（图 95）。

该塔所在寺院，现在规模不大，但嵩岳寺的前身却是北魏皇家的一座离宫。据唐代李邕所撰《嵩岳寺碑》等文献记载，约在永平至正光年间（508~525 年），皇室将此离宫舍作佛寺，初名为闲居寺。至隋仁寿元年（601 年）改名为嵩岳寺。关于嵩岳寺塔的建造年代，《嵩岳寺碑》称：“嵩岳寺者，后魏孝明帝之离宫也。正光元年榜闲居寺。……仁寿一载，改题嵩岳寺。……十五层塔者，后魏之所立也。”学术界关于建此塔时间，有说建于正光元年（520 年），也有说建于正光四年（523 年）等等。

20 世纪 60 年代为建立“四有”工作档案，河南省文物工作队（今河南省文物考古研究院）曾派员在此进行过文物调查，在塔周围（特别是塔西高地上）发现不少建筑遗迹中的瓦件，并在《文物》杂志上发表相关调查内容。20 世纪八九十年代为整修该塔及周围建筑，还在寺北农田地下发现有残石像及建筑物墙壁遗迹，说明塔周围原来确有不少建筑遗迹存在，《嵩岳寺碑》所记寺内各时代殿堂当非虚传。在河南省古代建筑保护研究所维修嵩岳寺塔的过程中，发现了该塔的地宫与天宫，出土一些珍贵的文物，有的与建塔时代有关。如 1986 年在塔内作物理探测时，发现了现塔内地面以下有地宫存在。1988 年 3 月对地宫进行了清理，在地宫中发现石刻造像（残件）12 件、建筑构件 17 件，还有生活用品多件等。在发

图95　嵩岳寺塔远景

现的文物中，除一件释迦佛像为北魏时期石像外，其余多为唐代及唐代以后的文物。释迦造像用红砂岩石雕成，整体作莲花瓣形背光（上部莲瓣尖残损，下半部断失），石刻正面雕释迦佛立像一尊，残高11厘米，佛像上身基本完好，佛像背面刻铭文五行："大魏正光四年岁……四日丁未佛弟子向□□释迦像一躯合……养长生仕官日□□……从心"[1]（图96）。值得注意的是，铭文纪年"大魏正光四年"恰与建寺造塔年代相一致。其后又于1989年在整修塔身上部时，在砖砌塔刹上

图96　嵩岳寺塔地宫出土释迦残像背部铭文

① 河南省古代建筑保护研究所：《登封嵩岳寺塔地宫清理简报》，《文物》1992年第1期。

发现天宫两座，并于7月进行了清理。在天宫中也发现了重要文物。天宫共两处，第一号天宫砌造在塔刹的宝珠内，出土文物11件，其中有银塔一座、瓷舍利罐及舍利子等；第二号天宫位于相轮中部，发现文物7件，其中有瓷舍利罐1件，罐内放有红、白、黑三色舍利子，另有瓷瓶1件、水晶石1块[①]。

嵩岳寺塔经过20世纪八九十年代近10年的勘测与维修，不仅解决了由于塔体裂缝带来的严重安全隐患，而且也对其所处地段进行了基地的加固与高空防雷措施，增强了古塔的防滑、抗震与防雷电功能。并扩展了院落，保护了塔周边的古树名木与自然环境，提供了良好的参观旅游场所。现在塔院中已有专门保护人员与机构。

二、嵩岳寺塔的建筑结构与艺术特征

嵩岳寺塔平面为十二边形，这在中国古塔中是一个孤例。塔身之上有十五层密檐，通高37.05米，被我国著名建筑学家刘敦桢先生称之为我国单层多檐式塔的鼻祖。在它之前中国没有此类塔形，所以梁思成、刘敦桢两位先生称“其出现如异军突起”。正因为此塔历史悠久、造型独特，它早已成为国内外建筑史界关注与研究的对象，在我国古代建筑史中占有极为重要的地位（图97）。

塔的最下部是一座十二边形的直壁式基台，由条砖砌成。塔的东、西、南、北四面壁有券门。南北塔门前砌有踏道，由此进出塔心室内。基台之上建两段式塔身，塔身被腰檐分做上下两部分，下部为直壁素面，无任何装饰。上部塔身，东、西、南、北四面高券门顶作尖拱状门楣，两下侧作外卷涡角，类似北朝石窟卷门的装饰。上段十二个转角处砌出多边形倚柱，柱头饰有莲花宝珠。柱下雕砌出覆盆式柱础，很有北魏时期的时代特色。除东西南北四面开有券门之外，其余八个侧面各砌出一座单层塔式佛龛，并凸出塔之外，龛下砌有方座，其正面各砌壶门两个，其内各雕有不同姿态的狮子一蹲，这是全塔最富有艺术装饰性的部分。

塔身之上是十五层密檐，每层塔檐都是由叠涩砖层砌成的，檐子略呈内弧状。上下两层檐子之间，砌出低矮的塔壁，各面矮壁上砌出一个尖拱门和左右两个破子棂窗，表示这里是一层塔身。这些小塔门只有少数几个是透空的，而大多数是假门、假窗，用作装饰。全塔各层塔檐，均按一定比例收分，形成整塔檐部外轮廓柔美的抛物线形，这对以后唐代密檐塔的造型艺术有着重要的影响。

---

① 河南省古代建筑保护研究所：《登封嵩岳寺塔天宫清理简报》，《文物》1992年第1期。

图97　嵩岳寺塔

塔顶砌有塔刹一座，高 4.75 米，其结构由刹座、宝装莲花形的大覆钵、仰莲绶花、七重相轮和宝珠组成，从建筑材料、艺术风格及出土文物看，当在北魏建塔之后重修过。

塔身内部为空筒式结构，塔壁较厚，塔室平面下层与外壁相同，仍为十二边形，但二层以上均改砌成八角形，没有艺术装饰。这种筒式塔体构造，具有很好的抗震性能，致使此塔经历一千四百多年仍完好保存下来。塔内室没有向上登临的楼梯，而在北壁等处尚可见栈木的遗迹，内部因缺少透空的采光窗口，比较昏暗，说明古人没有利用内部空间的设计，栈孔仅是供匠师内部维修时攀登的简易设施。塔内顶部用叠涩砖层砌出高 1.4 米的斗八式藻井收结。

在现嵩岳寺院中，除中心砖塔外，在 20 世纪八九十年代还向南迁建了山门，扩大了院内空间，维修了塔后部的大雄宝殿、伽蓝殿与白衣殿。整理了院内石刻，如佛顶尊胜陀罗尼经幢、石狮、石函、唐《萧和尚塔铭》、宋崇宁元年《嵩岳寺感应罗汉洞记》残铭二方以及清代碑刻多通等，使这些散存文物得到进一步的保护。增加了在维修过程新发现的石刻艺术品，特别是还将一通倒卧在寺西山坡边的唐大历四年（769 年）由唐代著名书法家徐浩书写的《唐敬爱寺大证禅师碑》移入寺内前院，树立于山门内甬道西侧，使之得到有效地保护，并增加了寺内观瞻的重

要文化内容。维修塔、殿之后，寺院的围墙扩大了修建，并将原东墙外的古槐扩入寺中，现已成为院内一景。

目前，寺院环境整修一新，交通道路均已修好，为游人的参观考察提供了良好的服务。

第八节　会善寺

会善寺是嵩山地区古代著名的佛寺之一，也是我国著名天文学家僧一行（俗名张遂）避世出家之处，他在这里建造的琉璃戒坛，成为佛教史上著名的戒坛。

一、地理位置与历史沿革

会善寺位于登封市西 6 公里的嵩山太室南麓积翠峰下，背依太室群山，寺前古树林立，南临公路，交通便利。寺后山上还有一股清流山泉流入寺中，供寺院日常使用，此泉被称作“会善泉”或“龙赠泉”，是该寺院中的一处胜景。

会善寺原为北魏孝文帝元宏（471~499 年）的一座离宫，后来成为名僧澄觉大师的精舍。隋文帝杨坚开皇年间（581~600 年）赐名“会善寺”。唐代时，会善寺有很大的发展，增建了殿宇、戒坛和窣堵波式的宝塔等。唐贞元十一年（795 年）陆长源撰《会善寺戒坛记》记述了建造戒坛时的盛况：“嵩高得天下之中也，所谓名山福地、异人灵迹……先是有高僧元同律师一行禅师，铲林崖之欹倾，填乳窦之窈窕，甃玉立殿，结琼构廊，旃檀为香林，琉璃为宝地。遂置五日正思惟戒坛。”这便是后人所称的琉璃戒坛。在唐代宗李豫时（762~779 年）还“诏白马寺僧，洒扫俸律于此”。可惜的是这座精丽壮观的会善寺琉璃戒坛到了五代后梁之际，却被拆毁了。至北宋太祖赵匡胤开宝年间（968~976 年），会善寺又兴盛起来。宋以后该寺兴废多变，没有大的发展，寺院范围也逐渐缩小。

二、会善寺的建筑

近代会善寺的规模虽不太大，但尚未属完整，而且一些殿宇、砖塔还具有重要的建筑历史价值。现存寺院建筑主要有常住院、戒坛遗址、净藏禅师塔、寺周砖塔以及古碑、石刻、铁钟等。

常住院：即人们通称之会善寺。现保存有照壁、山门、大雄宝殿以及东、西厢房及东侧院等。

山门（图 98）：面阔五间，进深三间，单檐硬山式建筑。其明间与两次间开三间券门，气势颇为显要，在嵩山诸多佛寺中，此门为最大的一座。大门明间券门正上方题额“会善寺”三字。该山门规模宽大，其势如殿堂，并且在大门之内筑有佛台，上供奉有明代周王奉赠该寺的汉白玉阿弥陀佛像一尊，本身已具佛殿功能。此山门前置有雕工精致的石狮一对，台座各面均雕有精美的动物浮雕图案。山门东、西两侧另建面阔一间的掖门一座，用于平时通道。

图98　会善寺山门

大雄宝殿（图 99）：建在大门以内高起的台地上。大殿面阔五间，进深三间，为单檐九脊殿式建筑。这种由山门直通大殿的早期寺院布局做法，在嵩山地区是一个典型的实例（另一处在少林寺初祖庵）。大殿内部梁架后代有些更换，但还保留一些早期手法，尤其是檐下所用五铺作重拱双下昂斗拱，用材硕大，尚保存有元代斗拱的风格，是河南省比较重要的一座木结构殿式建筑。此殿以北的山坡上，有一重高台地面仍保留有建筑遗迹。

厢房：分列于寺院东、西两侧，高台上下均建有单檐硬山出前廊式的厢房，这些过去的僧房，现在用做管理单位用房。常住院东有一别院，亦属寺产，曾做过林场用房，现归文物管理部门使用。常住院路南的照壁为近年所建。

图99　大雄宝殿

图100　净藏禅师塔

寺内大殿前的月台上，现保存大铁钟一口，为明成化七年（1471年）所铸。

戒坛遗址：位于寺院西面的山坡上。戒坛毁于五代之际，仅存残石柱两根，柱下面雕刻着甲胄的武士（或天王）像，也有一柱不着甲胄，并有一武士头像，后存寺内殿中。石柱背面刻有卯眼，这是研究唐代建筑雕刻艺术的难得实物资料。

净藏禅师塔（图100）：位于会善寺戒坛遗址之西不远的山坡上。该塔是会善寺著名高僧净藏禅师的墓塔，建于唐天宝五年（746年），是我国最早的八角形塔。其塔形属于单层重檐枋木结构的亭阁式砖塔。自下而上由基台、塔身和塔顶三部分组成，通高 10.35 米。基台与塔身平面均为八角形。基台高 2 米许，上、下略砌出阶台而中部为直壁，台下作散水一周。此塔原存塔基残毁十分严重，一些转角处已呈空洞状。现塔之基台是 1964 年补修复原后的面貌。塔身是全塔建筑结构与装饰艺术的精华部分，高约 2.8 米，包括塔檐以下、塔基以上部分。在塔身下部砌出精美的须弥座，每面做法相同，即由上枋、束腰与下枋组成。在束腰部分每面砌出三壶门，其形显得扁长，具有明显的唐代壶门形制的特征。须弥座以上，塔身各转角处砌出凸出塔壁以外的倚柱，柱子外露五面，其完整柱平面当为八角形。柱下方无柱础。柱头作覆盆式，柱径与柱高比约 1 ∶ 5，显得粗壮有力。柱头之上直接承托转角铺作。转角铺作为一斗三升、斗口出劈竹耍头，因斗拱居于转角处，所以齐心斗也明显大于散斗，而且居中的栌斗与齐心斗均为一斗转作左右两面，中有折角线。栌斗、散斗及齐心斗下部均有明显的弧线——斗顱。这些做法都表现出唐代斗拱的早期时代特征。另外，在每面两柱头铺作之间均作有补间铺作，除正面因额枋距塔檐之间距离较近，其补间铺作仅可置一直斗外，其余七面的补间铺作各置一硕大曲脚人字拱，此人字拱与柱头铺作共同承托起檐枋。在塔身的墙面部分，除北壁整个壁面作一规整的内凹式边框，其内置《嵩山会善寺故大德净藏禅师塔铭》之外，其余七面皆在倚柱下部（约半米处）砌出腰串（横枋）一道，使之成为破子棂窗的下槛（南面券门门洞左右，相同部位亦砌有此枋之局部）。同样，又在倚柱最下部，两柱根之间，再置一横枋，名为地栿。腰串与地栿之间，又砌出槫柱、心柱和障水版等结构。在塔身的东、西两面分别饰以砖雕的实榻大门，门扇上雕出制作规整的上下四排门钉，每排 8 枚（一扇 4 枚），共计 32 枚门钉；门中心雕传统古锁一把。门扇四周的门框上，雕出门额、立颊、子桯等，比例合理，制作精美。在东、西、南、北四主面以外的四侧面上，各雕出破子棂窗一扇。其窗周之边框做法与实榻门类同，但高度略低于门高。在窗心内各立 11 根破子窗，断面呈三角形，棱尖向外。这些做法均为仿照木构建筑的细部做法雕成的。塔身各壁之中为塔室一间，南面设券门，室内为八角形空间，上部作八角攒尖顶，没有艺术装饰。塔室以下为地宫部分。

塔顶：塔身的檐枋以上是塔顶部分。塔顶下部为叠涩檐层，以 27 层叠涩砖砌出叠涩层与反叠涩层。由于塔顶残毁严重，现已难确定叠涩檐与反叠涩檐各占多少层数。在 27 层叠涩砖以上，是中层塔檐。其下部是须弥座的束腰部分，保存基本完好，须弥座为八边形。从正面看，由 4 根角柱区分出正、侧三个面，每

个面又用间柱与角柱组成两个壶门。在间柱、角柱以上为单层砖与双层砖砌出的檐枋。下面为单层砖砌出的地栿。檐枋之上，置有精美的山花蕉叶状挑檐，是为中层檐的标志，也是此塔顶部突出的佛教艺术装饰之一。此层砖雕纹饰有两种图案，其一是宽大而对称的卷叶纹；其二是中部雕蕉叶、两侧饰有向内卷曲的连续勾云纹。两种图案交互使用，分别装饰在塔檐的转角处。从花纹结构上可知此檐上部尚有缺层。在此中檐之上，是五层较规整的壁面，再上复为一层低平的须弥座，此座的平面已由八角形变为圆形。须弥座之上枋用两层平砖砌成，下枋仅存一层斜边砖，其下应有一层平砖相托，但已缺失。上下枋之间的束腰部分，无任何装饰，仅用素面砖两层砌出圆形束腰一周。此圆座以上是八组砖雕的绶花之类檐层。此檐之上为一由七层砖砌成的残损砖台，以此承托塔顶的石雕塔刹（此台是否为小覆钵，已难辨认）。塔刹是由青石雕造而成，高 1.7 米，自上而下分别由火焰宝珠、承珠云盘、覆斗及仰覆莲刹座组成，是一组精美的唐代石雕艺术品，在传统技法上，使用了混作（如火珠）和压地隐起或剔地起突等技法，是研究盛唐石刻艺术的珍贵实物资料。在塔身北面现保存完好的塔铭，也是此塔中极为珍贵的部分。塔铭高 57 厘米、宽 59.5 厘米。全称“嵩山会善寺故大德净藏禅师塔铭”，铭文 22 行，行 21 字，行书。塔铭详细地记述了净藏禅师一生的事迹，“十九出家……来至嵩岳，遇安大师（道安禅师）亲承谘问，十有余年。大师化后，遂往诏郡，诣能和尚（禅宗六祖慧能大师），谘玄问道，言下流涕，遂至荆南，寻睹大师，亲承五载，能遂印可，付法传灯。指而北归……复至嵩南会善西塔安禅师院，覩兹灵迹，实可奇耳，遂于兹住。关乎圣典，乃造写藏经五千余卷。师乃如如生象，空空烈迹，可、粲、信、忍，宗旨密传七祖，流通起自中岳。……春秋七十有二夏，三十八腊，无疾示疾，憩息禅堂，端坐往生，归乎寂灭。即以其岁天宝五载岁次丙丁（天宝五年，岁次当为丙戌，丙丁误）。十月廿六日午时，奄将神谢。门人慧云、智祥，法俗弟子等……敬重师恩，勒铭建塔，举高四丈，给砌一层……”由塔铭所述，其弟子称净藏禅师为六祖慧能“付法传灯的七祖，承继南宗禅派的顿悟之说”，所以塔铭中写明净藏禅师“造写三藏，顿悟四禅”，也称道他“坐功深远，灵迹时徵”，都是禅文化的具体记述。另外，塔铭中还提供了净藏禅师塔创建时的一些设计内容，如“敬重师恩，勤铭建塔，举高四丈，给砌一层”。这当是筹办造塔之事的慧云、智祥等定出的一个造塔方案。今按唐小尺（一尺等于 24.7 厘米）计算，4 丈举高，等于 9.88 米，与净藏禅师塔现高 10.345 米，两数值仅差 46.5 厘米，基本上是按 4 丈高度和“给砌一层”的形制建造的。这在我国古塔营造史上，也是颇有意义的。所以，不论从净藏禅师塔的总体造型、细部做法以及塔铭文献等方面来看，该塔都具有极其重要的学术研究价值。早在20世纪二三十年代我国著名的古建筑专家鲍鼎先生在《唐宋塔之初步分析》一文中指出："在砖建筑方面，唐代初期，有不少砖塔如大雁塔、小雁塔、法王寺塔、净藏禅师塔等，在整个的权衡与细部的处理上，均不失为砖建筑中最佳之例。"① 另外，著名建筑学家梁思成、刘敦桢先生也对净藏禅师塔有过更为具体的评价，他们在合著的《塔概说》中指出："唐代砖石结构的墓塔中，采用木构式样最多的，只有玄宗天宝年间（742~756年）所建的嵩山会善寺净藏禅师塔一处。此塔外观大体模仿单层的木构建筑，虽说现在下部台基因年久凋毁……但是塔身上砖砌的斗拱以柱额门窗等等，都彻底模仿木建筑形式，故全体形范很与日本奈良法隆寺梦殿接近。不但盛唐木建筑的式样，可由此推测一二，单就平面采用八角形一点而言，现在我们所知道的资料里面，没有比它更重要而年代更古的了。"② 可见，塔身部分是此塔最重要的部分，在这里可以了解到非常少见的唐代木结构亭阁及相关建筑的真实面貌。另外，该塔的塔身与塔顶的许多砖石雕刻，极为精美，具有重要美术史价值，尤其是塔刹的石雕艺术，可作为唐代须弥座宝珠式塔刹的代表之作。

第九节　少林寺常住院

少林寺常住院，即人们通称之少林寺。在登封"天地之中"历史建筑群中，这里和少林寺塔林、初祖庵是一处三项。为叙述方便，这里也分项加以叙述。

一、地理位置与历史沿革

少林寺位于登封市西北13公里的少室山阴，五乳峰下。寺前有少溪河流过，寺周围山林环抱，面对钵盂峰，夏日雨天可观"少室晴雪"（登封八景之一），山形多姿，俗称旗、鼓、剑、印、钟五座奇峰；寺西北为五乳峰，达摩洞在其之上。这些山林奇峰，不仅为少林寺带来天然的清幽自然环境、旅游资源，而且还蕴藏着许多优美生动的佛教历史故事（图101）。

---

① 鲍鼎：《唐宋塔之初步分析》，载《中国营造学社汇刊》第六卷第四期。

② 转引自王雪宝《八角砖塔，嵩山最古》，《郑州日报》2007年8月21日第7版。

图101　少林寺建筑群全景

少林寺创建于北魏孝文帝元宏太和二十年（496年）。《魏书·释老志》载："太和二十年……又有西域沙门名跋陀，有道业，深为高祖所敬信。诏于少室山阴立少林寺。"跋陀最先于寺西台造舍利塔，塔后造翻经堂。"三藏法师勒那，翻译经论，游集刹土"，另有菩提流支等译经家，也到这里参与翻译佛经等活动。当年跋陀及其弟子慧光、僧稠等在此传授的是小乘佛教的经义。跋陀的弟子主要是慧光、僧稠（稠禅师），后来皆成为北齐时期的著名禅师，在河南北部安阳一带进行传教活动，现在还有一些活动的遗迹。在北魏熙平二年（517年）之后、永熙三年（534年）之前，另有一位西域名僧菩提达摩，游化于嵩洛一带，传承的是大乘佛教。北魏杨衒之在其著名佛教著作《洛阳伽蓝记》卷一中说："永宁寺，熙平元年（516年），灵太后胡氏所立也。……时有西域沙门菩提达摩者，波斯国胡人也。起自荒裔，来游中土……自云：'年一百五十岁。历涉诸国，靡不周遍。而此寺精丽，阎浮所无也。'（阎浮，指人间世界）……口唱南无，合掌连曰。"说明达摩和跋陀一样，也是先到国都洛阳，之后来到嵩山少林寺的。关于达摩行迹与传教活动，释道宣在其所撰《续高僧传》中有较具体的记述："菩提达摩，南天竺婆罗门种。……初达宋境南越，末又北渡至魏。随其所止，诲以禅教。其时，全国盛弘讲授，乍闻定法，多生讥谤。"所以，达摩及其弟子的传法活动，受到了旧禅法势力的抵制、讥讽乃至迫害。如达摩的主要弟子慧可和昙林等在邺城（今河北省临漳西，河南省安阳北）传法时，便屡遭诋毁、甚至迫害，很长时间过着乞食生活。所以有文献称达摩、慧可以游化传道为务。从少林寺西边五乳峰上的达摩洞、石坊，寺南钵盂峰顶的二祖庵、炼魔台以及少林寺东北的三祖庵等禅祖的修禅或纪念地来看，以游化传道为务而尝托兹山（嵩山）的早期禅祖们，尚未在少林寺中建立自己的寺庙，而只是游化于嵩山一带，多为结庐建庵而已，直到四祖道信之世，方能有安定之所，却是远离少林的南方。达摩禅法入住少林寺，当在唐武则天时代。五祖弘忍的传法弟子法如禅师（637~689年）在五祖弘忍大师圆寂之后，开始了游化生活，先到淮南，后到嵩山少林寺（约在683年）。法如禅师初到寺内，默默劳作于僧众之中。到武则天垂拱二年（686年），四海标领，众僧云集少林寺，众人推举法如禅师开释禅法，法如不负众望，讲法玄妙，影响很大。所以，在唐裴漼《皇唐嵩岳少林寺碑》中称："复有大师讳法如，为定门之首，传灯妙理。"法如禅师于永昌元年（689年）圆寂后，由名僧神秀继领其众。武后闻名，召至京师，礼赐优异，号"二京法主""三帝国师"。至此，达摩禅法才真正在嵩洛一带占有了重要的地位。早在隋文帝时期及唐代初年，少林寺多次得到皇家封赏的土地、水碾及官职等，从而奠定了该寺雄厚的经济基础，逐步形成了寺庙庄园。在历史上，少林寺也遇到了多次的破坏和打击。尤其在唐代"会昌灭法"之后，少林寺发展缓慢，直到元代裕公和尚时，才又出现了中兴盛世，在裕公和尚主持下，少林寺修建了四重檐的藏经阁和其他殿宇。惜元代末年，少林寺又遭兵火之灾。明代时再次重建或重修了藏经阁、千佛殿、立雪亭等，从而奠定了今日少林寺的基本建筑布局。民国年间军阀混战，石友三再次火烧少林寺，使寺院内天王殿、大雄宝殿、钟楼、鼓楼、藏经阁及两厢六祖殿、紧那罗殿、客堂、禅堂等全被烧毁，这是少林寺历史上最大的一次人为破坏。新中国建立后，对少林寺的千佛殿、白衣殿、山门多次进行修葺，尤其是20世纪七八十年代在河南省委、省政府的领导关怀下，对少林寺进行了全面维修，在原址上按照原有规模、式样全面恢复重建了寺院被烧毁的大雄宝殿等殿宇与四重檐的钟、鼓二楼，新筑了常住院的围墙，整修了塔林和初祖庵大殿等。现已成为国内外游人观光考察的重要目的地。

二、常住院的建筑与文物

常住院是寺院中住持僧及众执事僧们进行日常佛事活动和生活起居的地方，也就是今天人们所通称的"少林寺"。据裴漼《皇唐嵩岳少林寺碑》所载，当年天竺沙门跋陀"来游国都"，北魏孝文帝于"太和中，诏有司于此寺处之……法师乃于寺西台造舍利塔，塔后造翻经堂……"由此可知，此寺常住院建造的历史不会晚于唐代。"寺西台"即今之甘露台，跋陀以及三藏法师勒那和菩提流支等在此"翻译经论，游集刹土"，这一佛事活动感动神灵，天降甘露，因名"甘露台"。从西域来到中原的僧人，到新建的寺院之后为了传播佛教，建塔和译经，应当是那一

时期的主要活动。随着佛事活动的扩大，僧众增多，并适应中原地区建筑文化的需要，少林寺的寺院逐渐形成庭院式的组群院落（图 102）。

图102　少林寺常住院全景

1. 山门及门前广庭建筑

山门即常住院的大门，由正门及东西两掖门组成。正门居中，建在 1.95 米高的基台之上，为面阔三间，进深两间的单檐歇山式建筑。门的明间为板门一合、次间砌圆形亮窗，门首正中悬有清康熙四十三年（1704 年）御书的黑底金字“少林寺”横匾。匾高 90 厘米、宽 193 厘米。在匾中部“林”字上方雕有 9 厘米见方的“康熙御笔之宝”六字印玺（图 103）。据《少林寺志》载，此匾原来悬在今天王殿正门上，当时的山门在天王殿处，清雍正十三年（1735 年），将原山门改作天王殿，在今址新建了山门，寺匾移置于此。今山门东、西两侧建有两座掖门，皆为单间过门，门台不高，前筑礓礤斜坡道路，可以过车运输，乃僧众生产、生活之方便所需。两掖门外筑有八字墙，墙外分别建东、西石坊各一座。东石坊原已损毁，存有大部构件。20 世纪八九十年代全面整修少林寺时，加配部分构件，重新复建起来。这两座石坊和大门前的一对石狮子，都为山门前的广庭起到了良好的范围控制和艺术装饰作用。如清代石狮，高 1.67 米，蹲于 1.75 米高的石雕须弥座上，明显地为高台上的山门增添了古老壮观的气势。

图103 少林寺山门

山门前的东、西石牌坊，既是山门前广庭区域的范围标志，又是寺院文化的第一座宣传性建筑，是对少林寺历史典故的精辟解读。这主要体现在石坊的题额与对联题刻上。东石坊的东面，题额为："祖源谛本"（即指：禅宗发源之地，佛法真谛之本）；对联为："地在天中，四海名山为第一。心传言外，十方法教是祖元。"此坊西面的题额是："跋陀开创"（跋陀：西域第一位开创少林的高僧）；此面柱上未刻对联。西侧石坊东面，题额刻："大乘胜地"（指初祖达摩，在此开创大乘佛教。小乘讲自我修行；大乘讲自我修行和度化众生修行）。对联为："心传古洞，严冬雪拥神光膝（讲禅宗二祖慧可向初祖达摩立雪求法，和初祖达摩传法给二祖慧可于山中的故事），"面壁高峰，静夜风闻子晋笙"（讲初祖达摩于山洞中面壁苦练，静夜里的风声好像仙人子晋的笙乐一般）。西面题额："嵩少禅林"，对联为"双双玉井，碧澄冷浸千秋月。"（指山门对面山上的二祖庵有禅祖用锡杖点出的四眼水井，洁净寒冷的井水长期地映照着月光的影子）；"六六玄峰，翠耸光连万壑云。"（指少室山三十六峰高耸入云的山间奇观）。从石坊题额间的小字可知东石坊建造于明嘉靖二十二年（1543 年）五月；西坊建造于明嘉靖三十四年（1555 年）秋。

山门两石坊以内是一个三面围合，一面临水的广庭，其内翠柏茂密，郁郁葱葱，是游客集散休息的理想之地，身居林荫之下，"少林"二字，不言自明。山门

前面是一座石桥，架设在少溪河上，河中怪石嶙峋，细水潺潺穿石而过，桥上桥下多有游人玩乐。清人朱枫有诗云："翠岭回幽谷，清溪锁少林"，那么打开这把"青溪"之锁的钥匙，就应是这座少阳石桥了。少阳桥又称少溪桥，建于清道光二十六年（1846 年）九月。该桥为单孔石拱桥，券洞为双圆心造。桥上面通长 60 米，桥高 5.55 米，券高 4.29 米。《重建少阳桥碑记》称：此地"相传为龙脉所关"，是"一寺呼吸之处"，所以很早就有少阳桥，不知创自何时，年深日久，桥为山洪冲毁。为便于香客朝山之便，至道光十年（1830 年）由寺僧德武、寂文等倡议，曾重建一座八丈高、八丈宽的大石桥，十余年后大桥坍塌，才另建今日之桥，距今已有一百六十多年了。

2. 天王殿（碑林、慈云堂、西来堂）

由山门穿行进入寺内第一进院落，过碑林中心甬道正中为天王殿。此殿原系少林寺山门，清雍正十三年（1735 年）在殿前新建山门一座，改此门为天王殿，说明雍正十三年前，少林寺也和会善寺、初祖庵现状一样是"山门对大殿"的早期布局形式。1928 年天王殿毁于军阀石友三之兵火，仅存殿座上的 30 颗石雕柱础和中部的石门坎以及殿前月台、东、西掖门等。据火烧之前的照片看，该殿原为面阔五间的重檐歇式建筑，这和《少林寺志》及本寺白衣殿内清代壁画上提供的图形是一致的。据《少林寺志》所载，天王殿内原有护法神像两组，一是门前塑金刚像两尊；门后部塑四天王像一组。"四大天王"之像，源自古印度神话：在须弥之山腹部，有四天王之天，即欲界六天之第一天。佛家采用这个神话传说，宣称四大天王各护佑一方天下，他们的名号是：东方持国天王，身白色，手持琵琶；西方广目天王，身赤红色，手持羂索；南方增长天王，身青色，手持宝剑；北方多闻天王，身绿色，手执宝幢。他们合称护世四天王。清朝初年，此殿外悬有"天下第一祖庭"六字匾额；清康熙四十三年（1704 年），康熙皇帝又书"少林寺"三字大匾悬门外，即今前面山门所悬之匾。原天王殿毁于 1928 年石友三兵火，今殿为 1983 年原址重建，仍保持了重檐歇式原有形式。月台仍为原构。

在天王殿东、西两侧高台上，建有面阔一间的掖门各一座。门下为南低北高的坡道，门左右为区隔东、西二堂院的内隔墙两道。在院内主甬道及东、西两坡道（又称马道，至北端可随地势进入两堂院内）的边沿立有历代古碑 30 余通，号称"碑林"，大体上从东墙下至西墙下，加上中路两行，共有四行古碑前后立于院中，后来有些碑移入建成的东侧碑廊内保存。对于这批古碑，清初景日昣在《观唐王告少林寺教主碑》诗中称道：

少林古碑密如栉，高下竖卧各为质。
松柏掩映发幽光，大半出自名人笔。

此诗所言，是对少林寺历代碑刻的真实写照。下有碑林，上有绿荫，阳光透过天王殿前千年银杏的枝叶，投下无数珍珠般的光点，散落在灰蓝色的碑身上，本身就是一幅神奇的图画。人们在碑林研读那一篇篇碑文时，不仅会发现“大半出自名人笔”，而且还会看到许多内容记载着极为重要的少林寺与佛教文化的宝贵史料。如：原立于山门内东墙下的《大唐天后御制诗书碑》（图 104），由武则天撰文，王知敬书丹，唐永淳二年（683 年）九月二十五日书。碑通高 148 厘米、宽 63 厘米、厚 19 厘米。碑首与碑身浑为一石雕成，此碑体不大，却有着重要的艺术及历史价值。此碑雕饰的盘龙碑首极为精致生动，碑顶雕四龙盘顶，从碑侧面看，每面由双龙垂首含碑身。尤其是龙的躯体，充分表现出盛唐石雕的特色，那逼真丰实的肌肤表现力，在少林寺千年古碑中是极为少见的。王知敬的正书碑文，字径 2 厘米左右，其书法结构之优美，亦属上乘之作。王知敬是唐代河内（今河南沁阳）人，善隶草工画。永淳二年，随从唐高宗李治、天后武则天游幸少林寺，为武则天书写了此碑。其碑文主要反映了武则天为了为其亡母在寺域筹建灵塔而有求于寺主的纪事。其序称：“从驾幸少林寺，覩（同睹）先妃（其母）营建之所（塔庙），倍切茕衿，逾凄远慕，聊题即事，用述悲怀。”下题五言诗：

陪銮游柰苑，侍赏出兰闱。
云偃攒峰盖，霞低插浪旂。
日宫疏涧户，月殿启岩扉。
金轮转金地，香阁曳香衣。
铎吟轻吹发，幡摇薄雾霏。
昔遇焚芝火，山红迎野飞。
花台无半影，莲塔有全辉。
实赖能仁力，攸资善逝威。
慈缘兴福绪，于此罄归依。
风枝不可静，泣血竟何追。

此诗前面诸段，描述了皇家出行之盛况；中段是回忆隋末之际，少林寺遭受火灾，唯存宝塔之事；后四句是武则天思念其母并为之“营建之所”的悲伤心情，

图104　大唐天后御制诗书碑

也是此诗之主题。在此诗下首，既是武则天的一篇书文，记述了为其亡母建塔之事。此文再次表现她当时到少林寺来的忧伤心情。为了她母亲的功德之事，在少林寺和尚面前，竟表现得非常虔诚，甚至派侄武三思向寺院里送钱送绢，以换取建塔进度的加快。此类皇家纪事，在别处是很难见到的。

在《大唐天后御制诗书碑》南边，立唐碑一通，高 144 厘米、宽 54 厘米、厚 18.5 厘米。两面镌刻碑文，一面刻《佛顶尊胜陀罗尼咒》，碑末署“嵩山隐士高岑书”，高岑乃唐朝人，故此刻为唐代所为；另面刻《唐少林寺灵运禅师功德塔碑铭并序》，崔琪撰文，僧勤□书丹。碑文内容记述了灵运禅师自出世到去世的一生事迹，它对考证寺西六角形唐代石塔之年代，有着重要的研究价值，而且此碑在书法上也很受人重视。此碑为行书体，字径约 2 厘米。王世贞《碑跋》称：“书法绝类圣教，无一笔不似。后世倾侧偃卧以取姿态者。”明代傅梅著《嵩书》也称颂其用笔之妙：“此碑之笔法，无一画不类圣教序者……余每至寺中，辄坐卧其下，抚玩良久，不忍便去。”足见其书法艺术之巨大的吸引力。

另外，还有一些反映中、日两国僧人友谊和记述嵩山名峰的碑刻，都非常具有历史与文化价值。如：立于山门内甬道西侧中部的元《息庵禅师道行之碑》，即由日僧邵元撰文，益吉祥篆额，法然书丹。碑高 216 厘米、宽 89 厘米、厚 20 厘米。建碑时间为元顺帝至正元年（1341 年）三月。邵元为“日本国山阴道但州正法祥寺住持沙门”，他与息庵禅师为元代时同在少林寺修禅，并有着一段友好的经历。当息庵禅师担任少林寺住持嗣祖传法沙门时，邵元禅师为少林寺知事僧，任书记职务，后又担任首座和尚（地位仅次于住持僧地位）。碑文内容反映了邵元与息庵禅师之间深厚的情谊和古代中日人民之间的友好关系。

另有立于甬道东侧南端的《淳拙禅师道行之碑》，由蒲庵来复撰文、扶桑（日本国别称）沙门德始书丹。碑文为正书，颇具工力。此碑建于明洪武二十五年（1392 年）五月，这是继元代以后，仅存的一通反映中日文化交流的文物，具有重要的历史文化价值。

在碑林中有关记述嵩山自然景观的诗赋，有建于宋徽宗建中元年（1101 年）由僧昙潜所书的《三十六峰赋》碑和明代《嵩山六十峰诗》碑。记述著名禅师生平的有元顺帝至正九年（1349 年）蔡世贵撰《凤林珪公禅师行状之碑》、明《定公之碑》《松庭禅师之碑》《从公无方碑铭》《月舟禅师行道碑》等，由这些高僧大德的碑铭记事中可以反映出少林寺禅学文化的许多具体内容与禅师们的具体生平事迹。另外，一些明、清碑碣反映了少林寺院中的演武与建筑修葺纪事。如：明熹宗天启五年（1626 年）程绍题《少林观武》诗碑以及清代《重建少阳桥碑记》《王大公祖承少林寺工程记》等修葺碑与《西来堂志善碑》善行纪事，表现了该寺社会生活的各个层面，是少林寺的一批重要文化财富。

慈云堂：位于天王殿之前，碑林中院之东。其前身名“慈云庵”。庵址原在地藏殿之西，建于清康熙二十五年（1686 年）。雍正十三年（1735 年），重修少林寺时，迁建于今址。后又遭兵乱废毁。庵址内尚存元、明古碑五通。其中有元、明大书法家赵孟頫与董其昌二人所书巨碑各一通，至为重要。碑现存完好。元《裕公之碑》（图 105），程钜夫撰文，赵孟頫书丹。元碑内容记述了少林寺光宗正法大禅师裕公的生平与功德。该碑元仁宗延祐元年（1314 年）十一月立。碑高 385 厘米、宽 135 厘米、厚 45 厘米。其碑首雕六龙盘聚，碑身之下置龟趺为座（此处之龟称赑屃，其力大善负重，为龙生九子之一）。碑文为行书，字迹劲秀可宝，有重要书法价值。另碑刻于明万历三十七年（1609 年）正月，名为《道公碑铭》，为董其昌撰文并书丹。该碑文记述了道公的生平及修禅事迹，并讲述了有关佛教的一些知识。碑体较高大雄伟，通高 400 厘米、宽 149 厘米、厚 28.5 厘米。碑身上下，亦作盘龙碑首和龟趺碑座。少林寺院内原保存董其昌书碑四通，今存两通。除此碑之外，另一碑为 1980 年在大雄宝殿月台前地下发现并挖出的《道公无言禅师碑》，碑文为正书。碑高 438 厘米、宽 147 厘米、厚 43.5 厘米，体量略大于《道公碑铭》，属另三通董其昌书碑之一。今慈云堂已改建为碑廊，并将寺内古碑（包括山门内碑林中一些重要古碑）迁移至碑廊内。碑廊为回廊式，四面共 42 间，中间为宽阔的院落，植有花草树木，环境幽雅，人们走在碑廊中，光线明亮，随处可以观看各时代的碑刻，还可以随时坐在廊柱间的栏凳上休息、欣赏古碑的石雕艺术，就像在一座石刻艺术博物馆中一样。

西来堂：位于碑林的西侧，与慈云堂相对的地方。入口为西墙上的券门，门额题“西来堂”三字。在券门的北边墙上镶嵌一方石碑铭，题为《西来堂志善碑》，它明确讲述了少林寺诵经与习武的“少林宗风”之深意。碑文称：“余自祝发禅门（出家为僧），禀师教之重，修弟子之职，昼习经曲，夜演武略。亦祇恪守，少林宗风。修文不废武备耳。”这一修文备武的思想，当和寺史中历次遭遇兵火毁寺有关。今寺内千佛殿的四十八个练功留下的凹陷脚坑和白衣殿拳谱壁画都是这一宗风的历史见证。西来堂内的建筑回廊 42 间，原置武僧习武塑像，仍属这一宗风的体现。

大雄宝殿及殿前建筑：大殿位于天王殿之北的中轴线上，其前为寺内第二进院落，东西两厢，前有钟鼓楼，后有紧那罗殿与六祖殿，是寺内主院所在地。

大雄宝殿为寺之主殿，面阔五间，进深四间，建于高台之上。殿前有大月台，

图105 元裕公之碑

图106　少林寺大雄宝殿历史照片

周边置有石栏望柱，月台正面及东、西侧面建有三座石栏踏道，正面踏道垂带石栏下端抱鼓石处，雕作青龙、白虎造型，雕刻工艺精美，极为罕见（图106）。大殿毁于1928年石友三兵火，1986年重建，其平面仍以原址墙、柱布局为依据，并依毁前照片资料，恢复重檐庑殿式建筑。月台原有栏板望柱继续使用，并补配了缺失部分。现已恢复了大雄宝殿中心礼佛及其他佛事活动的功能。殿檐下悬挂有原中国佛教学会会长、著名佛学家赵朴初先生题写的“大雄宝殿”横匾。殿内佛台上塑三世佛和菩提达摩与紧那罗王两站像，与其他佛寺佛像左右分别立二弟子或二菩萨的布局明显不同，以此突出少林寺文化特色。

钟楼：位于天王殿之东北隅。原钟楼毁于1928年石友三兵火。从寺内碑林中的《护法示迹碑铭》背面上部的钟楼、鼓楼（碑上称“藏阁”）、白衣殿清代壁画寺院图以及火烧之前老照片等资料看，钟楼原为一座面阔三间，进深三间、平面方形的四重檐、十字脊歇山式楼阁建筑。钟楼上原来悬有铁钟一口，后因遭兵火坠毁，残钟置于钟楼旧址上。据钟铭文可知，该铁钟铸于金章宗泰和四年（1204年），钟高200厘米、口径170厘米，钟壁厚自上至下为4~12厘米，据钟铭记钟重“壹万壹千斤”。钟下沿八唇，上铸八卦，标示悬钟方位。据《少林寺志》记载，此钟音质洪亮，“声闻三十里”。明代闵道扬七律《宿少林山中》有“寺里鸣钟山上声”之句，说明寺钟敲响时，可震撼山谷，回荡于嵩山之顶。原钟楼内保存的文物有两件：一是明弘治元年（1488 年）铸造的地藏王铁像，高 175 厘米，其像为净发，袈裟搭于双肩，袒前胸，跏趺坐于宝装莲花座上。另一件是立于殿址西北角的《铸造铜弥勒佛碑记》，碑高 138 厘米、宽 61 厘米、厚 17.5 厘米，其时代与铁佛相同。在 20 世纪八九十年代整修少林寺时，钟楼在原址得以恢复重建，通高 26.62 米，内部仍为三层楼阁（顶层悬钟）。钟楼内铜钟为新设计铸造的，保存了旧钟式样，重一万三千斤。明代地藏王铁像，经过整修，仍供奉于钟楼一层佛台之上。

鼓楼：位于天王殿西北隅，与钟楼东西相对应，亦是在 1928 年兵火烧毁的原址上重建。其基本形制与钟楼相似，但鼓楼毁前是一座元代的藏阁，从毁后保留下来的明间雕花檐柱和楼内保存的四个雕花石柱础的艺术风格看，确是早期建筑之遗物，尤其石柱的多面分格雕花形式，与初祖庵石柱雕刻相类似，或许是宋代雕花石柱的传承之作。所以在 20 世纪八九十年代重建时，特意保留了楼内四件元代雕花柱础和半根雕花檐柱（补接后使用），以尽可能多地保存原有文物构件，现在看来效果很好。

紧那罗殿：位于钟楼背面，较钟楼稍向西移。殿为面阔三间、进深三间的悬山式建筑。原建筑毁于 1928 年石友三兵火，此殿复建于 20 世纪八九十年代少林寺整修之时。殿内主神像为紧那罗王塑像，是少林寺的护法神王，在后院白衣殿壁画中有紧那罗王的历史故事。

六祖殿：位于鼓楼北面，与紧那罗殿东西相对。该殿为面阔三间、进深三间的悬山式建筑。原建筑毁于 1928 年石友三兵火。毁前殿内墙壁上绘有壁画，内容与六祖相关。今六祖殿为 20 世纪八九十年代少林寺整修时重建，亦为原址复建。六祖殿与库房以西为塔院，现有宋元祐二年（1087 年）建砖塔两座，一塔名释迦塔，为平面方形二层楼阁式塔，居塔院西北隅高台上；另一塔为平面方形九级密檐式塔，其门额题“下生弥勒佛塔”。

在天王殿与大雄宝殿之间的中心院落中，现保存有唐代以来重要古碑多通。其中尤以钟楼前碑楼中的《皇唐嵩岳少林寺碑》和《钦依住持少林寺曹洞正宗第二十四世当代传法小山禅师行实》碑等价值为高。前者俗称《李世民碑》或《少林寺碑》，立于唐玄宗开元十六年（728 年）。碑之上部刻有李世民为秦王时，于唐高祖武德四年（621 年）四月三十日告喻少林寺上座寺主等人的《教文》，其文行书三十九行，行八字。其中右起第五行有李世民草签的“世民”二字，甚为珍贵。教文内容，主要是表彰少林寺僧人助唐军平定王世充之役的战功。教文之下，刻由裴漼撰文并书丹的《皇唐嵩岳少林寺碑》，碑文 39 行，每行 60~63 字，全碑两

千余字，记述了自北魏孝文帝时跋陀开创少林寺至唐开元十六年二百多年间，少林寺在社会变革中发展与遭受灾害等记事，并记载了中外历代名僧大德及寺院建设的重要历史事迹，具有重要的文献资料价值，是研究少林寺史者必读之作。而且该碑还具有重要的书法艺术价值，清景日昣《说嵩》中说：在“嵩山诸碑行书中，此为第一”。他转引王世贞《碑跋》说裴漼“书颇秀劲，多媚态”。《皇唐嵩岳少林寺碑》的背面刻李世民《赐少林寺柏谷庄御书碑记》，内容与正面所刻内容基本相同。《碑记》之下又刻唐高祖武德四年（621 年）、武德八年（625 年）、唐太宗贞观六年（632 年）和开元十一年（723 年），唐朝政府颁给少林寺的谍书（公文）。其内容基本上是对少林寺僧助唐战功的封赐嘉奖等纪事。

碑楼中北边所立一碑，为明嘉靖四十四年（1565 年）刻立的《小山禅师行实》碑。碑高 343 厘米、宽 116 厘米、厚 25 厘米。盘龙碑首，龟趺。内容是记述少林曹洞宗第二十四世传法禅师小山身事经历以及重振少林禅寺的历史功绩的。其碑背面刻有《混元三教九流图赞》。

碑楼南墙，镶嵌白居易《自龙潭寺与三五贤游少林寺》言诗一首，为宋大观四年（1110 年）传刻，元至正三年（1343 年）寺僧无为重刻。诗云：

山屐田衣六七贤，搴芳踏翠弄潺湲。
九龙潭月落杯酒，三品松风飘管弦。
强健且宜游胜地，清凉不觉过炎天。
始知鹤驾乘云外，别有逍遥地上仙。

诗文记述了贤者之潇洒和山间寺院的凉爽。

碑楼之北，为清御碑亭址。亭基上现立有清乾隆十五年（1750 年）刻立的乾隆御碑一通。碑文题五言诗一首：

明日瞻中岳，今宵宿少林。
心依六禅静，寺据万山源。
树古风留籁，地灵夕作阴。
应教半巅雨，发我夜窗吟。

该碑对少林寺所处之六禅静地、万山之源的特殊自然环境给予了称赞，并保存了乾隆皇帝题书的墨迹。只是碑亭毁后，再未重立，使碑石未能得到原有之庇护。

在天王殿至大雄宝殿之间，钟楼、鼓楼以内，还保存着不少明、清时期的图碑和修缮记碑。如常为游客关注的《达摩一苇渡江像碑》系明天启四年（1624年）夏，由河南太守梁建廷刊，反映了初祖离开南朝，折芦渡江、传教中土的故事。在少林寺内有多幅元、明时期的“一苇渡江图”，但此图不但图面最大，而且笔触豪放粗犷，人物造型生动传神，可为此类画像之代表作品。画中达摩所折之芦苇，为一花五叶之形，据说是达摩禅宗由一脉单传，分立为五派的寓意。此碑背面刻《钟馗像》一幅。此碑高217厘米、宽112.8厘米、厚24.5厘米。关于少林寺整修工程纪事的碑刻则有立于清乾隆四十一年（1776年）的《重修少林寺千佛殿记》和清道光九年（1829年）的杨国桢撰《重修嵩山少林寺碑记》等。另外，还有关于少林寺宗派世谱碑一通，即清嘉庆七年（1802年）刻立的《勅赐祖庭少林寺释氏源流五家宗派世谱》碑，对研究少林寺历史沿革提供了直接的文献资料。

藏经阁：又称“法堂”，是寺院存藏佛经的地方，也是多数寺院的重要建筑之一。此阁建于明代，清代重修，面阔五间，进深三间，为单檐歇式建筑。1928年藏经阁毁于石友三兵火。火烧之前，阁内藏有明代铜版大藏经，据《寺志》载：“乾隆八年（1743年）奉颁藏经贮内。”另外，还有镇寺之宝“达摩面壁影石”及其他图籍、法仗等也存于此阁。这些都于1928年与阁同毁。今寺中藏经阁是近年依原貌在原址重建的。1928年被石友三兵火烧毁的少林寺殿阁至今均已得到了恢复，寺院功能得以正常运转。

现藏经阁前仍保存着明代制造的大铁锅和大石磨，也是来寺游客感兴趣的历史文物。大铁锅保存在阁前甬道之东。铁锅口径167厘米、高（内深）84厘米、壁厚2厘米。在7厘米宽的锅上沿上铸有“万历四年十一月少林禅寺常住造大锅一口，重一千三百斤”题记。锅外壁有五耳，当是吊运时系绳索处。在甬道西侧，与大铁锅对应处有明代大石磨一盘，上扇题刻有“嘉靖四十三年造”等字。这两处实用性文物使人们看到了明代时寺院僧人之众多，是寺院生活的直接反映。另外，阁前也立有古碑多通，不一一记述。

方丈院：以方丈室为中心的方丈院，位于藏经阁后的高台之上。高台南沿建一列廊子相护，正中开一垂花门楼。此为后来增建之处。方丈室居院之中北部。方丈室为面阔五间、进深两间、出前后廊的单檐硬山式建筑。五间之中间三间为客堂，东、西两端为休息室。南面明间檐下悬“方丈”横匾一方，黑底金字，十分醒目。平时寺院接待宾客及方丈理事于此处。由于清乾隆十五年（1750年）高宗弘历皇帝游嵩山少林寺时，曾在此室住过，所以又附会称作“龙庭”。方丈前廊东端，设有一钟架，上悬挂一口元代至元二年（1336年）的铁钟，此钟造型美观大方，特别是钟上铭文中记有当年少林寺“主持嗣祖传法沙门息庵”和日本国僧人邵元的名字。邵

元当时任本寺文书僧职，故称为“书记邵元”。该铁钟重六百五十斤。

在方丈室左右为通向后院的过道，过道东、西又建有坐北面南的两座小院。东院称作廓然堂，此院初建于明代，后多有改建，今门额题称“静中静”。原少林寺方丈行政大师便住在这座清静的院子里。相对的一座小院，在方丈室之西侧，名为“方丈退居”，是为退下来的老方丈安排的院子，原名誉方丈德禅大师曾居住此院中。以上三处皆为北边的建筑。而东、西两厢房，为每面五间出有前廊的硬山式建筑，也称作东寮、西寮。东寮原为伙房；西寮为住室。院内东北隅（“静中静”门前）筑一花坛，中植花木，独成院中一景。总之，方丈院落不太大，却是寺院日常活动的中心。

立雪亭（图 107）：位于方丈室之北高台上。为面阔三间、进深三间的单檐庑殿式建筑，规模不大，但建筑规格很高，是少林寺唯一的一座庑殿式建筑。立雪亭原名“初祖殿”，又称“达摩亭”。由殿内石柱题记可知，此建筑当为明正德六年（1511 年）前后筹建，正德七年以后建成。这是今寺内木结构建筑中时代较早的一座。此殿平面近方形，整体造型精致大方，具有较高的建筑艺术价值。加之小殿建于高台之上，殿前两株千枝柏枝叶繁茂如云盖，游人自下登台，绿荫罩顶，直临殿前，确有一种禅门圣地的神秘之感。走近看去，殿檐下用有三踩单昂斗拱，正门装有四扇格扇门，两次间各置方窗。殿内高悬清乾隆皇帝御书“雪印心珠”横匾，其意在纪念二祖慧可立雪断臂向初祖达摩学道的决心。中国佛教协会原会长赵朴初会长，曾有诗云：

图107　立雪亭

大勇立雪人，断臂得心安。

天下称第一，是禅不是拳。

今殿内中部神龛内供奉铜铸达摩坐像一尊。并置有明万历十七年（1589年）铸造的铜钟等法器。殿外还保存一些古代碑刻。如殿前东侧立一石碑，上刻“立雪亭”三个大字，碑之背面刻明嘉靖十年（1531年）立《营造祖龛记》碑文。又在殿外东壁上嵌有二碑、一额。其碑，一为金代观音像碑，碑高近99厘米、宽45厘米。碑上部刻苏轼撰“观音赞”，为金章宗明昌三年（1192年）二月卢明书，由郑州普照寺僧人守辩模刻。在碑之中下部刻观音菩萨像，高60厘米。观音双足立于两朵莲花之上，手持念珠，神态安详，服饰华丽庄严，是本寺中线刻画像中的上乘作品之一。像为金卫绍王大安元年（1209年）比丘祖昭绘制。另一幅是金宣宗兴定五年（1221年）刻绘的“二祖大师像”，其右上方有寺僧志隆作赞一首，赞颂二祖慧可立雪断臂、邺都调心等历史故事。该碑高67厘米、宽62厘米。另外，为明万历元年（1573年）刻立之石额“炼摩台”三字，由左思明书，石高70厘米、宽200厘米。这些碑、额石刻均具有一定的文化艺术价值。

千佛殿、白衣殿与地藏殿：这是位于少林寺最北部的一组建筑与院落，也是寺院地标最高的地方。寺院从少溪河岸边的平地开始，由南向北，逐次升高，到千佛殿后院，已经升高25米多。这也是嵩山地区寺庙建筑依坡而建、步步升高的一个选址特点。千佛殿又是全寺地势最高之处。在这组四合院中，千佛殿居于立雪亭之后的主位、中轴线的最高点，白衣殿居东，地藏殿居西，为左右对称的二配殿，南面的立雪亭设有北门，可直达后院中，也是集中保存少林寺文物精华的地方。

千佛殿（图108）：又称毗卢阁，建筑在一座十分考究的须弥座大月台上，衬托得大殿气势雄伟壮观。大月台正面和东、西两侧面，均筑有垂带式石阶踏跺。月台上沿均置有石雕望柱与栏板相护，踏跺两侧面砌筑着内凹的象眼，保存并发展了宋代以来的石作传统制度，是河南极为罕见的宋以后建筑之实例，很可能是明代初期建此殿时的石作原构。正面踏跺分东、西两阶，两阶之中部以巨石雕出御路（也称神道，宋代称陛），其表面雕饰有“二龙戏珠”“群鹤闹莲”以及山水祥云等传统花纹图案，整座月台规格极高，工艺精湛。千佛殿创建于明万历十六年（1588年），是慈圣皇太后拆除其他殿宇之建材迁建于此的。主持这项工程的官员，是“钦命河南少林寺创建千佛阁兼权方丈第二十六代静庵大师”。焦钦宠在其《重圣修千佛殿疏》中说“方丈之后，凿山为阁，以奉毗卢。千佛飞栋，连甍巍然，

图108　千佛殿

焕然迥出林木烟云之外，最称雄丽。”后来经过明、清多次重修，殿阁的外观显然改变了原有壮丽雄伟之面貌，所幸明代所铸之铜毗卢佛和“千佛飞栋”的五百罗汉壁画还完好地传流至今天，已是难能可贵！

今之千佛殿，面阔七间，进深三间，为单檐大式硬山建筑。殿顶覆以绿色琉璃瓦，正脊和垂脊两面均饰有精美的龙纹、花卉、童子图案。正脊两端饰以高 1.97 米琉璃正吻一对，正脊中心置有一座高 2.2 米的龙首及狮子驮宝瓶大型脊刹，均为罕见之大型琉璃艺术品。据正脊中部琉璃匾背面所题“清乾隆乙未仲秋重修千佛宝殿”十三字可知，殿顶琉璃构件乃为清乾隆四十年（1775 年）重修千佛殿时所配制。在殿檐下明间门额上悬有“西方圣人”竖匾一件。殿内中部有清乾隆十五年（1750 年）制作的大型木雕佛龛一座，内供奉该殿本尊明代铜毗卢佛坐像。佛龛上悬清乾隆十五年清高宗弘历皇帝御书“法印高提”横匾，并在前金柱上配以对联，上联：“山色溪声涵静照”，下联：“喜圆乐树绕灵台”。这一切都使佛龛内的毗卢佛更显得庄严神圣。明代铜毗卢佛头戴宝冠，双手合十于前胸，作结跏趺坐式，高坐在重重叠起的莲花台上。莲台平面为圆形，以二十层莲花瓣上下叠加而成，其上三层与下面筒形莲台之间，有一束腰，形成一个须弥座形状，莲座与佛像更为协调。如此层叠二十层莲花的佛台，更能突出佛像的庄严，别处如此式佛台确不多见。除明代铜佛外，在东、西墙前还供奉两尊佛像。一尊是供奉在东山墙前佛台上的汉白玉南无阿弥陀佛，为明永乐七年（1409年）周王所奉；另一尊是供奉在西墙前的初祖达摩像。殿内地面以青砖铺砌，其上所存四十八个脚窝凹坑，是寺院武僧长年练功留下的坑窝。

千佛殿东、西、北三面墙上的壁画是其突出的一大亮点。三壁自殿内裙肩墙以上至墙顶上部，都绘有彩色壁画，绘画内容、风格、布局三壁一致。壁画之画面皆以山水云气作为罗汉群体的空间背景，并将五百罗汉区分成上、中、下三层活动空间，每层又分作若干人物组群，表现着不同的佛家活动，其中有朝拜上尊者、持宝显法者，也有高谈阔论者，形形色色的罗汉群布满了三壁空间，三层罗汉群之间绘以层层山峦、祥云和水浪把人物加以区隔。从总体图面看，呈现出远山、近水、祥云凌空的自然而和谐的景象。由于三面墙上的罗汉环绕着殿中心的毗卢佛，在清朝乾隆十五年增设木佛龛之前，毗卢佛和满殿的罗汉图是直接相通照联属的，故有“五百罗汉朝毗卢”的壁画之名（图109）。关于墙面壁画，其总长为42米、高7米，总绘画面积286.908平方米，现存罗汉有495尊（维修前因殿檐漏雨，东北隅个别画面受损，缺失5尊图像）。这样规模宏伟、主题突出的彩色壁画，在河南省是不多见的。纵观千佛殿壁画，以大自然中的崇山峻岭、滔滔

图109　五百罗汉毗卢图壁画

江海和无际的祥云作为背景，又分层分组地将五百罗汉融入这大自然之内，使构图大气磅礴，使罗汉纵横广庭、千佛主题突出。壁画中罗汉们讲经说法，变化无穷；降龙伏虎，法力无边；人群中还多有天真活泼的童僧出现，长幼亲和多趣。在绘画技法上，以写实与夸张相结合的方式，使画面在人物表现上，显得真实而有趣味性。五百罗汉中多有个性之表现，温和、儒雅、勇猛、强悍、风趣等各色人物形象均有展现，有的罗汉还表现出人们日常生活中的搔痒、提鞋等细节动作。尤其是绘在东壁的一罗汉，双目有神，两手前恭，面含笑容，却总是看着殿中的每个人，你走到殿内每个地方，这一罗汉总会看着你，他就是“转像”罗汉，常引起游人的好奇与兴趣。

白衣殿：居千佛殿前东侧。该殿坐东面西，面阔五间、进深三间，出前廊大式硬山式建筑。该殿创建于清乾隆十三年（1748 年）前，1982 年以来进行过多次建筑与壁画维修。因为此殿两山及后墙上绘有拳术及历史故事等内容的壁画，所以又称之为“拳谱殿”。殿前檐下用有一斗三升交麻叶斗拱，平身科明间用四攒、次间与梢间各用三攒斗拱。正面明间用四扇格扇门，其余四间均用格扇窗。殿内明间神台上置木雕神龛一座，内供奉白衣观音菩萨铜像一尊，观音两座有善财、龙女二侍者。殿内东、南、北三面墙壁上均绘有彩色壁画。壁画面积为 80.136 平方米。另在山墙上部与梁上、重梁之间等处还绘有风景、人物、花鸟等建筑彩画。该殿南、北山墙及东墙上均绘清代壁画，其内容多与少林寺历史、建筑、武术有关，也有菩萨、罗汉画像。

北壁壁画：共有两个内容，一是少林寺拳谱图，也可称为观武图（图 110）。二是文殊菩萨像。拳谱图绘在前金柱与后金柱之间的北壁上。画面高 3.47 米，宽 5.36 米，面积 18.599 平方米。画面中部绘一座重檐建筑，下檐门额上悬一横匾，上书“大雄殿”，其后透视出远处还有类同的建筑，其左右两侧绘有很长的出前廊单檐硬山式建筑。“大雄殿”内有观武的僧俗多人，殿前是空手拳术比武主要场地，殿两侧也有比武众僧。其中以靠近殿堂的一组武僧比武最为精彩，正中一半裸上身的武僧，身躯强壮，武艺高超，其中一人同时和三人对打，相传此僧名叫湛举，是当时寺中一位拳法出众的少林武僧，对打的三人中的一个已被他打倒在地。其他各组对打中，也都演示出不同的拳法招式，此图一向为研究少林武术者所推崇和热爱。在北壁的后金柱至东墙角的壁面上，绘文殊菩萨像一幅，该像与南山墙与此对应部位的普贤菩萨画像，是南北相呼应的一组双幅菩萨图。

南壁壁画：布局与北壁相同，也是两个内容：一是持械习武图，二是普贤菩萨图。习武图绘在前金柱与后金柱之间的南壁上。画面高 3.50 米，宽 5.45 米，面

图110 少林寺拳谱图壁画

积 19.075 平方米。画面上沿在大梁以下，下距地面 1.6 米，即在槛墙以上，既适合人们观看，又防地面潮湿以利画面保护。这处壁画被称作“持械习武图”。从壁画中所绘建筑背景看，明显是以少林山门和大殿为中心的寺院前部图。门、殿之前及左右两侧，皆为寺僧持械或空拳习武图，武僧 40 余人，活动主要区域，一是山门之前；二是大殿台阶之下等处。

壁画中山门及其前的建筑环境与习武活动，都十分有研究价值。山门前的建筑很有特色。寺门中间的主门和左右的掖门，共三处进寺之通道。中门，面阔三间，方门圆窗，窗装饰有非常精致美观的大方套窗格纹。门建筑在红石墙砌造的台基上，台沿安装方形望柱及透花栏板，门前筑垂带踏跺。屋顶作庑殿式绿色琉璃瓦顶，用正脊、正吻和刹脊，四垂脊饰天马。正脊中部脊刹正面题“天下太平”四字，脊筒皆饰牡丹花卉。屋檐之下用简单的斗拱，檐左右两边悬挂造型考究、装饰性很强的白色纱灯各一，灯上部作一悬灯的曲柄花架，中间悬纱灯，周边悬绿色穗子，并分作上下两层。门额上悬“祖源谛本”白底红字匾。大门内莲花座上供奉弥勒佛一尊。山门两屋角之下，建东、西两座掖门，皆为单间小门，为硬山式建筑，用木制大板门。在两座掖门外侧各建一段院墙，墙顶用拔檐砖三层，再上砌筒板瓦花脊双坡墙顶；墙壁为土黄色，墙心砌长方形透空漏窗，窗格作天蓝色龟背纹图案。在掖门前的东、西两侧，跨路建有对应的两座牌楼。牌楼为三间四柱

三楼柱出头式牌楼。四根粗壮的立柱之下有抱鼓石前后稳固，柱顶间联有雕花罩子（雀替变形），上为额枋，枋之上用三重象鼻昂斗拱承托瓦顶。牌坊上顶，中高边低，分别砌有正脊与垂脊，屋面覆绿色琉璃瓦，脊侧面饰花纹，柱顶有瓦帽封顶，其上又蹲有狮子；正脊中心置一座葫芦形卷云纹脊刹，其左右各置一蹲马形蹲兽；次楼脊上也有一蹲兽，西坊外端侧檐下饰以四层勾云纹悬鱼，用以作为牌坊侧面的艺术装饰。另外，在西牌坊的背后，绘出局部的四层檐高阁一座，虽只显出楼阁的局部结构，但已清楚地说明了它同这座山门的关系。山门前还有两根高大的幡杆立在山门东、西阶台下，其下部用高大而美观的云头夹杆石与须弥座包砌稳固，幡杆和上部的云斗等皆为朱红色，唯上尖封杆顶的桃形宝珠为青灰色，可能是防雨的瓦件或金属铸件，其形象美观，又起到保护杆顶的作用。方斗之下斜插着两面旌幡，东边幡面书“佛恩广大”，西边幡面书“法力无边”。旌幡长方形，白底蓝字，周边饰有花纹图案，旗杆上端有红缨与云尖，幡杆为朱红色。在幡杆外侧，各绘石狮子一蹲，狮座为精美的须弥座。总之，画面中的山门、掖门、牌坊等主要建筑物的配置以及标识门庭的幡杆、石狮等都很完美适当。

山门之后，有大殿一座，面阔三间，为重檐庑殿顶，坐落在高台之上，殿周围有石栏杆相护。殿顶正脊置两端龙吻，正中饰狮子脊刹，正脊饰花纹图案。上、下檐下均用斗拱，额枋作蓝色彩绘，檐柱亦为蓝色。明间檐枋下悬有六角形宫灯，殿内佛台上供奉佛像一尊，前置供案；两次间各装六抹头格扇门四扇。大殿东西两侧有墙门通往后院，墙为土黄色，门为方门蓝框，门内有东、西厢房，作卷棚顶，格扇门窗。

壁画中武僧习武活动，分布在大殿、山门之前。两地共计 43 人，其中山门前 17 人，大殿前 26 人。其中持械习武僧 20 人，其余为空手拳术或观武、童僧等。在持械习武中有传授棍法的，有持械行走者，大多为两人相对格斗者，如枪棍对击、双剑对大刀、双刀对长矛、单刀对长矛、双剑对长矛等；空手搏击者多在大殿之前，东侧三组，西侧两组，均很生动。在大殿东檐下，有一僧双手对着一特置石发功，在大殿西檐下有蓝衣老僧和一黄衣童僧交谈。尤其值得注意的是，在西卷棚式殿檐下，有一持拂尘白发老僧正与一清朝官员相对而立，在殿檐另一端一僧面对官员。那蓝衣官员正面向习武场面注目观看。这是一幅非常生动反映少林寺习武活动的主题壁画。

南壁的另一幅壁画，是绘于南壁东端的普贤菩萨像，其位置正与北壁的文殊菩萨相对应。由于过去此处漏雨，致使此图像受损比较严重。普贤菩萨侧身坐在白象背上，右腿上盘，左腿下垂，形态自若。菩萨面部安详，双眉间有一红点，身着红身，双手持如意。白象之后立一侍女，面目清秀，身着长衣。整体形象优美而端庄，与北壁所绘文殊菩萨像构成一组南北相望之菩萨世界，这与殿中部佛龛内的白衣观音像十分和谐。

东壁：以佛龛为中心，将东壁的壁画分用南、北两大部分。东壁北部绘“十三棍僧擒王仁则图”；近佛龛处，绘“十三棍僧救唐王图”（图 111）。东壁南部绘紧那罗王作战图，画面上部为山景，在崎岖山路中绘一面目发红的僧人，跨一黑马之上，一手拿兵器，另一手夺下红巾军将领手中的长矛，败将骑一白马惊慌而逃；近于佛龛一幅壁画，绘两山头之上，站立一赤裸上身的巨人——紧那罗王，他手持一根红色大棍，显圣于少林危难之时，其时前来围攻少林寺的红巾军见状，放下兵器，跪地朝拜。画面下部绘红巾军统帅骑马到来，兵卒跪地手指山峰，报告紧那罗王显圣之事。至今少林寺中仍把紧那罗王奉为本寺护法神，并在钟楼之北建紧那罗殿，专祀供奉。

另外，还在佛龛外壁绘画了两幅罗汉图。一幅绘在佛龛的南壁，称作“降龙罗汉图”，画面上部为云气海天的背景，下为山崖，中部画一位身材魁梧、肌肉隆起的秃顶罗汉，满面胡须，双眼圆睁看着他右手捕住的龙头，左臂高举，肩头腋下斜系长带，腰间束大红带，内着一件黑色短裙，手足均饰圆环。一条被降服的青龙头在罗汉手下，被抓得仰面朝天，其龙尾还在罗汉身后指向云天。那条青龙

图111　十三棍僧救唐王图

拼命挣扎，其首尾急得竟冒出火焰。此图保存基本完好，绘工精练，罗汉形神兼备，画风颇似千佛殿风格。另一幅为“伏虎罗汉图”，绘在佛龛背面龛壁上，位置与“降龙罗汉图”相对应。伏虎罗汉秃顶环目，满面胡须。上衣半挂左臂，上身几乎全裸，胸毛茸茸。腰着灰色短裙，穿布袜黑鞋。其双臂挥动，左高右低，紧握的双拳直向猛虎。右腿压在虎背之上，左腿立地，其势刚强勇猛，其姿完美有力。再看那只被制服的老虎，急得虎尾直指天际，身躯动弹不得，仅能无可奈何地回头张望，疼得龇牙咧嘴。画面构图布局严谨，并很好地运用了写实与夸张相结合的技法。罗汉那神武的造型，面部的特写刻画，亦颇似千佛殿壁画之风格。综观白衣殿三壁及佛龛外壁各幅壁画，内容丰富多彩，既有隋唐时期少林武僧的历史纪事，生动传奇，又有元代紧那罗王显圣的神话故事与传说；既有寺院武僧拳法习武与持械格斗图像，又有寺院建筑造型的历史资料；既有文殊、普贤二菩萨慈祥温雅的精妙刻画，又有降龙伏虎两大罗汉神武不凡的生动表现。所以在少林寺文化艺术的宝库中，这里的壁画更具有旅游观赏和寺史研究等多方面的宝贵价值[①]。

在少林寺常住院四周，还有许多属于寺院范围以内的建筑物。除了下面将详述的两项已属世界文化遗产的初祖庵、少林寺塔林之外，还有寺南钵盂峰山顶的二祖庵、“大周万岁登封元年”（696 年）的武周砖塔、元泰定元年（1324 年）的单层砖塔、明崇祯二年（1629 年）的隐光璞公之塔及清代碑刻数通。南山下面有十方禅院一座（近代原址重建）、南园故址、白衣殿以及建在寺东南山坡上的明天启四年（1624 年）造“钦依少林寺传曹洞正宗第二十六代嗣祖沙门永化堂上本师大和尚无言道公寿寓”（通称“无言道公塔”）等；寺东保存有唐大历六年（771 年）建的同光禅师塔，五代后唐庄宗同光四年（926 年）建的行钧禅师塔；另有“天中福地”门、大碑楼，以及少林寺村东村口的唐武则天永昌元年（689 年）建的法如禅师塔、五代后唐庄宗同光四年（926 年）建的行钧禅师塔。在寺之西有甘露台、祠堂以及六角形的唐代萧光师塔等。

第十节　初祖庵

初祖庵，又称面壁庵。位于少林寺常住院西北两公里许的小阜丘上，这里居五乳峰下，西、南等处临近丘涧，风光清幽。经过 20 世纪 80 年代以来的多次维修，

① 张家泰：《少林寺》，中州书画社，1981 年。

现在包括登山踏道、庵院围墙、大殿、双亭、千佛阁等均已修整完好，已成为少林寺观光游览的一个组成部分（图 112）。庵内佛堂由尼僧管理进行正常的佛事活动。现存建筑有以下几座。

图112 初祖庵全景

1. 山门与千佛阁

山门（图 113）为面阔三间、进深二间的单檐悬山式建筑，系 20 世纪 80 年代在原址复建。庵后部千佛阁早已坍塌，今阁为 1963 年重修，仍为面阔三间的单檐硬山式建筑。

2. 大殿

大殿（图 114）位于山门后的中轴线上。大殿面阔三间，进深三间，平面近方形，为单檐九脊殿顶，覆绿琉璃瓦。大殿南面明间开板门两扇，两次间设方形直棂窗，下部为木装修。北面明间开板门两扇，不开窗。殿身建在 1.285 米高的石台之上。正面明间门前筑石踏道，宽近明间面阔。踏道中为素面陛石，其东、西两边砌双踏道，东边称阼阶，西边为宾阶，是我国古代礼制建筑中的双阶制度的延续。另外，在石阶左右两侧壁面上，还砌出由外向内层层凹入的三角“象眼”做法，

图113　初祖庵山门

图114　大殿

也是宋《营造法式》书中“石作制度踏道螭首第二”所定规制的实物例证，所以殿前踏道上的这些做法均具有重要的研究价值。大殿平面，用檐柱十二根，内柱四根，檐柱露明部分皆雕饰花卉人物图案，柱为八角形，图案也随柱子各面分布，雕刻图面具有极高的艺术价值，内柱之上雕金刚神像和云龙、凤鸟等整柱图面，并涂有彩色。关于大殿的创建年代，殿内东侧前金柱上刻有铭文称“广南东路韶州仁化县潼阳乡乌珠经塘村居士□佛男弟子刘善恭僅施此柱一条回向真如实际无上佛果菩提四恩楤报三有齐资愿善恭同一切有情早圆佛果。大宋宣和七年佛成道日焚香书”。由此施柱铭文可知，殿当建于北宋徽宗宣和七年（1125 年），这与宋《营造法式》成书时间元符三年（1100 年）晚 25 年，所以该殿又是研究《营造法式》的最好实物例证，故久为古建史研究者所重视。刘敦桢先生给予该殿很高评价并作具体的介绍。他说：“此殿的外檐斗拱，自关野贞博士介绍以后，凡是留心中国建筑的，几乎尽人皆知，不过最重要的却尚有二事。”“（一）柱头铺作与转角铺作俱用圆栌斗，而补间铺作则用讹角斗。（二）令拱的位置，比第一跳的慢拱稍低。以上二项，恰与营造法式符合，而为本社已往调查的木构物所未见。”①

对于初祖庵大殿的各处石雕艺术构件，刘敦桢先生也都给予极高的评价。如对檐柱上雕刻的荷花、伎乐菩萨、化生、鸟类图案等，称其“精美异常”；对殿中内柱上的神王、飞天、龙凤等雕刻，称作“健劲古朴，为宋代石刻中不易多得的精品”；对殿内外下肩石上以水浪纹作背景的鱼、龙、高僧、官员、水族、建筑等图面称“镌刻很秀逸”，更称大殿明间佛座下的龟脚雕刻“为现存宋代最罕贵的孤例”。遗憾的是，刘先生未对佛台背面的石刻长卷山水图加以评述，可能是未看到背面的雕刻。佛台背面的横长图面，是一幅十分完美的山水风景画，既富有山村生活气息，又反映了佛教生活。在广阔的田野上，有河流渡船，有寺院行者，有山林樵夫，整体完整，局部生动，如树顶的鸟巢与飞禽都刻画得惟妙惟肖，活灵活现，是一幅难得的石刻长卷精品。

大殿之后台阶上，东、西各建清代方亭一座，东亭中还绘有壁画。今千佛殿前复建的厢房，为尼僧日常生活管理用房。

初祖庵院内现存宋、元、明、清碑刻四十余通。其中以宋代黄庭坚书碑、明代阳刻达摩画像碑等最为珍贵。有些碑刻还记载着寺院整修的资料，有着重要的历史文献参考价值。

由初祖庵北登五乳峰，上有明万历三十二年（1604 年）建造的二柱一楼式

① 刘敦桢：《河南北部古建筑调查记》，《中国营造学社汇刊》第六卷第四期。

石牌坊一座。正面题额刻“默玄处”三字，内额题“东来肇迹”，为御用监胡滨题书。石坊后数米处，有一崖洞，即人们所传达摩九年面壁修禅的面壁洞，洞深6米余。洞门内有达摩及其弟子石像四尊。洞门外有明万历三十二年（1605年）石碑一通，清乾隆二年（1737年）与民国五年（1916年）小石碑两通。石坊之内洞门之外，崖壁环立，树木葱葱，形成一座自然合成的天井小院，使古洞显得清幽而神秘。

1983年在国家文物局选派古建专家梁超高级工程师的现场指导下，河南省古代建筑研究所古建工程队对初祖庵大殿进行了落架整修，除梁架加固维修外，还恢复了前部门窗等处的木结构原貌，并对庵周围墙、环境进行了建设和整治。在维修过程中发现了大殿琉璃鸱吻中的元代纪年，发现了大殿山墙的土质构造及所用木骨竹筋等工程做法。这对初祖庵的历史沿革、建筑结构的研究都提供了宝贵的资料。

第十一节　少林寺塔林

少林寺塔林位于常住院以西280米处的少溪河北岸坡地上。其周有少室山、五乳峰，自然环境极为优美。为唐代以来，历代高僧大德圆寂之后安葬其骨灰之地。千年以来，共建古塔228座，僧众称为祖茔，学界将集中造塔如林之建筑群，统称作塔林（图115）。少林寺塔林是我国诸寺塔林中聚塔最多的一处，故称全国第一塔林。此塔林不仅数量多，而且历史悠久、品类多，文物价值也特别突出。从时代上看，“计有唐塔2座、宋塔3座、金塔16座、元塔51座、明塔146座、清塔10座。”[①] 在塔林中，建塔的用材主要有砖、石两类。其中砖塔最多（211座），时代最全，从唐至清，历代不断，其式多以砖砌塔基、塔身，而顶部冠以石刹。石塔相对较少（17座）。其中，唐法玩禅师塔和无名七层密檐式唐塔均为砖塔；宋代普通塔、智浩塔和童行普通之塔也全为砖塔。在16座金代塔中，石塔为9座，砖塔为7座，此时石塔占多数出现。但到了元代，塔林内的51座塔中砖塔竟多达46座，而石塔仅有6座；塔林内的明代146座塔中，91座为砖塔，55座为石塔；到清代塔林中的10座塔中全部都是砖塔。由以上造塔情况看，历代造塔多以取材与制作难易为主要使用原则，所以除金代石塔多砖塔2

① 杨焕成：《塔林》，少林书局，2007年，第5页。

图115 少林寺塔林全景

座之外，由唐至清塔林中主要以建造砖塔为主。塔林古塔造型以方塔居多，密檐式居多，但也有其他各种形式，如圆形、六角形、小八角形、碑形、柱形等。塔高一般不超过 15 米（图 116）。从塔铭记事看，许多古塔不仅具有重要的纪念意义，而且在宗教史、建筑史和艺术史等多方面均有着重要的研究价值。如唐代法玩禅师塔，塔铭有确切纪年，塔建于唐德宗贞元七年（791 年），是塔林中最早的一座古塔，是本塔林创立时代的上限标志。塔为单层单檐亭式砖塔，塔身长宽各 3 米，高约 8 米，以精致的水磨砖砌成，塔身高 4 米余。塔门在正南面，在砖券的门洞内镶嵌着极为精美的石门，门前雕有供案、供品等。塔北面有塔铭一方，刻《大唐东都敬爱寺故开法临坛大德法玩禅师塔铭并序》，李充撰文，记载了法玩禅师的出身、学道、受戒等僧俗资料。

唐代无名塔，位于塔林北部，为平面方形的七层密檐式砖塔，塔外壁敷有白灰皮一层，年久经风吹日晒，灰皮已呈淡黄色，在塔身和塔檐相接处，用朱红色绘出仿木结构的塔檐枋子与斗拱。该塔南面辟一券洞塔门，可看见塔体内部的空筒状结构。

北宋时期的砖塔，以建于宋徽宗赵佶宣和三年（1121 年）的普通塔最为完好。该塔平面为方形，为单层单檐亭式塔。最下部砌方形基台，承托上部的须弥座。

图116　少林寺塔林

须弥座的壶门内雕饰有化生童子、天马仙鹿、各种花卉等，其造型生动活泼。这些图案以及整体须弥座的做法，都是研究宋《营造法式》的珍贵实物资料。

金代的崇公禅师之塔，是一座平面方形的密檐式砖塔，实心结构。塔基作双层束腰须弥座，它的各部用各式图案做柱枋边框，在壶门中精工细雕各类花鸟图，许多花鸟的细部十分逼真，栩栩如生，工之精丽，堪称塔林之最。

在元代石塔中，位于塔林中部的元大德十年（1306年）建造的月岩长老寿塔和元至大四年（1311年）建造的还元长老之塔，均非常精丽，而且都是由“石匠刊花都料”洛京刘庭秀所造。除此二塔外，刘庭秀还在少林寺常住院鼓楼修建工程中留下题记，在鼓楼被石友三兵火破坏后，残留的后檐石柱上刻有“大德二年（1298年）岁丁酉三月十六日立（按：丁酉为大德元年，此误）石匠刊花都料洛京刘庭秀……”这些记载说明少林寺院及塔林的石作工程已由专业的、长期在寺中做工的技师来完成，所以塔林中的元代月岩、还元二座石塔，皆出自长年在少林寺做石匠刊花都料工程的专门人才之手。除上述石塔之外，在石塔中还有几座元石塔，各有不同之造型，它们都建于元仁宗延祐五年（1318年）。其一是“佛性大师寿塔”，其状如古碑；其二是“弘法大师庆公之塔”，作喇嘛式；其三是古岩禅师寿塔，其状如古钟之形。说明元代之世，不仅在塔林中造塔较多，而且形式上也富于变化。在元代石塔之外，更多的是元代的砖塔，也很有研究价值。总体看元代砖塔多为方形，下部多砌束腰较深或较明显的束腰须弥座，塔身以上，有一层、二层、三层（较多）、五层、七层的塔檐，重要的塔还要在塔身檐枋之上砌出非常接近木构尺度的砖雕四铺作单抄或五铺作双抄计心造斗拱，也有多檐高塔不用斗拱者。总之，形式变化颇多。元代单层檐塔保存完好的如“典座明公之塔”，其下部须弥座较深，基座、塔身、塔顶三部分几乎各占三分之一，最上部用石雕莲花刹座与宝珠。二层檐砖塔，有“万安院主恩公之塔”，塔基座、塔身、塔檐都很完整，只有塔刹缺失。三层塔檐的代表作品当是“通惠大师明公之塔”。该塔建于至治二年（1322 年），塔下部砌有较高的而且非常精美大方的方形须弥座，塔身正面镶嵌有石雕塔门，门为饰有五路门门钉（每路 5 钉）的实榻大门。大门之上镶嵌门额石一方，上刻“少林提举通惠大师明公之塔”十二字为楷书。塔身之上砌拔檐砖两层，以表示木构建筑中的檐枋（本当有阑额与普柏枋），其上置有五铺作双抄砖雕斗拱一周，转角铺作四朵，两砖角斗拱之间，每面加补间铺作各两朵，全塔计十二朵。斗拱制作十分认真，与木构造型、尺度无大变化。斗拱以上承托由叠涩砖砌出的塔檐，塔檐转角处做出上翘的抹角，亦为仿木构转角之造型。再上两层塔檐仅施叠涩层与反叠涩层，无斗拱。总之，此三重檐之小塔各部比例、装饰皆恰到好处，给人一种协调精致的美感。另外，建于泰定三年（1326 年）的“提点聚公之塔”，亦属此类三层檐砖塔的佼佼者，尤其它的斗拱制作，更为精致、规范。诚然，一些元代三层塔中多不饰斗拱。

明代在少林寺塔林中建塔 146 座，超过塔林古塔一半以上，是少林造塔史上大发展的重要时期，因为造塔的时间长、数量多，所以保存下来的塔形式样也丰富多彩。以砖塔占绝大多数，石塔只有 2 座，一是建于明正德七年（1512 年）的密檐式三重檐小石塔，高仅 2 米余，平面方形，其状如柱，下有基台，塔身略高，其上雕三层塔檐，塔檐叠涩与反叠涩共五层，上下对称。塔顶有石雕覆钵，最上为比例较大的石宝珠结顶。整座坐落在下部一个方形须弥座上。另一石塔是建于明神宗万历八年（1580 年）的坦然和尚之塔。此塔由少林寺二十五代住持孝徒常润立。塔之整体造型与细部雕刻均十分精美，在明代砖石塔中是艺术性最高的一座。该塔由须弥座式的塔基，宝瓶式的塔身和相轮宝盖式的塔刹三大部分组合而成，整体造型挺拔而又秀丽，而且经历了数百年来的风雨侵蚀，至今仍然相当完好，实为难得。塔基为两层弥须座形，其枋、枭、束腰各面均雕饰有各种雕刻图案，自上而下分别有八卦、宝装莲花，壶门云纹、狮子、兽头、托塔力士、覆莲、垂幔等。塔身立于基座之上，高 1.5 米，占全塔通高 5.14 米的三分之一强。塔身呈瓶式造型，上宽下窄，外廓圆和顺畅，平面

为圆形，比之一般的喇嘛式砖石塔其明显变化是塔身由粗壮变为峻拔（与金代“淳公之塔”喇嘛石塔相比，会有显著变化）。塔身正面刻方形塔额，其内题“坦然和尚之塔……”下为纪年及孝徒、孝孙题名。其下雕塔门，门上首为半圆素面门楣及方形门框，其内雕双扇门扉，门扉每扇饰五路门钉，每路五颗圆帽门钉。塔身以上为五重相轮及一层莲花，再上为圆形华盖（又称宝盖、伞盖），其周雕饰着绶带花纹（垂带花结），华盖之上雕方形山花蕉叶刹座，上部宝珠已失。总之，坦然和尚之塔在少林寺塔林中，代表了一种精美的造型，应是石构明塔中一座杰出的建筑作品。

在明代146座砖塔中，由于数量多，造型也更为丰富多彩。首先在叠涩檐式塔中，即可分作单檐塔、双檐塔、三檐塔、五檐塔与七檐塔等多种类型，大多仍属密檐式塔。其中，单檐塔2座，双檐塔6座，三檐塔87座，五檐塔41座，七檐塔4座。另有砖砌喇嘛塔5座，因上部残毁严重塔层檐数难定者1座。在各类砖塔中，均有一些造型完整、特色突出的代表性作品。

单层砖塔中有一座建于明正德七年（1512年），下部十皮砖砌须弥座式基座，下五皮砖作反叠涩三级，上五皮砖作束腰部分，再上用一层仰莲瓣砖承托上部塔身。塔身呈长方形，中部镶嵌塔额，额上篆刻：“续曹洞正宗嗣祖传法沙门奉钦除僧纲司官彻空本公和尚寿塔庙记。时大明正德柒年玖月上旬日小徒周月建立”。额石内凹门框中，其四周用雕有线角的涂红条砖与左右丁砖各一皮围砌，上框较宽，其面有安置菱形门簪的钉孔及簪形之痕迹。门额之上砌平砖四层，其中最下一层作斜抹面状，以利排水，可能是原塔檐砖，其上三层作叠涩状斜坡塔顶。总之，此塔形如一标示牌，少存塔形，很可能原塔损毁后，利用塔额、塔门等构件，从简砌之，以保灵骨留存后世，如此亦当为一大善举。另一座单檐明代砖塔，“位于塔林西区，建于明神宗万历年间”[①]。该塔平面为方形，下部为砖砌须弥座，其上为较低矮的塔身，正面门形龛内镶嵌砖雕塔额，字迹剥蚀不清，仅存“圆寂”“万历”等字。塔顶由三层叠涩砖及以上的五层反叠涩砖砌成，塔刹已残缺。从塔身上下的白灰缝可以看出近年的维修痕迹。从总体上看，此塔还是一座较完整地保存了明代晚期单层单檐亭式砖塔的实例。

二层檐砖塔，共计有6座。其中以明万历二十一年（1593年）的秦公和尚塔与明万历二十二年（1594年）塔时代较早，均为下筑简单须弥座，塔身近方形，五砖作叠涩与反叠涩下檐，二层塔身四砖平砌，上层三砖叠出挑檐，其上用反叠

① 杨焕成：《塔林》，少林书局，2007年，第478页。

涩砖收成塔顶，正面塔身中上部镶嵌石刻塔额，但均失却了塔刹。也有的二层方塔，塔身高些，塔形显得高崇一些，但结构形式大同小异。在二层塔檐砖塔中，塔林西部的一座重檐无名塔保存较好，可做为此塔形之代表。此塔基本保存了明代原结构，未进行大的修补。其塔基台之上砌有二层束腰的须弥座，座上为塔身，用十层平砖砌成。正面筑长方形塔门，内嵌陶砖塔额，因风化过久，字迹不清，故称“无名塔”。一层塔身之上为叠涩与反叠涩塔檐，再上为叠涩檐三层及反叠涩檐五层收结塔顶。塔刹已无存。从总体看此塔砌造考究，形制稳重大气，保存基本完整，有较高的观赏与研究价值。

在塔林中明代建三层砖塔多达 87 座，是数目最多的塔形，这主要是因为三层塔作为高僧墓塔，其规格、高度都比较适中。它的须弥座式的塔基与平面尺度，均与二层塔接近，只是上面加一层体量不大的小型塔身、塔檐，即可明显地提高为一座中高型塔，所以圆寂的各类僧众都能适用。在现有三层塔铭中可知塔中安葬的有长老、庵主、提点、提举、禅师、首座和尚等僧职人物，塔称谓有“和尚寿塔”“大和尚寿寓”“大和尚之塔寓”“禅师灵塔”“童行之灵塔”“首座和尚之塔”“和尚灵塔”“寿灵之塔”“长老寿塔”“和尚之塔”“和尚塔”“□公之塔”等。三层塔适用面之宽是其他诸塔所少有的，所以这也是其造塔数目最多的重要因素之一。

五层密檐式砖塔数目仅次于三层密檐式砖塔，计 41 座。其造型多有变化，如塔之平面，在一、二、三层塔中均为方形，而在五层塔中，除有 14 座方塔外，还有 28 座六边形塔。新型的六角塔占五层塔的三分之二，这说明当时寺院僧众对新的造型艺术是非常喜欢的。在两种塔形中，以明太祖洪武二十四年（1391 年）建造的“嵩溪定公长老之塔”为代表的明代初年的五层方塔，仍为单层密檐式实心塔。须弥座用上下两层束腰，其上束腰四面还饰有壶门等雕饰。塔身正面上部镶嵌有石额，题“少林住持嵩溪定公长老之塔”以及建塔时间和“小师了妙、了□建”等内容。塔高 6 米余，整体造型挺拔壮观，密檐轮廓略显弧线，但总体是刚健有力的。而建于明洪武二十五年（1392 年）的“松庭禅师之塔”，则是平面六边形高层塔形的代表，现高 7.6 米余，为密檐式五层实心砖塔。塔下部筑较高的基台，上砌叠涩束腰须弥座。座上为六边形塔身，其正面上部嵌石额，上刻“少林住持松庭禅师之塔”以及建塔时间与建塔人“监寺本融等建”。石额之下门龛内嵌石雕塔门，其门为两扇实榻大门，上雕有门锁和每扇门上的三路、每路 8 枚门钉。塔身以上为五层密檐，檐际并不太密集，上部各层塔身尚保持适当距离，塔檐叠涩与反叠涩砖层配置有序，使塔檐显得厚重而深远，造成了整塔优美的立体效果，在明代五层密檐塔中是一座艺术性很强的作品。另外，建于明永乐十四年（1416 年）的“凝

然改公禅师寿塔”，稍晚于松庭禅师塔24年，两塔却在基座、塔身门额式样、密檐组合等诸多方面非常相似，而且凝然改公禅师塔的塔檐更为舒展，又有完整的塔刹，据载“石构塔刹由覆钵、相轮、露盘、宝瓶等组成，雕刻仰、覆莲瓣和乳钉装饰，保存完好。”[①] 此外，还有明永乐二十一年（1423年）建造的“竹庵忍公大禅师之塔”，亦属这一类型的密檐式砖塔。综合考察它们的造型尺度（松庭塔高7.66米、凝然塔高8.66米、竹庵塔高7.67米）、结构、用材、艺术装饰、造塔人及塔主史迹，便会对明代初期六角形密檐式砖塔有一个深入的了解。同时，明代的六角密檐式塔在基本塔形结构（基座、塔身、密檐等）上也是有前后继承关系的。但在基座的大小，叠涩檐甑度的深浅等细部手法上还是有所不同的。五层塔的入葬僧人包括和尚、长老、禅师、大禅师、某公、本山座等。塔名有和尚寿塔、禅师寿塔、和尚灵塔等。

七层密檐式砖塔，共4座，皆为平面六角形塔，建于明武宗正德十六年（1521年）至明熹宗天启四年（1624年）之间。其中，月舟禅师载公之寿塔，建于正德十六年（1521年），为六角七层实心砖塔，塔高11.291米。塔下部为单层束腰须弥座，座上饰有麒麟、奔马及花卉图案等艺术雕砖装饰，塔身正面上部嵌砌石刻塔额，上刻“钦依祖庭少林禅寺住持嗣祖曹洞正宗第二十三世舟禅师载公之寿塔，”下附建塔时间及建塔人“参学门人性翱明晓建”。塔额之下为雕刻的塔门，门的一周门框与四个菱形门簪，以青石雕出半圆形的门楣和两扇石槅大门。门左右两侧雕刻金刚与门狮。塔背面镶嵌有石刻塔铭，记月舟禅师生平事迹。在塔身与塔檐之间，匠师们还以砖雕形式表现出木结构檐部常用的大额枋（下）与平板枋（上）之结构。这些都是研究河南古塔的重要史料。塔身以上，是七层密檐部分，叠檐砖自下而上逐渐减少，塔壁亦随势收分，形成砖塔下大上小的自然轮廓线，塔顶也收作尖顶状，上置石雕莲花宝珠等塔刹。另一座七级明塔，为建于明万历十四年（1586年）的“幻休和尚塔”。该塔为平面六角形密檐七层实心砖塔，高11.759米。下部石基台上筑石结构须弥座。再上为砖砌塔身。塔身南面镶嵌塔额“钦依大少林寺传法住持幻休和尚塔”，塔背面镶嵌石刻塔铭。塔身做法与前塔基本相同，唯有塔身第五层六面，各砌一佛龛。塔顶层置石雕塔刹，石刹由石莲座、宝珠等组成。此塔也是一座从基座到塔身、密檐、佛龛、塔刹等总体保存完好的七层砖塔。第三座七层檐砖塔，是明天启三年（1623年）建造的“钦依少林寺传曹洞正宗第二十六代雪居大师安乐处”。此塔坐落在塔林东区，为平面六边形密檐式七层实心

① 杨焕成：《塔林》，少林书局，2007年，第236页。

砖塔。此塔从须弥座式塔基到密檐、宝刹（石雕）等与前两座明塔大体相同，只是由于塔身平立面尺度的调整，使其总体形象显得瘦高，并在第四层塔壁上，每面均砌方形龛一座。这座塔也是一座保存良好、可以作为明代七层密檐式砖塔的精品之一。第四座明代七层密檐砖塔，是明代天启四年（1624 年）建造的“静庵大师安乐处”。塔为平面六角形密檐式七层实心塔。基本结构与前述三座七层砖塔相同。唯于正面四层塔壁上砌一长方形塔龛，龛居塔正中部，不明其内何用。塔正面一层塔身石额刻有“钦命河南少林寺创建千佛阁兼权方丈第二十六代静安大师安乐处”。石额不仅标明本塔的名位，而且又准确地提供了少林寺千佛殿的创建年代等珍贵文献依据。该塔立面造型具有挺拔壮观之气势，南壁第四层塔壁砌一竖长方形壁龛。该塔之檐厚重而不够深远。整塔之基座、塔身、石额、密檐、塔顶、石刹都保存完好，具有重要文物价值。

综观塔林 4 座七层檐明塔，均为塔林中最高层位之建筑。除了建筑结构、艺术造型、建筑材料等方面的价值之外，在寺院塔林造塔规制方面，也具有重要的研究价值。六角七层墓塔的特殊地位，具体表现在它极高的名位与高大精美建筑的名实一致性。值得注意的是这 146 座明代塔中少有的 4 座“钦依”高僧墓塔，是由朝廷敕封过的高僧名号，在唐、宋、金三代塔中尚未见过，而在其后的元、明、清三代始有出现，使之成为少林禅寺的一种荣耀与佛教寺史上的一种文化现象。

在少林寺塔林的明塔中，除了上述建有一、二、三、五、七层的单层及密檐式多层砖塔之外，另外还建有三座喇嘛式砖塔，三塔造型各有特色，均不雷同。现分别记述于下：

建于明嘉靖四十年（1561 年）的“竺东万公和尚灵塔”，塔形俊秀圆和并且保存基本完好。该塔由下部的基台、八角形须弥座之基座和中部圆形加长大覆钵塔身组成，上部为塔脖子相轮及石雕露盘、宝珠等塔刹，这些皆随塔身作圆形。该塔基座高崇壮观，几乎与塔身等高，其上部八面用砖砌出八卦图案，十分醒目，八卦图之上檐部又雕饰各角的山花蕉叶图案，又表现出不同宗教文化的结合。塔身正面自上而下砌有壁龛、石刻塔额与石雕半圆形拱券塔门。半圆门楣雕刻花纹，门扇上雕有门钉四路。石雕塔额上书：“敕赐嵩山大少林禅寺第二十四世续曹洞正宗兼请敕赐广通禅寺住山传法沙门竺东万公灵塔”。此塔除基座外，上部全为圆形结构，大量砖型需要从平面与立面进行特制和加工，对工程艺术性和施工技术，均有极高的要求，可以说它是一个完美的砖雕艺术作品。

第二座明代喇嘛塔，是建造于嘉靖四十四年（1565 年）的“嵰没哪塔匾囤和尚灵塔”。该塔由基座、塔身和刹顶三部分组成。通高 7 余米。塔基为双层束

腰式大型须弥座，虽无过多艺术装饰，整体却十分庄重大气。塔身为喇嘛塔中多见的法钵式，平面作圆形，上大下小，正面砌石额，上书："乾没哪塔匾囤和尚灵塔"；塔身之上砌低矮简单的塔脖子，再上砌两层六边形束腰须弥座，此座之上筑相轮七层，在相轮下部各面均开一长方形的塔龛，因为此处相轮皆为六边形，下部又开塔龛，所以这处结构显得与众不同。相轮之上为八角形华盖及覆钵，再上的宝珠等塔刹构件已失。塔前筑碑龛一座，其内嵌护《匾囤禅师行实碑铭》一通。

第三座明代喇嘛塔，为建于隆庆六年（1572 年）的"小山大章书公禅师塔"，此塔为高达 10 余米的喇嘛式砖塔，其造型高大优美，是少林寺喇嘛塔中最高、最壮观的一座。该塔下部基台之上筑 3 米多高的须弥座形式的高大雄壮的六边形基座；基座中部束腰处，每转角雕角柱，其内各镶嵌花砖 4 方，其间雕柱相隔分，上枋、下枋、枭均为精工制作，枋之上下筑规整的反叠涩砖层，最下部饰有壶门与圭脚砖雕造型。基座上部为比例适当的圆形塔身，其状为金钵形。塔身正面上部嵌长方形石刻塔额，上书"钦依祖庭少林禅寺传法住持祖曹洞正宗第二十四世小山大章书公禅师灵塔"，塔身背面塔铭上书"钦依住持少林寺嗣曹洞正宗第二十四世当代传法小山禅师塔铭并序"。塔身之上砌筑一座平面六角形精美的须弥座形式的塔脖子，承托着七重相轮，再上为圆形华盖以及覆钵、火焰宝珠等。如此砖砌圆形塔身、相轮、华盖等等杰作，实不多见。

三座大型喇嘛式实心砖塔的建筑成就，是少林寺明代造塔技术的一大进步，也是对金、元两代石构喇嘛塔的继承与发展。明代喇嘛塔无论从建筑艺术形式上或是塔的体量上都远远超过了前代。金、元之际喇嘛塔全为石雕而成，取材上受到较大限制，明代改为砖构之塔，取材方便，又能建起 7 米、9 米、甚至 10 米的高塔，其影响力自然要超过 2~3 米，或 4~5 米高的金、元石塔。从建筑风格与建筑技术上，匠师们用通常砌造直壁方台的方条砖，改砌圆形的塔身和相轮、华盖等，其中会有许多新的创造与改进，否则不可能达到像小山大章书公禅师灵塔等优秀喇嘛塔那样高大、精美、多姿的建筑艺术水平，为中国造塔史提供了极其重要的精品案例。关于三座喇嘛塔的建造者，"竺东万公和尚灵塔"塔额记有"孝小师周绍、周旋同建"；"乾没哪塔匾囤和尚灵塔"是由"孝重法孙普明、普云建"；"小山大章书公禅师灵塔"，未见后代建塔人之名。依前二塔之弟子署名，可知出资办理营造事务者，多为弟子或后辈法孙，与直接操作的匠师署名不同。

清代在塔林中建塔仅存 10 座，年代从清世祖顺治九年（1652 年）至清仁宗嘉庆二十五年（1820 年）间。与明代相比，塔数之少，令人费解。试想明代立国 276 年，建塔 146 座；而清代立国 267 年，国祚仅少 9 年，而僧塔却仅存 10 座，比明减少十余倍，这当是少林寺塔林中的一个值得探寻的问题。这里我们仍依序，先了解一下现存清塔的情况。

清塔总数虽少，但品类却比较全，有二层塔 1 座、三层塔 5 座，五层塔、七层塔各 2 座；其中方形塔居多共 7 座，六角塔仅 3 座。清塔由于年代较近，所以更显得完好，除塔刹缺失几处外，塔体大多保存规整，损坏者较少，而且有几座多层密檐式砖塔还是整座塔林中具有代表性的精品之作。下面由低至高选择几座清塔分述于下。

二层塔 1 座，名为“林公和尚之塔”。该塔保存完好，下部砌一较矮的须弥座，束腰无多装饰，基座之上为塔身，其正面中上部嵌石刻塔额一方，上书“乾隆二十三年二月吉旦清故林公和尚之塔……”。塔身上部出两层拔檐砖，其上为叠涩与反叠涩砖檐，较厚重。再上为第二层塔身，其高约为第一层塔身之半，再上为三层叠涩砖上塔檐，其檐口似有滴水等瓦件，这在塔林中比较罕见。再上为斜坡攒尖砖顶，刹已无存。塔体由基至顶，砌工相当规整。

三层密檐式砖塔中，康熙三十五年（1696 年）建造的顺公和尚之塔是保存完整的一例。塔为平面方形、三层密檐式砖塔，由完整的须弥座形的基座、三层塔叠檐及塔顶莲花宝珠石雕塔刹三部分组成，砖壁、叠檐砌作工艺非常严谨规范，线角平直整齐，是清代初期一座有代表性的砖塔。塔身下层正面上部嵌石刻塔额一方，上刻“敕赐祖庭少林禅寺顺公和尚之塔”以及立塔人及建塔时间。全塔比较庄重，除塔刹外，无砖雕艺术装饰。其他三层砖塔，有建于康熙三十四年（1695 年）的“中铉替公和尚寿塔”、建于康熙五十五年（1716 年）的“魁公和尚觉灵寿塔”和建于同年的“嵩印钦公和尚寿塔”，均在檐角下层雕出斜抹角，表现出塔檐上翘的效果。同时此三塔也均为经朝廷“敕赐”僧职的高僧的墓塔。

五层密檐式砖塔共 2 座。一为方塔，一为六角塔。方塔建于清乾隆十一年（1746 年），名“元白方公和尚寿塔”，为五层密檐式实心砖塔。塔下部有基台及须弥座，其上为近长方塔身，南面中下部塔身上嵌有石刻塔额一方，上刻“敕赐嵩山祖庭大少林禅寺都耆居上元下白方公和尚寿塔”，及造塔人与建塔时间等内容。塔身上方砌拔檐砖 4 层，并做出上下凸凹砖层，其上为第一层叠涩与反叠涩层，再上是逐层收缩的塔身与檐层，最上塔刹已毁，仅存石雕覆钵状构件孤石。从塔上层塔檐及塔壁可知，此塔原涂有白灰饰面。今塔前立有碑龛一座。

五层六角形砖塔，建于清乾隆二十三年（1758 年），为密檐式实心塔。名为“九

如永公大和尚安乐之塔”。该塔通体保存完好，仅有个别塔体有脱砖之处（如五层塔身）。塔下部砌石基台和其上的须弥座式砖砌基座，其须弥座束腰部分较高，系由角柱与方形陡板砖砌造，未加雕饰，但却十分工整大方。一层塔身坐在须弥座上，比较高峻，塔壁面平整光洁，各角线挺直。一层塔檐宽阔舒展，二至五层逐渐内收，比例和谐自然，使整座砖塔显得挺拔而优美，当为清塔乃至整座塔林中精品塔之一。塔身一层正面嵌有石碑一通，碑首呈半圆状，上刻“创建少林寺南退居永化堂僧会司僧会九如禅祖塔记”，又于塔身二层嵌石刻塔额一方，上书“清初少林寺僧会司僧会九如永公大和尚安乐之塔”等字。第三层塔身之南壁砌塔龛。塔五层塔檐之上，置石雕塔刹一座，刹座之上置葫芦形双重大宝珠，其高度、形制与整座塔体十分协调，为该塔增辉不少。此塔塔檐叠砌厚重，砌工精密，使得檐层保存得相当完好。

清代七层密檐式砖塔共有两处，它们的高度和建筑造型，在整个塔林中都是出类拔萃的。从艺术造型和工艺技术上，明显地可以看出，清代工匠师傅们很好地吸取借鉴了前人的造塔经验，并且将其加以继承与发展。塔虽不多，只有两座，却完全可以代表一个时代的建筑工艺水平。

首先是“寒灰喜公大和尚舍利塔”，建于清顺治九年（1652 年），现坐落在塔林东端，为六角形密檐七层实心砖塔。塔下部砌有六角形基台、基座，基座为十分规整的须弥座，其束腰较深，虽为素面却有很明快的整体艺术造型，如上、下枋与束腰之间的上枭下枭的线角处理就很别致。须弥座以上为挺拔的塔身，塔身正面嵌砌竖长的石刻塔额，上刻“师讳慧喜，字心悦，别号寒灰……生于明嘉靖四十二年岁次甲子，奉命入院于天启四年岁次甲子，圆寂于崇祯十二年岁次乙卯十二月十五日也。钦依祖庭大少林寺传曹洞正宗住持第二十七代祖师寒灰喜公大和尚舍利塔”。塔身上部砌拔檐砖二层，形同木构建筑之檐枋一周，以便于其上砌制角科与平身科斗拱，平身科斗拱每面皆为一攒，均为一斗二升交蚂蚱头式。以上各层檐下均不施枋层与斗拱。但七层檐角均饰一卷云纹龙首形角梁套兽装饰，使塔檐角翘更显突出。塔刹已毁，仅存部分圆盘构件，有可能是仅存的相轮或刹座。这是塔林内清塔中两座“钦依”（或钦命）高僧砖塔之一。七层塔檐的变化，形成了塔体外轮廓轻微的弧线。

第二座清代七层檐砖塔，为“彼岸宽禅师灵骨之塔”。此塔建在塔林东区，清康熙五年（1666 年）六月建造。塔为平面六角密檐式七层实心塔。下部砌基台与须弥座式基座，塔身不太高峻，其正面嵌石刻塔额，上书“祖庭大少林禅寺钦命赐紫传曹洞正宗第二十八代彼岸宽禅师灵骨之塔”，一层塔身之上为七层塔檐及二至七层的短矮塔体。塔檐各角皆作抹边形成上翘之感，上部四至七层塔角皆加饰陶质龙头，犹如屋角套兽之状。塔顶作六角攒尖式，正中置覆钵、露盘、宝珠等石雕塔刹，是塔林中少有的造型完美、结构规整的砖塔。其塔檐以第四层最宽，其上、下各檐近者宽、远者收分多，使塔之整体形成明显的抛物线轮廓，这一柔和优美的造型，是全塔林中最突出之一例，更是清代初期造塔匠师吸取、传承少林寺塔林中前朝优秀塔形与建塔经验而创作的优秀建筑作品。

在 228 座唐至清代的古塔中，在建筑技术、造型艺术方面有许多不同时代的特征，和一些典型例证，已在前述诸塔介绍中叙述到了。另外，还有一种文化现象，值得在这里综合加以分析。这就是塔林中不少塔的塔额、塔铭或塔身上多刻有历代朝廷对一些高僧担任各种职务时赐予的荣誉称号，诸如“宣授”“特授”“特赐”“敕封”“敕赐”“钦依”和“钦命”等等。这些内容对于少林寺史、佛教文化史的研究都是极为珍贵的资料。

在元代 51 座砖石塔中，有 10 座是经过朝廷“宣授”“特授”高僧的墓塔。其中砖塔 6 座，石塔 4 座。砖塔中建于至元二十四年（1287 年）的“光宗正法大禅师裕公塔”，石刻塔额称“……宣授都僧省少林长老特赐光宗正法大禅师裕公塔”，该塔为平面六角形、密檐式七层实心塔，高 10 余米，塔周特筑砖砌墙栏一周，以示护围，亦名“玉垣”。前设供案，以备祭祀之用。该塔有精美的大型雕花须弥座，正面饰四门簪门框与四抹头雕花格扇门装修，檐下砌额枋一周，枋上置四铺作一斗三升斗口出蚂蚱头斗拱、转角铺作之中，每面施补间铺作一朵。塔身之上为七层由叠涩与反叠涩檐砌成的塔檐，其檐角雕出上翘形状。七层砖檐，从九层叠涩砖，逐渐递减为最上的五层，使塔体呈现出明显的高峻挺拔的艺术造型，成为塔林中密檐式塔的一座优秀作品。

“足庵长老塔”建于至元二十六年（1289 年），为六角密檐式七层砖塔。高 9 米许。塔形总体上与裕公塔比较类同。塔额上刻“宣授河南西路十州提领足庵长老塔”。另外，至元二十七年（1290 年）建造的“中林禅师之塔”，亦为六角、密檐式七层砖塔，石额书“宣授中林禅师之塔”。其他冠以“宣授”的高僧墓塔尚有“藏云大师山公庵主之塔”（五檐、六角塔）、“少林住持凤林禅师之塔”（六角、七檐塔）。砖塔中还有一塔为“特授”和尚塔，建于至正元年（1341 年），亦为六角密檐式七层塔，其额刻“特授中奉大夫大开元都宗摄少林禅寺住持损庵和尚之塔”，此塔保存相当完好，通身敷白灰皮一层。

4 座元代石塔造型各异，均为“宣授”高僧塔，其中 3 座塔为少林寺住持。一是“宣授少林寺住持月岩长老寿塔”，建于元成德十一年（1307 年），平面圆

形，为塔身呈瓶形的喇嘛塔；二是“宣授少林住持还元长老之塔”，建于至大四年（1311 年）塔身平面为八角形的幢式石塔；三是“宣授大名僧录正宗弘法大师庆公之塔”，建于延祐五年（1318 年），为塔身平面为圆形、立面如钵的喇嘛式石塔；四是“宣授少林住持古岩禅师寿塔”，建于延祐五年（1318 年），为平面圆形的钟形喇嘛塔。从 4 座石塔的造型变化、精工雕造以及复杂组合等方面看，不仅展示了元代石构建筑的高超工艺水平，而且也说明了对皇家宣授高僧的崇敬之情。

在明代 146 座砖石塔中，有 65 座塔额、塔铭题刻中标有“钦依”“奉钦”“钦名”“敕赐”的称誉。这些与朝廷封号有关的塔，多建在明代成化元年（1465 年）至明代晚期。其中“钦依”“钦命”“奉钦”的高僧塔共 7 座，有 4 座为平面六角形的密檐式七层砖塔，建筑比较精致壮观，如月舟禅师塔、幻休和尚塔、雪居大师安乐处、静安大师安乐处等。另外在“钦依”塔中也有平面方形的密檐式三层塔，如彪公和尚灵塔。也有喇嘛式砖塔，如小山大章书公禅师灵塔。另外还有个别简单的塔，也题有“奉钦”二字。在 58 座塔额、塔铭上题刻有朝廷“敕赐”称誉的砖塔中，有二层塔 1 座，密檐式三层塔 43 座，密檐式五层塔 14 座。有些三层塔质量较好，如“敕赐大少林寺首座敖公和尚之塔”，须弥座式基座、塔身、檐层砌造工艺均十分规整，而且三层塔身之上，均砌出两层拔檐砖，使檐壁之间很有层次感（其他砖塔，仅在一层砌拔檐砖，上层各檐直接砌叠涩檐而不施拔檐层），塔虽三层，其高度却达 5.6 米，在塔林三层塔中，是一代表之作。但是就多数密檐三层砖塔而言，建筑水平比较一般，一些塔砌筑工艺较粗，造型也一般化，如“敕赐祖庭大少林寺寺首座智公和尚之塔”便是一例。这说明诸多高僧在受敕赐之时和圆寂之时所处的社会状况是各不相同的，所以造塔之水平自然会有差别。

在清代塔林中仅存砖塔 10 座，其中受朝廷封敕者有 7 座。除“钦依”“钦命”塔各 1 座之外，其余 5 座皆为“敕赐”之塔。清代受封敕之塔 7 座，占全部清塔的百分之七十；明代塔中受敕封的塔占一半以上。这一现象说明了少林寺在明、清时期是非常受朝廷重视的。在“钦依”与“钦命”的两座清代七层密檐高塔中，也都像元代的宣授之塔（裕公塔、足庵长老塔、中林禅师塔）和明代的“钦依”之塔（月舟禅师塔、幻休和尚塔、雪居塔、静庵塔）那样，选择平面六角形，上下七层密檐，而且整体的布局均为须弥座式的考究基座、规整的六角塔身。其中，寒灰塔还仿效元代裕公塔，在一层塔身上部砌出拔檐一周，其上置砖雕的一斗二升交蚂蚱头斗拱，除六个角上的转角斗拱外，平身科斗拱每面一攒斗拱之上承托一层塔檐。两塔斗拱布局、单拱造等做法相同，只是元塔为“一斗三升交蚂蚱头式”，而清塔则改为“一斗二升交蚂蚱头”，因为清代的蚂蚱头为足材，占去了早期齐心斗的位置。这里的“一斗三升”与“一斗二升”的变化，也正是宋、元时期与明、清时期斗拱的区别所在。所以“寒灰喜公大和尚舍利塔”在借鉴前代斗拱承檐结构形式时，虽布局相同，但细部却表现出清代的风格，形式有继承亦有发展。而且在七层塔檐的上翘方法上，各角加饰龙头，使塔角上挑的效果更为突出，这些都反映了我国古代建筑匠师们在吸取前代优秀传统建筑成果后，也在不断地改进与创新。这些进步之处，在如此重要的“钦依”七层塔上体现出来，更是代表了不同时期匠师技艺的先进水平。总之，在元、明、清三代的精品塔中，以受朝廷敕封的七层密檐式砖塔表现得最突出，具有重要的代表性。

塔林被不少专家称作露天的古塔博物馆，对其在学术研究方面的价值给予了很高的评价。我国著名的古建专家罗哲文先生在杨焕成所著《塔林》一书的序中说：“少林寺塔林，集中了1000多年来各个不同时期、各种不同艺术造型、雕刻艺术的塔例，堪称半部古塔史的实物历史。它不仅对研究古塔的历史、艺术和工程技术有着重要的意义，而且也是研究中国古代建筑史的重要参考实例。”又说：“少林寺塔林，是我国现存塔数最多、规模最大的塔林，是一座露天的古塔建筑博物馆，是研究古塔、古建筑以及建筑史、美术史、宗教文化史的标本室，也是国内外游人向往参观的旅游胜地。”诚如罗老上边指出的那样，少林寺塔林中的文化内涵极为深厚，可提供给人们的知识领域是非常广阔的。

塔林中228座古塔本体，传递了唐、宋、金、元、明、清历代造塔的样式——亭阁型、密檐型、喇嘛塔型、幢型、方柱型、钟型等类型；平面有方形、六边形和圆形等。塔层（密檐）有单层、二层、三层、五层以至七层（以三层、五层最多）。结构以砖塔为主，另有石塔及砖石结合式塔。塔上的艺术装饰有砖雕、石雕，含线雕、浮雕、圆雕等多种形式，是研究艺术史的珍贵资料。尤其是数百方的塔额、塔铭、塔碑等砖石铭刻内容，是一部极为珍贵的文化宝库，碑铭中除记有具体的高僧生平事迹外，还包含了极为丰富的寺院机构、佛事活动的记载，以及社会纪实、寺院建设、高僧大德、能工巧匠乃至中外佛学交流等史实。下面从若干方面举例说明由塔额、塔铭、塔碑中记述的少林寺重要史迹。

从寺院建设方面看，其一，关于千佛殿创建年代，在“静庵大师安乐处”（塔）上得到了明确的证明。该塔塔身第一层南面塔壁上嵌石刻塔额题称“钦命河南少林寺创建千佛阁兼权方丈第二十六代静庵大师安乐处，天启肆年孟夏吉日建”。由

此石额所记，可以明确少林寺千佛殿当创建于明天启四年（1624 年）之前，此殿面洞七间，是少林寺内最大的建筑，又是钦命建筑，殿内东、西、北三面又要绘制大型壁画，由此可推知殿堂筹划与营造时间当在明万历之后期与天启之初期。此塔额铭刻为少林寺千佛阁（殿）的建筑与壁画初建时代提供了有力证明。又如少林寺南退居永化堂，位于少林寺常住院东南、少溪河南岸，是退居高僧的退休静养之处，由少林寺九如大和尚创建。此善事也见于塔林之塔碑，此碑镶嵌在建于清乾隆二十三年（1758 年）的“九如永公大和尚安乐之塔”塔身第一层之南壁下部，形若券门，上刻“创建少林寺南退居永化堂僧会司僧会九如禅祖塔记”，这里以碑代铭，由于此塔系九如大和尚于清乾隆二十三年“七世孙真有、八世孙如法奉祀”以纪师祖之功德，推测九如大和尚在世创建南退居永化堂之时，可能要在乾隆之初或雍正年间。另外，在塔林碑铭、塔额刻记中，还记有一些古代的造塔及雕刻的能工巧匠，也是古代建筑史上稀有的资料。除上述创建少林寺千佛阁、南退居永化堂的静庵大师和九如大和尚之外，多为历代晚辈弟子为恩师大德建塔的记事，多刻于塔额、塔铭之上，这些人名多为住持建塔事务者，有一人者，有多人或两代、三代徒及徒孙者，未必是具体的领作的造塔人。但元代以来，真正的造塔匠师已经出现，虽然人数不多，但从他们传世的建筑作品来看，确是十分精美的砖石建筑的杰作。现择要介绍两位元代的建筑匠师。一位是刘庭秀，一位名边成。两人都是河南洛阳人。

刘庭秀在少林寺造塔两座，参与寺内殿阁建筑一处，另外，还为塔林中 5 座僧塔刊雕塔额、塔铭。刘庭秀是在少林寺元代建设活动中贡献突出的一位著名石作匠师，但生卒年月不详，从建筑题记可知，他当生于宋末元初，至元、大德、至大等时期均留下了宝贵的建筑或石刻艺术作品。首先是少林寺常住院转轮藏阁的石作。此阁坐落在少林寺常住院天王殿之后、大雄宝殿之前甬道西侧。为面阔三间，进深三间，平面方形的四层檐高阁，创建于元代大德元年（1297 年）。1928 年此阁毁于军阀石友三兵火。现存鼓楼是在藏阁（明代改称鼓楼）原址上现代重新复建起来的。但保存在建筑原址上的石柱、雕花柱础，修复后多保留在今楼阁中使用。其中一根元代石柱的题记上便刻有元代创建转轮藏阁时的建筑匠师和主建僧众的名字，其题记原文为：“大德元年岁次丁酉三月十六日立。石匠刊花都料洛京刘庭秀。大木都料僧德润智利等；提点智资、智全、智明；典座德便。首座普净；监寺智春、智顺；化缘都提举惠山、惠道、普瓒；住持嗣祖传法沙门福遇。”共七十八字，记述了一个元代建造高层楼阁的组织机构。过去日本学者在此阁被烧毁之前拍摄了照片和拓印了另一根石柱上的题记，该题记记述偃师某人施财捐柱之事。在保存下来的残柱或毁前拓片花纹中，我们都能看到“石匠刊花都料洛京刘庭秀”的精湛石雕艺术。现保存在鼓楼之内的四件大型雕花石柱础也当是刘庭秀当年的重要石雕艺术品之一。

第二是塔林中的“月岩长老寿塔”。这是刘庭秀于元大德十一年（1307 年），在塔林东部建造的一座石结构的喇嘛塔。塔高近 5.6 米，平面圆形，上下用八层青石分别雕成精美的基座、塔身、塔檐、塔刹等。基座下部先以 170 厘米见方、28 厘米厚的方台做基台，其上置束腰莲花基座，座高 109 厘米，上为两层仰莲，下为双层覆莲。在束腰基座之下、仰莲之上，雕刻出六个形态生动的狮子，仅露出头和前肢；覆莲之下又雕出卷云状的圭角。正面圭角之间，又雕出狮子戏绣球。莲花座上，雕作钟型而高耸的塔身，很明显这是原始喇嘛塔的变形与创新，塔身高 220 厘米，塔身上部饰以覆莲，再上饰三幅云盘与覆莲间一束腰。塔身上部刻双重覆莲瓣，之下正面刻塔额“宣授少林住持月岩长老寿塔”十二字，字为隶书，字径 7 厘米。在塔额左下角署“刘庭秀造”四个小字。塔背刻塔铭，记述月岩长老生平业绩。

刘庭秀的第三座建筑实例是位于月岩长老塔之西数米远的“还元长老之塔”。它建于月岩石塔之后的第四年，即至大四年（1311 年）十月，是刘庭秀在少林寺塔林造的第二座石塔。其布局手法与月岩石塔颇为相似，亦为实心塔，但从各部分具体做法看，还是有不少变化。首先它的塔身主体部分，是吸取佛教经幢之造型而创造出来的一种幢式塔。全塔由基座、塔身、塔顶三部分组成，通高 412 厘米。基座高 147 厘米，施双层束腰式须弥座，上层束腰作鼓形，上下雕仰覆莲，下层用叠涩与反叠涩檐构出束腰，最下部用卷云式圭脚。塔身平面做成八角形，正东、西、南、北四面各宽 46 厘米，其余四面各宽 23 厘米，抹角面为正面宽的二分之一。塔身南面浮雕出实槅门。门高 62 厘米、宽 39 厘米。门上部塔额刻“宣授少林住持还元长老之塔”，其左下角署“洛京刘庭秀造”六个小字。塔身背面为塔刻铭文。铭高 80 厘米、宽 40 厘米，铭文记此塔建于“大元至大四年十月”。塔身以上雕六角攒尖亭式顶，每角或檐下还表现出垂脊或瓦当与连檐等结构，塔顶上的塔刹，现仅存二层雕石，下是探出头来的六个兽首，形态十分生动；其上置仰莲。原刹还当有宝珠之类雕刻构件收顶作结，现已丢失。除以上三处建筑之外，在塔林元塔之中，还有不少由刘庭秀刊制的著名僧塔的塔额，如建于至元二十四年（1287 年）的“宣授江淮都总摄扶宗弘教大师释源白马寺宗主龙川管钱立额，宣授都僧省少林特赐光宗正法大禅师裕公塔，岁次丁亥朔庚申庚辰日立石。洛京刘庭秀刊”。又如元“通辩大师定公之塔……至元二十四年六月二十一日……慧庆

立石，洛京刘庭秀刊”。又“宣授河南西路十州提领足庵长老塔，至元二十六年岁次己丑七月日建，门人智宽智和等，刘庭秀刊。”

除著名石作匠师刘庭秀之外，塔林中造塔人洛阳人边成亦为一位造塔匠师，其作品现仅见一处，即在塔林西部有一座建于元延祐五年（1318 年）的资公寿塔，该塔石额记有“少林提点通济大师资公寿塔，洛京边成造塔”，这是一个十分明确的造塔记载。此砖塔为平面方形的密檐三层砖塔，在第一层塔身之上，砌出檐枋一周，其上施以砖雕四铺作单抄计心造斗拱，转角铺作之内，每面砌补间铺作各一朵。斗拱的雕制十分逼真精致，与木制斗拱无大差别。其所砌塔檐，有明显的檐皫，须弥座也十分规整，使整座小塔显得非常精美，足见造塔匠师高超的营造水平。塔林中还有几座类似砌有砖制斗拱之范例，值得进一步探寻其造塔匠师。

除以上两位元代造塔匠师外，明代也有铭刻石匠建塔之例。在明万历十九年（1591 年）建在塔林北部的一座“迷公指南和尚之塔”，为平面方形密檐三层砖塔。该塔石雕塔额上刻“少林寺圆寂首座迷公指南和尚之塔，孝徒宗移，法孙道祥、道清……万历十九年春三月吉日石匠张太恩、宗移建。”此塔建造简洁规整，至今完好无缺，又有工匠师傅姓名，也当为建筑史迹中的很有价值之实例。

塔林是一座露天的博物馆，蕴藏着多种多样的古代文化资源，除了以上有关古代建筑、寺院文化之外，对于社会上人们关心的问题碑铭中也有很多记载，例如少林僧兵的问题、尼僧建塔的问题、中外文化交流的问题等。这里仅略举例塔，给予简述。关于塔林中是否有尼僧塔，答案是肯定的。在塔林西部，有一座元代大德二年（1298 年）建造的“比丘尼惠圆塔”即是人们通常说的尼姑塔，该塔平面方形，为密檐式三层砖塔，高 3 余米。塔身正面嵌方砖塔额，上刻“比丘尼惠圆塔，落发尼智聚、智云、丑奴。建塔僧智兴，大德二年二月十八日立”。由此可证明塔主及参与建塔者都为尼僧，只有建塔人智兴为和尚。但塔林中尼塔极少，此为一孤例。关于武僧记事，塔林中塔额、塔铭也有记述。建于明嘉靖二十七年（1548 年）的“友公三奇和尚之寿塔”，塔额“敕赐大少林禅寺敕名天下对手教会武僧，正德年间蒙钦取宣调镇守山陕等布政边京，御封都提调总言统征云南烈兵扣官赏友公三奇和尚之寿塔”，文中的“友公”，法名周友，三奇为之号，是当时著名的武僧首领，曾率僧兵为明朝把守关隘。另外，明代嘉靖四十四年（1565 年）建造的“嘛没哪塔匾囤和尚塔”之塔主，也是一位著名的武僧。有的武僧生前报效朝廷，去世后在塔额上也给予“敕赐”表彰，如建于明天启五年（1625 年）的“大才便公之灵塔”，其塔额称“敕赐祖庭大少林禅寺恩祖征战有功大才便公寿八十三岁本大和尚之灵塔”。武僧之名，至今仍为少林寺闻名于世的一大特色，修禅演武，古称少林宗风。

关于少林寺塔林中反映的文化交流，也有许多动人的故事。元代时，留学中国20年并“久居少林”的日本国僧人邵元和元末明初留学少林寺的“扶桑沙门”德始等，都和我国少林寺僧众结下了深厚的友谊。少林寺的不少文物以及塔碑石刻也都是这些友谊的历史见证。在塔林东部，有一座“菊庵长老灵塔”，塔为元至元五年（1339年）所建，为平面六角形，密檐式五层实心砖塔，塔高7余米。该塔虽不太高，却形制端庄大气，下部须弥座很有特色，塔檐有颇度，表现出时代特点，塔刹完美无缺，是一座保存相当完好且规整的元代建筑。塔额上书“菊庵长老灵塔……小师子珍建”。塔额下为石雕实榻塔门。北壁上嵌有石刻塔铭，保存有极为珍贵的日本僧人的撰文与书法作品，铭文为楷书“显教圆通大禅师照公和尚塔铭并序，当山首座日本国沙门邵元撰并书……师讳法照，菊庵其自号也，本贯保定雄州新城县中王村赵氏子也……享龄六十七，法腊五十……”。这是一位日本佛教学者，用汉文为菊庵长老写的额文并亲自书丹。邵元（1295~1364年），法号古源，故也称“古源邵元”。中国僧众尊称之为“古源上人”。他原是日本国山阴道但州正法禅寺住持，元泰定四年（1327年）乘商船来到中国。他在留学元朝期间，曾先后游历了许多名山大川。他最迟是在元顺宗至元二年（1336年）来到少林寺，并担任寺中的执事僧，是当时少林寺住持僧息庵禅师的得力助手之一。邵元对中国历史文化非常喜爱，对汉学、书法也有较深的造诣。在同中国僧侣的相处中，他非常谦逊，深受中国僧众的尊敬和信任，不久他担任了少林寺“当山首座”和尚的职务，协助息庵禅师共同主持寺内事务。就在他任职少林寺首座和尚期间，应本寺僧人子珍之请，为法照和尚撰文并书丹《显教圆通大禅师照公和尚塔铭并序》汉字铭文。在铭中，他对照公和尚给予了很高的评价，表示深切的悲伤。1973年4月17日，郭沫若先生看到铭文的拓本后，挥毫为之题诗一首：

邵元撰写照公塔，仿佛唐僧留印年。
花落花开沤起灭，何缘哀痛着陈言。

郭老在诗文之后又写道：“今见少林寺照公和尚塔铭，乃邵元撰并书。首座日僧，仿佛三藏法师（唐玄奘）游学五印度时也。沤起沤灭，花落花开，颇有禅味，特惜陈言未能去看，哀痛犹芥于怀耳。”这座标示着中日人民之间友好情意的元代砖塔，现仍完好地耸立在少林寺西侧神秘而圣洁的古塔林中。

在塔林的北部，有一座建于元代至元六年（1269 年）的高僧砖塔，依然传颂着一个反映中日两国僧人之间浓厚友谊的动人故事。在少林寺菊庵长老去世的第二年，和邵元首座多年一同住持寺务的息庵禅师又相继圆寂，可是此时邵元已经离开了少林寺，远游别刹。少林寺参学小师胜安，携带着息庵禅师的行实记录，不远千里，寻见了邵元，恭请他为息庵禅师撰写塔铭。邵元动笔书铭之前，先焚香稽首，表示对息庵禅师哀悼与敬重。胜安带回邵元撰写的塔铭，返回少林寺选石刻碑。现此碑完好地保存在少林寺碑林中。邵元在铭文中称“惟息庵师，耀古腾今……师道师德，万世不衰。”碑文由法然书丹，碑额篆刻“息庵禅师道行之碑”八字，由益吉祥大禅师篆书。1973 年 4 月 11 日，该碑拓本将赴日本展览前，郭沫若先生看到拓本，对它给予很高的评价。郭老指出：“如此佳话，愿广为流传，以为中日两国相互学习之样板。”并作诗道：

息庵碑是邵元文，求法来唐不让仁。
愿作典型千万代，相师相学倍相亲。

元代以后，在少林寺中相继有日本僧人到这里留学修禅。在《息庵禅师道行之碑》南边，立有题为《淳拙禅师道行之碑》一通，由蒲庵来复撰文，扶桑沙门德始书丹，这又是一件研究中日两国人民友好往来及书法艺术的珍贵资料。

少林寺塔林是神秘的佛塔与佛教文化研究的博物苑。登封“天地之中”历史建筑群，更是大中原文化的缩影，要想学懂中原文化，就请先到“天地之中”来，不是走马观花，而是深入到书院、寺院、道观、古观星台、千年汉阙以至古城遗址等包含有各种文化的地方，去体验“天地之中”多趣而博大的胸怀。

第七章

辐辏与辐射：『天地之中』观念与中原文明的发展模式

《史记·封禅书》记载："昔三代之居，皆在河洛之间。"夏商周三代，是我国历史上的王国时代，也是华夏文明的开端。随着考古资料的不断发现和丰富，司马迁所言得到了充分的证明。夏商周三代的先民，在其漫长的发展过程中，不论其起源于何方，均是在以嵩山为中心的嵩洛地区壮大并建立政权，这里便是所谓的"三代之居"。如夏族兴起于豫西晋南，最终在嵩洛地区的登封王城岗、偃师二里头定都立国，确立权力的中心；商族早期活动于太行山东麓和豫东地区，经过先公先王的八迁，以商汤灭夏建立郑州商城和偃师商城为标志，使嵩洛地区再次成为政治的中心；周族西出岐山，经过豳、周原、关中之地，最终周公以测景的方式，营造东都洛邑，确立"天地之中"嵩洛地区的地位。秦汉以迄唐宋，朝代更迭，你方唱罢我登场，但嵩洛地区大多时期内仍处于政治文化的中心。"天地之中"这一文化符号，深深地扎根于嵩洛地区广袤厚土中。

在以上的篇幅中，我们通过文明的起源与形成、古代的天文、政治、宗教以及物质的表现探讨"天地之中"观念的形成和发展过程，从中可以看出，"天地之中"既是一种观念和文化形态，同时又有丰富的物质载体。它的形成，是在漫长的历史长河中不断积聚能量的结果，既有自然地理环境的因素，同时又有厚重的人文背景，并最终在这里形成辐辏与辐射的发展模式。所谓的"辐辏"，就是车辐集于毂上一样，以嵩山地区为核心的中原文化，吸收四方文化精华，确立了文明核心的地位，并同时发挥其政治中心、文化中心和经济中心的能量，向八方辐射，构成华夏文明的主体。因此，我们说文化形态上的"天地之中"，既是文明的向心力的具体表现，同时也是华夏文明生生不息、辐射八方的源点。

第一节　一脉相承——以嵩山地区为核心中原文明的连续性

自成序列、连续发展是以嵩山地区为核心的中原文明形成与发展中的一个重要特征[①]。这一特征随着近年来一系列重大成果的问世而变得越来越清晰。

---

① 张得水：《中原文明形成过程中的几个特点》，《华夏考古》2002 年第 4 期。

位于嵩山南麓的许昌灵井旧石器遗址，2005年以来，考古工作者在曾被誉为许昌十景之一"灵泉瑞溢"的灵井镇西侧，发现了距今8万~10万年左右的人类头盖骨化石，出土了许多石制品和动物化石，包含大量古人类行为信息。尤其是"许昌人"的发现，为我们探寻现代人演化的链条，提供了关键材料。西方学术界一个较为盛行的观点认为，现代中国人及中国的晚期智人，如柳江人和山顶洞人等，都是来自非洲的人类的后代，中国的北京猿人等在距今约20万年前即已消失。我国古人类学家吴新智院士曾提出现代中国人"连续进化附带杂交"的学说，但由于发现相关阶段关键的古人类化石（如头骨）较少，成为该学说的一大缺憾。"'许昌人'头骨化石的出现，无疑对非洲起源说构成不可回避的冲击。"[①] 灵井遗址出土的大量精美骨器，总数占国内已出土旧石器时代骨器的50%以上，这说明除打制石器之外，骨器同样是原始人类的生产和生活用具。在灵井遗址，还发现了一批处于旧石器向新石器过渡阶段的典型细石器。这批精美的细石器，有细石核、细石叶、端刮器、尖状器和修背器等，它们是细石器文化区域的最南代表。在旧石器时代末期，灵井人过着游牧生活，灵井遗址则成为猎人们在泉水附近生活的一个缩影，是他们工作营地的一部分。

地处嵩山北侧的低山丘陵区边缘地带的织机洞遗址，1990年以来，郑州市文物考古研究院和北京大学考古文博学院先后多次对其进行科学考古发掘，发掘面积达100余平方米。洞内堆积厚度在20米以上，可分为23个沉积层。其中发现用火遗迹17处，出土石制品6000余件，石器近1600件，哺乳类和鸟类动物化石也相当丰富，已得标本达万余件。在众多的石器中，有砸击石锤及刮削器、尖状器、石锥、砍砸器和雕刻器，其中以刮削器和尖状器为大宗。石制品以小型居多，原料简单，打片以锤击为主，修理工作以砸击法最为普通且较粗糙等是其主要特点。织机洞石器组合，从时代上考虑，是已知中国北方主工业分布最南、时代最早、石制品最丰富的一个组合。遗址的旧石器年代，最晚的时间可能在距今7万年前，其上限则应更早。这是我国北方地区继北京周口店之后旧石器洞穴的最重大发现，也是首次发现在一个洞穴遗址内既有旧石器又有新石器遗存。它对研究现代人类的起源和旧石器时代南北文化的交流等，具有十分重要的学术价值[②]。

位于嵩山东麓的郑州老奶奶庙旧石器时代遗址，2011~2012年夏，经郑州市文物考古研究院和北京大学考古文博学院的联合发掘，揭露面积50平方米，发现石

① 李占扬：《河南境内古人类及旧石器遗存的发现及其问题》，《华夏考古》2012年第2期；李占扬：《灵井人与许昌人》，《寻根》2008年第3期。

② 张松林、刘彦峰：《织机洞旧石器时代遗址发掘报告》，《人类学学报》2003年第1期。

制品数千件，动物骨骼及碎片数以万计，数十处用火遗迹，以及多层叠压、连续分布的古人类居住面。老奶奶庙遗址以及嵩山东南麓发现的300多处旧石器地点，正处于现代人类及其行为出现及发展的关键时段，也证明了距今3万~5万年间中原旧石器的繁荣，填补了过去中原地区以及东亚大陆这一阶段旧石器文化发现的空白。“数百处旧石器地点成群组聚集分布在相对独立的古代河谷地带构成多个遗址群，群组内又有中心营地、临时活动以及石器加工场等特殊遗址的组合，这一发现完整地反映了嵩山东南麓旧石器时代中、晚期之交阶段的栖居形态。”[①]尤其是这一群组旧石器地点所处的位置在嵩山的东南麓，是中国与东亚大陆的核心地区，也是晚更新世人类与文化向南北与东西方向迁徙与交流的中心，说明早在旧石器时代中、晚期之交，这里的核心地位已经突显。

如果说郑州老奶奶庙反映的是旧石器时代中、晚期之交作为区域中心的文化状态，那么，新密李家沟遗址则表现了这一区域旧、新石器之交，或者说是中原地区从旧石器时代末期向新石器时代发展的文化面貌。李家沟遗址位于河南省新密市岳村镇李家沟村西，地处嵩山的东麓，属低山丘陵区。2009年秋至2010年春，北京大学考古文博学院和郑州市文物考古研究院联合发掘，发现了距今10500~8600年左右连续的史前文化堆积。在堆积的下部，发现了属于旧石器时代末期典型的细石器文化层与局部磨制石锛、陶片共存；中部则发现以压印纹粗夹砂陶与石磨盘为代表的早期新石器文化；最上部是典型的裴李岗文化。这就是重要的马兰黄土－全新世黑垆土（李家沟文化）－裴李岗文化三叠层，它“填补了中原及邻近地区从裴李岗文化（阶段）到旧石器晚期文化之间的空白”，“反映了中原地区史前居民从流动性较强、主要以狩猎大型食草类动物为生的旧石器时代过渡到具有相对稳定的栖居形态、以植物性食物与狩猎并重的早期新石器时代的演化历史。”[②]

裴李岗文化，以嵩山地区的遗址分布最为密集，有一百余处之多。其中的裴李岗类型，主要分布在嵩山周围的浅山区和丘陵区，重点在新密、登封、巩义、新郑等县市境内。作为裴李岗文化命名地的裴李岗遗址，位于嵩山东麓坡下，双洎河转弯处。同样位于嵩山东麓的唐户遗址，地处溍水河与九龙河两河汇流处的夹角台地上。遗址面积约140余万平方米，其中裴李岗文化遗存面积达30万平方米，是我国目前发现的面积最大的裴李岗文化时期的聚落遗址。仅2006年至2008

① 王幼平、张松林等：《郑州老奶奶庙遗址暨嵩山东南麓旧石器地点群》，《中国文物报》2012年1月13日第004版。

② 北京大学考古文博学院、郑州市文物考古研究院：《河南新密市李家沟遗址发掘简报》，《考古》2011年第4期。

年的发掘，便发现房屋基址65座，灰坑或窖穴206个，墓葬2座，沟5条。并发现有石器作坊、排水系统等，展现出新石器时代中期较为先进的聚落形态[①]。位于嵩山南麓的中山寨类型，分布在汝州境内汝河及其以北的支流黄涧河、洗耳河岸较高的台地上，如中山寨、槐树阴、安沟等遗址。

继裴李岗文化之后，在嵩山及其周围发展起来的是仰韶文化大河村类型（或称大河村文化）、阎村类型，考古发现新郑唐户、长葛石固、汝州中山寨、郑州大河村等多处遗址是仰韶文化直接叠压在裴李岗文化层之上。同样，仰韶文化大河村类型的分布的中心区域，同样是在以嵩山为中心的郑洛中原腹地。比较重要的有郑州大河村遗址、西山遗址，荥阳青台遗址、点军台遗址，汝州中山寨遗址等。尤其是大河村遗址，考古发现仰韶文化、龙山文化、二里头文化和商文化一脉相承，延续发展下来，时间长达3300多年，构成了嵩山地区远古文化发展的完整链条。

豫中西部嵩山地区的龙山文化，则是直接由大河村类型仰韶文化发展而来，主要分布在嵩山周围的伊、洛、颍、汝河流域。登封王城岗、新密古城寨、新密新砦古城、禹州瓦店遗址、荥阳大师姑、郑州东赵等一系列城址的发现，展示了进入文明时代前后嵩山及其周围地区波澜壮阔的历史。尤其是郑州东赵遗址，发现了大中小三座城址，分别对应的筑城年代为东周战国、二里头文化和新砦期文化。遗址文化内涵十分丰富，遗存的年代跨龙山晚期、新砦期、二里头文化一至四期、早商二里岗期、两周时期，年代序列完整，其中以二里头、二里岗时期文化遗存最为丰富。“该遗址考古学文化延续时间之长、文化序列之连续完整，在中原地区同类遗址中甚为罕见，将进一步完善中原地区夏商周时期考古学文化分期体系与文化谱系。发现的新砦期城址是目前发现的第二座新砦期城址，也是嵩山以北区域第一座新砦期城址，对探讨夏商时期重大学术问题具有极重要价值。”[②]郑州东赵遗址文化内涵所表现出的前后连续性，更进一步印证了我们所提出的以嵩山为核心，中原文明的一脉相承、自成序列这一特点。形成这一文明特点的基础在于这一区域石器时代发展的连续性和继承性，以嵩山地区为核心的一脉相承的新石器文化，与后来青铜时代的夏商周文化紧密相连，并同周围地区有着密切的交互影响，是中国历史连续发展的具体例证。

进入文明时代以来，直至唐宋时期，嵩山地区始终处于全国政治、经济和文

① 信应君:《新郑唐户遗址》,《古都郑州》2012年第2期。

② 《聚焦2014年度全国十大考古新发现》,《文物天地》2015年第5期。

化的核心区域。文献记载的有夏之居，禹都阳城，后迁阳翟；夏启有钧台之享，夏都斟鄩等，均在嵩山文化圈范围之内。传说中的夏朝都邑和一些重大史事大多同这两个地区有关。商汤灭夏，分别在“夏墟”之地嵩山东麓和北麓建立都城，即郑州商城和偃师商城。而位于嵩山西麓的洛阳成周遗址、东周王城遗址，分别是西周的东都洛邑和东周国都。夏商周三代将嵩山地区作为统治中心，既有政治上的意图，也有经济上的目的。从政治上是“宅兹中国，自兹乂民”，而在经济则是要达到“天下之中，四方入贡道理均”。有各方诸侯的进贡，又能够牢牢控制全国的资源，如铜矿、盐矿等，所以又成为经济的中心。这样就有足够的实力，在文化上对周围地区以影响，从而成为文化的中心。也正是因为此，在三代时期奠定了华夏礼乐文化的基石。尽管有所谓的三代“革命”，出现了政权的交替，但一脉相承的礼乐文化在这一地区没有中断，反而有“殷因于夏礼”“周因于殷礼”，礼乐文化随着华夏共同体的不断扩大而进一步得到发展。到了周代，礼乐制度走向成熟和完备。一个以礼为核心的自成体系的文化传统已经形成。虽然说在春秋以后，夏商周三代古礼遭到了破坏，但它的影响却是根深蒂固的，从某种意义上，它影响着中国社会的发展和文明道路。

第二节　度中心性——嵩山文明的特质

度中心性（Degree Centrality）是现代社会网络中出现的一个新名词。这一概念起源于社会网络的研究。最初由英国著名的人类学家布朗（Radcliffe Brown）提出。从20世纪30年代到70年代，在社会人类学和社会学界又陆续产生诸如“密度”（Density）、“中心度”（Centrality）、“三方关系”（Triad）等概念。1979年，美国加州大学艾尔温分校教授林顿C·弗里曼（Linton C. Freeman）在美国社会网络杂志上发表《社会网络中心度的概念说明》一文，正式提出了度中心性的概念。度中心性是在网络分析中刻画节点中心性（Centrality）的最直接度量指标。一个节点的节点度越大就意味着这个节点的度中心性越高，该节点在网络中就越重要。

将这一概念引用到聚落考古中去，我们会发现，嵩山地区在早期文明的起源与发展过程中，在众多的聚落发展中，无疑是节点度最大的一个，也是度中心性最高的一个。

嵩山地区文化的中心性，早在旧石器时代已初露端倪。张森水先生曾指出，“河南地处我国中原，是旧石器文化交汇的重要地区，南来北往，东播西传，都难

以越过中原沃野”[①]。最近10多年来，经过系统调查，仅在嵩山东麓就有300多处旧石器遗址或地点的发现。其中在属于淮河水系的贾鲁河、溴水河、洧水河等河流上游河谷地带的发现尤为丰富。在考古工作者系统调查工作的基础上，已有多个遗址被正式发掘，如新郑赵庄与黄帝口、登封西施及郑州西南郊二七区老奶奶庙等。调查与发掘资料显示，在距今约5万年至2万多年的嵩山东麓地区，经历了一个古人类发展的繁荣时期。以郑州老奶奶庙为代表的嵩山东南麓地区的旧石器时代遗址，正处于现代人类及其行为出现与发展的关键时期段，同时这一地区作为中国与东亚大陆的核心地区，也是晚更新世人类与文化向南北与东西方向迁徙与交流的中心[②]。

进入新石器时代，嵩山地区作为文化中心的地位日趋明显，尤其是在新石器时代中晚期以后。裴李岗文化自20世纪70年代发现以来，共发现遗址160多处，分布于河南大部分地区，其中以嵩山周围最为密集。杨瑞霞等利用GIS技术的空间模型分析功能对河南裴李岗文化聚落的空间分布特征进行分析，共采集整理裴李岗文化聚落162个，得出河南裴李岗文化时期聚落在空间上具有集聚型的分布特征，并且具有双中心集聚结构，即具有两个空间分布中心聚落，分别为登封市唐庄乡的向阳遗址与舞阳县马村乡的阿岗寺遗址[③]。当然，这只是从GIS系统分析中所指向的两个中心位置，是否具有核心聚落的性质还有待进一步的发掘和研究，但从大的区域分布上来看，它至少说明这一时期在环嵩山地区的低山丘陵地带和沙河中游为中心的平原地带形成了两个中心，其中嵩山地区分布范围更广、密度更大。

与裴李岗文化基本同时，与之毗邻分布的考古学文化，有位于豫北晋南的磁山文化，渭河和汉水上游地区的白家文化，以及海岱地区的后李文化（后发展为北辛文化）。这几种文化之间并不是孤立的，而是紧密相连的，彼此之间存在着许多共性，是年代相近、互相影响的结果。尤其是裴李岗文化与磁山文化之间，石器都有扁平舌状石铲、石磨棒和带足的石磨盘，陶器多为红色或红褐色，器形都有三足罐、三足钵、小口双耳壶或小口壶等，纹饰都有绳纹或细绳纹、线纹，因此，曾有磁山·裴李岗文化的命名，认为同属于一种文化；裴李岗文化与白家文化相去较远一些，但也存在着许多共性，如墓坑均为长方竖穴土坑，出土的陶器都以三足钵、圜底钵或假圈足碗和球腹壶为主要器形，居住的房子均为半地穴式

① 张森水：《河南省旧石器新线索及管窥》，《中原文物》1982年第2期。

② 王幼平、汪松枝：《MIS3阶段嵩山东麓旧石器发现与问题》，《人类学报》2014年第3期；王幼平：《郑州老奶奶庙旧石器时代遗址》，《古都郑州》2012年第2期。

③ 杨瑞霞、鲁鹏、武慧华：《河南裴李岗文化聚落空间集聚分析》，《地域研究与开发》2012年第1期。

等。韩建业先生提出，白家文化很可能是裴李岗文化向西发展，融合当地土著文化的产物。在海岱地区的北辛文化中，有很多与裴李岗文化相似的器物，如双耳平底壶、三足壶、三足钵、圜底或平底钵等，“可能正是在裴李岗文化部分人群东向迁徙的背景下，才促成了后李文化向北辛文化的转变。”[①]因此，韩建业提出至少可早到公元前6000年左右，至公元前5400年左右已有了早期中国文化圈的雏形，而这个文化圈的中心，就是裴李岗文化区。

分布于嵩山及其周围地区的仰韶文化，以大河村类型、阎村类型为代表。典型的遗存，大河村类型如郑州大河村、郑州西山、长葛石固、荥阳青台、荥阳点军台、禹县谷水河、洛阳王湾等，阎村类型如汝州洪山庙、中山寨、阎村，伊川土门、水寨，鲁山邱公城等。这一时期古文化的发展仍保持着其中心的位置。其表现为：一是与它的源头文化即裴李岗文化分布范围高度重合，重点分布在嵩山周围及伊、洛、颍、汝河流域。二是存续时间上前后相继，可以说和整个仰韶时代相始终。尤其是大河村遗址中，仰韶文化延续2400年左右，包含了仰韶文化的产生、发展和消亡的全过程。共分七期，每期都有单独地层和各具特征的文化面貌，而且每期之间都有明显的一脉相承的发展演变关系。三是与周边的文化有着密切的交往和联系。其与东部的大汶口文化，南部的屈家岭文化均有文化的交流。大汶口文化的西进，屈家岭文化的北渐，在大河村文化遗址中均能找到其痕迹。“大河村遗址仰韶文化遗存与周邻地区的北辛、双墩、大溪、大汶口、薛家岗、崧泽、屈家岭等文化关系密切，聚落内的经济、文化交流功能更加突出，可能为一个商贸中心。”[②]不仅如此，在郑州西山，还发现了迄今为止中原地区最早的城址，同时也是仰韶文化区域内唯一的一座城址，其年代在仰韶文化的晚期。城址的发现，是聚落发展和文明化进程的重要表征，是向政治和权力中心迈进的重要一步。

龙山文化时期，嵩山地区以登封王城岗、新密古城寨、新密新砦、禹州瓦店古城址的发现而彰显其中心的地位。这些龙山文化城址有三个重要的特点，一是集中出现于嵩山东、南麓的颍河、双洎河流域。目前，河南省境内发现的河南龙山文化城址有12座，除温县徐堡和博爱西金城相去较近之外，相对密集分布的就是位于嵩山东南麓的这4座城址。登封王城岗和禹州瓦店城址，同位于嵩山东南麓的颍河上、中游地区，直线距离37.5公里；新密古城寨和新砦遗址位于双洎河两岸，二者相距仅7.5公里，同位于颍河流域登封市告成镇五渡河与颍水交汇处。

---

① 韩建业：《裴李岗文化迁徙影响与早期中国文化圈的雏形》，《中原文物》2009年第2期。

② 靳松安、张建：《从郑州地区仰韶文化聚落看中国早期城市起源》，《郑州大学学报（哲学社会科学版）》2015年第2期。

二是在所有龙山文化城址中，嵩山地区的城址规模相对较为宏大，有不等的中小聚落拱卫，凸显大型聚落中心的地位。王城岗城址地处颍河与五渡河的交汇处，大城面积达34.8万平方米，目前已发现12处同时期的遗址，以王城岗为中心构成大的中心聚落；地处颍河中游的禹州瓦店遗址，面积约100万平方米，遗址内发现大规模的城壕遗存，环绕范围近40万平方米，有14处中小遗址沿河分布于瓦店两侧；位于双洎河岸的新密新砦古城，面积超过100万平方米，发现有城墙、内壕和外壕等遗迹，同样有五六处中小遗址拱卫周围；位于双洎河支流溱水东岸河旁台地上的新密古城寨城址，是目前中原地区保存最好的龙山文化城址，面积17.7万平方米，周围也有十余处聚落分布。三是这些城址均出现在我国第一个王朝夏的重点活动区域，且与文献记载的夏禹、夏启相关联。登封王城岗，有可能是文献记载的"禹都阳城"和"夏居阳城"；禹州瓦店，学术界往往与"启都阳翟"联系起来；新密新砦，被认为是黄台之丘附近的夏启之居，即夏启的都城[①]；新密古城寨，被认为可能是轩辕丘或祝融之墟、大隗氏所居等，属于"进入夏纪年的夏代早期重要城址之一"[②]。

二里头文化是集中分布于豫西、豫中，介于河南龙山文化和二里岗文化之间的一种考古学文化，并被学术界作为探索夏文化的重要对象。典型的二里头文化分布范围，西至华山以东的三门峡一带，北界和东北界约在山西东南的垣曲、晋城一线和以沁河为界的沁河以西一线，东界大约在杞县、太康、项城一线以东的河南、山东、安徽交界一线，南界约以大别山和桐柏山为界，西南大约以丹江为界[③]。二里头文化的分布区，与文献记载的夏人活动的区域相一致，主要分布在豫西嵩山周围和伊洛平原一带，以及晋西南汾水下游等地区。其大型的核心聚落仍处在嵩山及其周围。从考古发现的二里头文化城址来看，除二里头遗址这样具有都城性质的都邑遗址外，中原地区分别在新郑望京楼、郑州大师姑、郑州东赵、平顶山蒲城店、辉县孟庄发现有二里头文化的城址。城址作为文明社会的重要标志，同时也是这一时期的核心聚落。而这些城址除孟庄城址偏远外，其余均位于嵩山及其周围地区。位于嵩山西北麓的二里头遗址，面积达300多万平方米，学术界多认为是夏代的都城遗址，是古本《竹书纪年》云"太康居斟鄩，羿亦居之，桀又居之"的夏都斟鄩，拥有纵横交错的中心区道路网、方正规矩的宫城和具有中轴线规划的建筑基址群，以

① 赵春青:《新密新砦城址与夏启之居》,《中原文物》2004年第3期。

② 方燕明:《夏代前期城址的考古学观察》,《新果集——庆祝林沄先生七十华诞论文集》，科学出版社，2009年。

③ 袁广阔:《二里头文化研究》，郑州大学博士学位论文，2005年。

及作坊区、居民区等，出土大量陶、青铜、玉礼器等，被许宏先生称之为“最早的中国”。位于嵩山东麓的郑州大师姑城址，西距二里头遗址 70 公里，城址总面积达 51 万平方米，其中发现有宽大的城垣和城壕，很可能是夏王朝的东方军事重镇或某方国的都邑。位于新郑市西北、嵩山东麓的望京楼遗址，同时发现二里头和二里岗文化时期的城址，即夏商两个时期的城址，其中二里头文化城址由外壕、护城河和城墙组成，城内发现有大型夯土建筑基址，也是迄今为止除二里头遗址之外，唯一一处出土二里头时期青铜容器地点明确的遗址，显示出该城也是一处规格较高的中心聚落。从外城壕及城墙、护城河的残存情况仍可看出其军事防御色彩十分浓厚，推测很可能是当时的一个方国都城①。而距郑州大师姑城址直线距离约 7 千米，东南距望京楼城址约 40 千米的郑州东赵城址，则是一处由龙山文化新砦期、二里头文化时期和东周时期的大、中、小三座“叠套”在一起的古城遗址，其中的二里头文化城址，面积 7.2 万平方米，城内文化内涵十分丰富，新发掘出的卜骨坑、祭祀区、儿童奠基现象等，很可能是夏王朝的又一个政治中心所在。地处嵩山地区南部边缘地带的平顶山蒲城店城址，现存城址占地面积 4.1 万余平方米，由宽大的城墙和紧挨城墙的宽深壕沟组成。该城当是以政治军事目的出发建立的重要设施，很可能是夏王朝在南土营建的军事重镇②。

夏代之后，商代的都城在早期也是环嵩山而分布的。位于嵩山东麓的郑州商城、嵩山西麓的偃师商城，作为夏商文化的分界，是商汤灭夏后建立的两座商代早期都城。尤其是郑州商城，有长达 7 千米的高大城垣，其中发现有宫殿和各种手工业作坊区，出土有大量的青铜重器和罕见的习刻字骨等。偃师商城遗址面积约 20 万平方米，有大城、小城、宫城三重城垣，城址内发现有城门、道路、宫殿、居址等遗迹，并出土大量石器、陶器、铜器、玉器等遗物。郑州商城的兴衰，一直与商代前期二里岗文化分布与演变密切相关，它处于商代前期政治文化的中心区域。近年来考古工作者围绕郑州商城，在周边地区发现了多处夏商交替间的商代早期城址，如郑州大师姑夏商城址、新郑望京楼商城、郑州东赵城址等，这些城址如众星拱卫，环绕着郑州商城。郑州大师姑城址，不仅是二里头文化时期也就是夏代的一处具有重要政治和军事意义的古城，而同时在城址和外侧还发现有早商时期的大型环壕，城址内还有丰富的早商文化遗存，说明城在早商时期依然使用，在早商时期依然是一处重要的聚落（图 117）。新郑

① 吴倩：《新郑望京楼夏商时期城址》，《古都郑州》2012 年第 2 期。

② 魏兴涛：《蒲城店二里头文化城址若干问题探讨》，《中原文物》2008 年第 3 期。

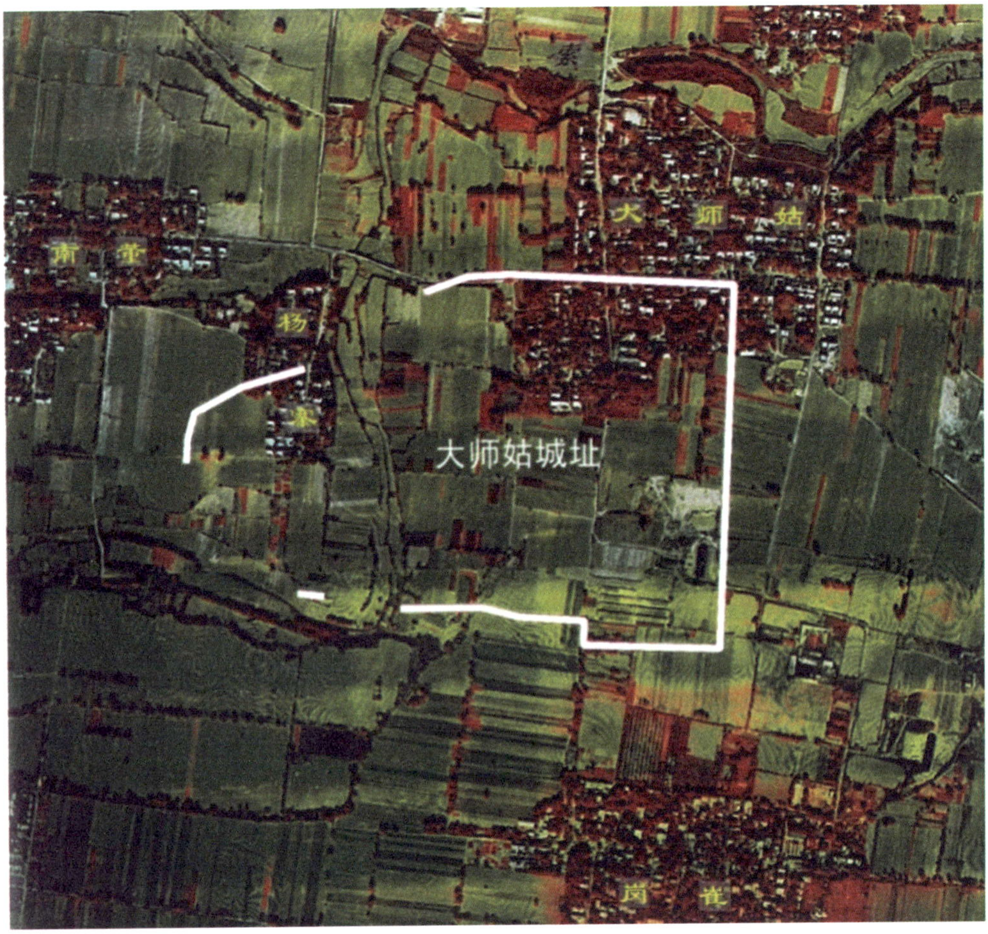

图117　郑州大师姑城址

望京楼商城面积仅次于郑州商城和偃师商城，面积约37万平方米。城内遗迹及呈凹字形城门，体现了浓重的军事防御色彩，其性质应为一处军事重镇[1]。郑州东赵遗址在发现的中城东南角，发现了大型“回”字形二里岗期也就是商代早期的夯土建筑基址，面积超过3000平方米，是目前发现规模仅次于偃师商城的早商建筑基址，由此可见东赵城址在早商时期的重要地位（图118）。而位于郑州市西北20千米处小双桥遗址，是考古发现的又一处大型商代都邑遗址，占地约40万平方米，年代相当于商代中期较早阶段。遗址内发现有夯土墙、大型高台夯土建筑基址、宫殿建筑基址、小型房基、大型祭祀场、祭祀坑、奠基坑、灰沟、与冶铜有关的遗存等文化遗迹及大批质料各异、种类繁多的文化遗物，出土了陶器、铜器、原始瓷器等丰富的文化遗物。其中尤以与甲骨文一脉相承的陶缸表面朱书文字引

① 吴倩：《新郑望京楼夏商时期城址》，《古都郑州》2012年第2期。

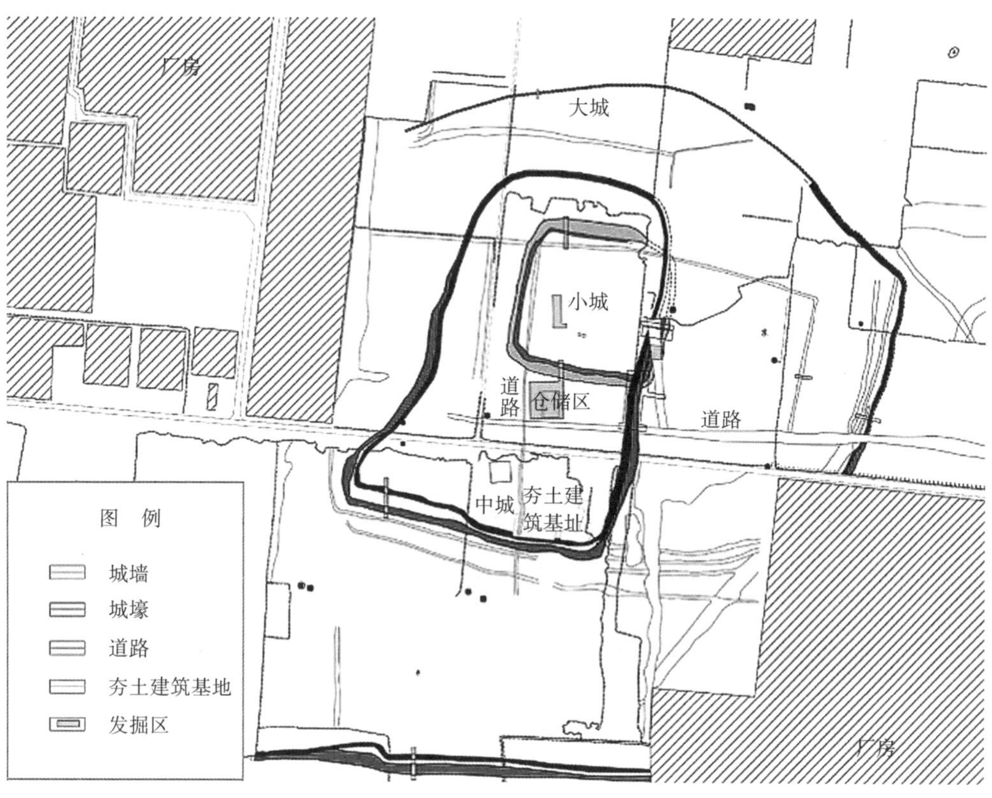

图118　郑州东赵遗址平面图

人注目。学术界多数专家认为该遗址极有可能就是商王仲丁所迁的隞都（图 119）。盘庚迁殷，以至商代后期都朝歌，虽然都城偏离嵩山，但中岳嵩山一直被殷人崇奉为岳神。孙诒让先生最早考证，“岳”字即《说文》“嶽”之古文，“殷都朝歌，中岳嵩高正在畿内，此‘岳’殆即嵩高与。”[①] 彭裕商先生认为甲骨文“岳”就是三代“嵩高为中岳”的今之嵩山[②]。据对殷卜辞的整理，关于“岳”的贞问有 566 条，其中46条是作为人名而用的，其他皆用来指称殷人祝祷的对象——岳神[③]，可见嵩山在殷人心目中的地位。

周王朝同样建都于嵩山地区。西周初年，武王在定都镐京的同时，为了便于控制东方，便考虑在今洛阳市区一带营建洛邑。洛邑，在西周青铜器铭文和《尚书》等文献中，又称为新邑、新大邑、新邑洛和成周等，实际上当时是西周王室的陪都。《逸周书・度邑》载武王对周公旦曰：“旦，予克制天下明命，定天保，依天

---

① 孙诒让：《契文举例》上卷，齐鲁书社，1993 年点校本，第 26 页。

② 彭裕商：《卜辞中的“土”、“河”、“岳”》，《古文字研究论文集》四川大学学报丛刊第十辑，1982 年。

③ 郝本性：《“中”字的构形及早期的涵义》，《古都郑州》2012 年第 1 期。

图119　郑州小双桥遗址

室。……自洛汭延于伊汭，居阳无固，其有夏之居。我南望过于三涂，我北望过于三鄙，顾瞻过于河，宛瞻过于伊洛，无远天室。”这里的“天室”，即天室山，周人认为自己是夏族的后人，因而嵩山也是周人的祖山。说明武王时已有了在靠近“天室”建都洛邑的计划。可惜武王灭纣不久即去世，接着是三监叛乱，周公东征。周公东征之后，即着手在洛阳营建东都洛邑。《尚书·康诰》：“周公初基新作大邑于东国洛。”根据《尚书·洛诰》所记载，周公在营建洛邑前召公来洛阳相宅，将洛邑选定在涧水以东至瀍水两岸的区域内，“我卜河朔黎水，我乃卜涧水东，瀍水西，惟洛食；我又卜瀍水东，亦惟洛食。”成王时期，洛邑最后建成。《周记·周本纪》记载：“成王在丰，使召公复营洛邑，如武王之意。周公复卜申视，卒营筑，居九鼎焉。”新建的洛邑成周，“方千百二十丈，乳方七十里，南系于洛水，北因于郏山，以为天下之大凑。”（《汲冢周书·作雒解》）成周洛邑作为与宗周并列的国都，在西周时期，兼具有政治、军事和经济上的重要地位。在政治上是“中天下而立以经营四方”，也就是何尊铭文所云“宅兹中国，自兹乂民”；在军事上则又是一座监视殷遗民，控制东方及南方的军事重镇；在经济上以成周为中心，便于向四方征贡赋，也就是所谓的“四方入贡道里均”。东周时期，随着平王迁都洛邑，现今的洛阳一带成为名副其实的王室所在地。周人以嵩山为其政权核心，使嵩山地区“天地之中”的地位得到了进一步巩固和确立。

两周以后，中国历史上朝代更迭，但在宋代及其以前，国家的政治、经济、文化中心绝大部分在中原地区，地处嵩山东西的洛阳和开封，成为封建王朝的重要定都地。都城是一个国家的核心，它的中心地位通过政权、文化的影响等进一步得到强化。

第三节　万方辐辏——“天地之中”对四周文化精华的汇聚与吸收

辐辏一词，出自《管子·任法》“群臣修通辐凑以事其主，百姓辑睦听令道法以从其事。”汉人班固《东都赋》又说“平夷洞达，万方辐凑。”所以今人往往以“辐辏”形容人或物聚集像车辐集中于车毂一样。嵩山地区作为“天下之中”，在文明的起源与发展过程中，汇聚四方能量，吸收周边文化之精华，恰如车辐集中于车毂的“辐辏”现象。

嵩山地区之所以成为华夏文明的核心，并不是偶然的，也不是独自生成的，其中，对四周文化精华的汇聚与吸收起到了十分重要的作用。在以嵩山为中心的中原文化发展中，文明的碰撞、民族与文化融合构成了历史的主旋律。然而，这种交流与融合，一开始就是双向的，既有对外来文化精华的吸收，同时又以其核心的地位影响四周。可以说，这种文化与文明的互动，贯穿于社会发展的全过程。

如前所述，早在旧石器时代，嵩山地区就成为南北相连的通道和东西迁徙的中心，因此在发展的过程中吸收了南方砾石工业、华北小石器工业、石叶工业和细石叶工业的因素，形成了交流融合明显又自成一体的特点[①]。新石器时代，从裴李岗文化文化到仰韶、龙山文化，均有周边文化的进入和影响。比较明显的例子，如裴李岗文化与主要分布在河北境内的磁山文化，二者既有相同的因素，又表现出明显的不同，“反映出它们之间在文化上的联系是比较密切的……在发展过程中彼此互相交流、互相影响、互相融合而产生的共同因素。”[②]仰韶文化晚期，在嵩山地区大约同时有来自于长江中游地区的屈家岭文化和海岱地区的大汶口文化因素的融入。含有屈家岭文化遗存的遗址，在嵩山地区如禹州谷水河、郑州大河村、汝州北刘庄、荥阳青台、洛阳王湾等，大都与仰韶文化晚期遗址共存，典型器物

① 袁文明：《河南地区旧石器文化遗存及相关问题研究》，吉林大学硕士学位论文，2015 年。

② 安志敏：《裴李岗、磁山和仰韶——试论中原新石器文化渊源与发展》，《考古》1979 年第 4 期。

有盆形鼎、高圈足杯、簋、圈足豆、双腹碗等。这一现象“一是说明此时江汉地区屈家岭文化的强大，向北直接影响到黄河南岸的广大地区；二是说明地处中原腹地的仰韶文化，利用其特有的地理位置，吸收融合周边地区的文化精华，不断地丰富自身的文化内涵，使之不断发展，在我国历史上展示出灿烂的远古文化。”[①]河南境内的大汶口文化主要分布在豫东地区，但其影响同样抵达嵩山地区。如禹州谷水河、瓦店遗址，汝州张庄、北刘庄遗址，偃师二里头、南寨遗址，新郑唐户，荥阳点军台，郑州大河村遗址等，曾出土有大汶口文化特征的陶器，如背壶、盘形豆、平底或圈足尊、盉等，这一时期的仰韶文化也同样吸收了来自东方的大汶口文化因素。

兴起于嵩山周围地区的二里头文化，是探索中国古代文明进程中关键的考古学文化，因为它与我国历史上第一个王朝——夏王朝密切相关。它是在当地河南龙山文化王湾类型和新砦期遗存基础上发展起来的，但是，通过考古发现它的来源并不单纯，而是包含了相当多的非本地文化传统的外来文化因素，以至于有学者认为二里头文化并非直接来源于本地。比较典型的如源于晋南说，“二里头文化来源于山西一带的龙山或东下冯一期文化，表明夏代的早期文化应在山西去寻找。”[②]源于山东说，“二里头文化来自‘王城岗类型’龙山文化，‘王城岗类型’龙山文化又源于大汶口文化‘颍水类型’，‘颍水类型’的来源则是海岱地区的大汶口文化。所以‘夏族是在大汶口文化中晚期时由海岱地区进入中原的史前东夷族的一支，是可以肯定的。’”源于东南说，认为良渚文化是二里头文化源头[③]。之所以有这样的认识，是因为学者们从局部，从某一个特定的范围和领域关注到了二里头文化在形成过程中受到周边地区的重要影响。二里头文化的兴起与发展，既以本地河南龙山文化王湾类型和新砦期遗存为基础，同时又受到了周边地区文化的强烈影响，吸纳了周边地区诸多的文化因素，这也正体现了嵩山地区文化发展的“辐辏”现象。以玉器为例，在史前时期，尤其是在仰韶文化到龙山时代，当周边地区纷纷呈现出玉文化繁荣的时候，在河南玉器似乎并没有引起人们过多的关注，玉器并没有成为主流的礼制的物质载体。只是到了二里头文化时期，才大量出现玉器。在河南偃师二里头遗址出土的玉器，包括玉柄形器、玉钺、玉圭、玉璋、玉璧戚、玉戈、玉琮、玉铲、玉刀、玉镯、月牙形器、玉尖状器、玉版、玉管、玉铃舌等。此外还有绿松石饰和绿松石镶嵌的各种器具饰物。研究表明，

① 杨育彬、袁广阔：《20世纪河南考古发现与研究》，中州古籍出版社，1997年，第218页。

② 袁广阔：《二里头文化研究》，郑州大学博士学位论文，2005年。

③ 陈剩勇：《夏文化东南说》，《寻根》1995年第1期。

这些玉器多是受外来文化影响。如在二里头文化二期开始出现与海岱地区龙山文化风格相似的玉戚、玉圭、玉璋等，并且这种影响甚至波及河南地区商代的玉器风格。杜金鹏先生曾指出，二里头遗址出土的玉刀、钺等重要礼器，以及以绿松石为装饰品等，与山东临朐朱封龙山文化大墓出土玉器有较多的相似之处。“而这些现象在当地河南龙山文化中目前尚无源头可寻，很可能是继承了山东龙山文化之传统。”[①] 郝炎峰在《二里头文化玉器的考古学研究》一文中也提出“二里头文化玉器的直接源头无疑应当是其前身新砦期遗存和王湾三期文化晚期，不过这二者的玉器因素其实很多来源于海岱地区，无疑，海岱地区史前文化对二里文化玉器风格的形成所起的作用是很大的，即有学者所称的二里头文化“高层次遗存的‘华东化。’”[②] 同样从二里头文化开始，具有南方玉文化特征玉器才较多地出现，比如玉柄形器、琮、璧、钺、多孔玉刀等，特别是神秘的玉柄形器，在湖北省天门市肖家屋脊遗址就出土 7 件，其形制与器身上的花瓣形、竹节形纹饰等都与二里头遗址及殷墟出土的同类器很类似[③]。

二里头文化对四周文化精华的汇聚与吸收，是多方面、多方位的。如在陶器方面，山东龙山文化的贯耳壶、盆形豆、鬶，岳石文化的大口有领罐、有领小罐、子母口罐、小盂、甗、碟，晋南东下冯文化的鬲，西北齐家文化的花边口沿罐、带耳罐，北方先商文化的卷沿薄胎鬲、橄榄形罐、卷沿束颈盆，东南马桥文化的鸭形壶等，均能在二里头文化中找到同类器[④]。宋建先生通过对二里头印纹陶的研究，认为陶器上的云雷纹及其他一些因索是在南方影响下产生的[⑤]。在铜器方面，陶寺遗址出土的铜铃，甘肃天水齐家文化的兽面纹铜牌饰等，与二里头文化器物相似，齐家文化与二里头文化在青铜冶铸技术上可能有某种关联[⑥]。而二里头文化的绿松石龙形器与陶寺遗址出土的彩绘龙陶盘，二里头文化中出土的兽面纹饰与“良渚神徽”也表现出惊人的相似。

二里头文化对四周文化的吸收又是多层次的，既有表层所体现的直接吸引，同时又有文化交流中深层次的融合，进而不断丰富其文化内涵。嵩山地区特殊的地位优势和文化传统，在兼容并蓄的基础上，促进了中原王朝文明的诞生。逮至

① 杜金鹏：《临朐朱封龙山文化玉冠饰及相关问题》，《考古》1994 年第 1 期。

② 郝炎峰：《二里头文化玉器的考古学研究》，中国社会科学院研究生院硕士学位论文，2005 年。

③ 湖北省荆州博物馆等：《肖家屋脊》，文物出版社，1999 年。

④ 吴倩：《试论二里头文化的来源》，郑州大学硕士论文，2007 年。

⑤ 宋建：《二里头文化中的南方因素》，《二里头遗址与二里头文化研究》，文物出版社，2007 年。

⑥ 张天恩：《天水出土的兽面铜牌饰及有关问题》，《中原文物》2002 年第 1 期。

商周，文明中心地位的确立，使得嵩山地区具有更加广阔的视域，并获取周边地区的资源和文明成果，最终在“三代之居”的河洛之间，形成璀璨的中国早期文明。进入秦汉以来的帝国时期，随着凿通西域、草原丝绸之路的开辟、隋唐大运河的开通、万里茶道的形成等，以佛教的传入、汉唐乐舞东西方的双向交流、北方民族的汉化等为标志，以嵩山为核心的中原地区，海纳百川，不断强化其文化中心的地位。

第四节　辐射八方——文明核心地位的确立和传播

嵩山地区在文化的发展过程中，除了表现为广纳百川，融汇四方，吸收周边地区先进的文化因素以外，同时又以文明核心的地位影响着周边地区，将文明的光芒辐射至四面八方。

夏商周三代，是王国文明形成和发展的时期。以嵩山地区为中心，王国文明一旦形成，势必会将文明的种子以强大的力量洒播至更为广阔的疆域。《禹贡・九州》记载：“禹别九州，随山浚川，任土作贡。禹敷土，随山刊木，奠高山大川。”也就是说，禹在治水的过程中，划有九州（图 120）。春秋时期的《齐侯钟》铭曰成汤受天命，“咸有九州，处禹之堵”。《秦公簋》铭：“丕显朕皇祖，受天命，鼏

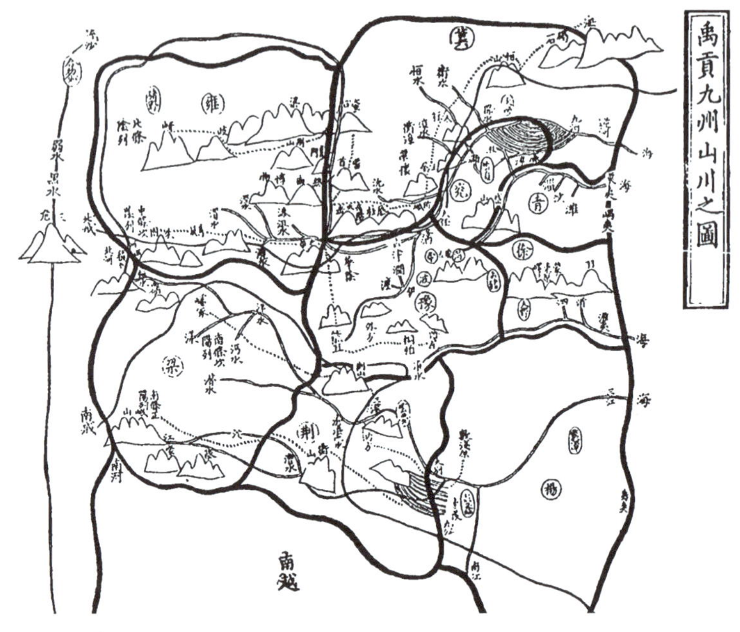

图120　禹贡九州图

宅禹迹。”而九州之中的豫州，正是夏族的起源地和夏王朝的核心地区。早在20世纪50年代徐旭生先生寻找夏墟，首先确定是在河南中部的洛阳平原及其附近，尤其是颍水的上游登封禹州地带。随着大量的考古资料的发现，尤其是登封王城岗遗址的发现，学术界普遍认为，夏文化的中心地带在河南境内以中岳嵩山为中心的豫西地区，文献记载的夏王都阳城、阳翟、斟鄩、原等都分布在这一带。然而值得注意的一个现象是，“禹迹”却遍布大河上下、长江南北。如《史记·六国年表》云“禹兴于西羌”，《水经·河水注》引《晋书地道记》说，大夏县“有禹庙，禹所出也”，大夏县在今甘肃临夏东南；扬雄《蜀王本纪》、谯周《蜀本纪》、《三国志·秦宓传》等则记禹生于石纽，在汶山郡，今四川境内；《国语·鲁语下》记“昔禹致群神于会稽之山，防风氏后至，禹杀而戮之。”《史记·夏本纪》记“十年，帝禹东巡狩，至于会稽而崩。”另有禹死葬会稽山之说，会稽山在今浙江绍兴，有大禹陵，相传是夏禹的陵墓。《水经·庐江水》云“昔禹治洪水至此，刻石纪功。”是说大禹治水到达了江西。之所以有如此多的“禹迹”，只能说明夏文化以嵩山地区为核心，影响到了更为广阔的区域。考古学资料表明，二里头文化除了在以嵩山为中心的豫西地区、晋南地区和豫东有密集的分布之外，在冀南、晋中、内蒙古、陕西、甘肃、山东以及江淮地区、江浙地区、江汉及峡江地区等均有文化的交流，正如许宏先生所言，最早的“中国”两大特点，即“以二里头遗址为中心的社会文化的高度发达，以及前所未有的强势辐射，也就是文化磁场的形成。”[①]

商汤灭夏，商人初据有夏之居，四出征伐，拓地开疆，邦畿千里。尤其是随着五次大规模的迁都，经略之地，此消彼长，构成了以商都为轴心，控制“四方”“四土”，波及“四至”的广阔疆域。商代早期，以郑州和偃师商城为中心，其疆域东达泰沂山脉地区的山东济南附近，东南抵安徽西北部，向南至长江以北的黄陂及其附近地区，西至关中东部及晋南地区，北至太行山以北的张家口地区。到商代中期，其分布地域东到泰沂山脉一线，西抵关中西部的岐山、扶风，北面近抵长城，南逾长江。至于它所影响的区域，则更为广大。及至两周时期，以封藩建邦的主要手段，中原王朝的势力和文化影响远播至东北至辽河流域，西至渭河上游，西北至汾河流域，东至山东半岛，南抵江汉流域，东南至长江下游和太湖流域等更加广阔的区域。

尤其是三代时期，正是华夏礼乐制度、礼乐文明确立和发展时期。在夏商周时期，尽管有所谓的三代“革命”，出现了政权的交替，有汤伐桀和武王伐纣，但

① 许宏：《二里头文化在中华文明发展进程中的地位》，《中国文物报》2007年11月26日。

一脉相承的礼乐文化并没有中断，反而有“殷因于夏礼”“周因于殷礼”，礼乐文化随着华夏共同体的不断扩大而进一步得到发展。到了周代，礼乐制度走向成熟和完备。春秋时期，出现专门记载、讲述和指导礼仪活动的礼书，这就是所谓的三礼（《周礼》《仪礼》和《礼记》)。实际上除三礼之外，《易》《诗》《书》《春秋》《乐》都与当时的礼乐文化有关。华夏礼乐文明伴随着中央王朝的巩固和扩张，通过政治、经济和文化中心的强大力量而辐射四方。

秦汉以来，这种强大的辐射态势随着疆域的扩大、中西文化的交流、南北文化的融合而更为广泛和深入。已故著名考古学苏秉琦先生曾认为中原是“在中华民族形成过程中起到最重要凝聚作用的一个熔炉”，而嵩山地区作为华夏文明的重要核心区域，在文化发展中万方辐辏、辐射八方，无疑在中华民族文化的融合中发挥了至关重要的作用。

嵩山地区的历史文化以其发展的源头性、连续性、中心性和融合性而独树一帜，从而成为“天地之中”观念的历史根源。

后　记

“天地之中”观念古已有之。仅就中国而言，在中国历史文献的记载中就有阳城（登封）、洛阳、汝南、开封、定陶、济南、梧州、咸阳、冀州、巴蜀、太行山、终南山等各种说法。这些说法，均是在因不同历史发展阶段，这些地区作为当时的经济、政治、文化中心或区域的交通枢纽、经济重心等而衍生出来的。其中以阳城（登封）、洛阳“天中”“地中”说时代最早，影响最为广泛。而且，登封和洛阳，从地理位置上来看，同属于广义上的嵩山地区。自从“天地之中”——登封历史建筑群成功申报世界文化遗产以来，这种观念又重新回到了人们的认知层面。在遗产申报书中，以“天地之中”来概括登封 8 处 11 项历史建筑群，得到了世界遗产大会专家的认可和社会的普遍认同。当然，既有大量的拥趸者，也有不同的声音。

嵩山地区“天地之中”观念，从现代科学意义上讲，它是一个伪命题。但在中国历史上，它却是真实存在，并厚植于中原沃土中。从区位上讲，它是古人心目中的天地之中心；从文化上讲，它是文明起源与生成发展之地，是中国传统礼制文化的集中体现地；从政治上讲，它又是历代王朝统治的中心；从哲学意义讲，它又是中正、中和、中庸文化基因的源头。因此，研究“天地之中”观念起源与发展就显得尤为必要。从某种意义上说，“天地之中”集中体现了中国历史上人们对中原文化的认知，“天地之中”观念的起源与发展，既是人们认知世界、认知社会的过程，又是文化深沉积淀的结果。

本研究得到河南省“四个一批”人才项目资助及嵩山文明研究基金支持，由张得水研究员主持，并邀请河南省古代建筑研究专家、原河南省古代建筑保护研究所所长张家泰研究员，河南大学历史文化学院李丽娜博士、李麦产博士，郑州嵩山文明研究院鲍君慧博士，登封市地方志办公室吕宏军主任共同完成。课题负责人张得水研究员负责课题管理和第一、第七章的撰写及全书的通稿工作；李丽娜和李麦产博士撰写了第二和第三章内容；吕宏军主任撰写了第四章内容；鲍君慧博士撰写了第五章内容；张家泰研究员撰写了第六章内容。在写作过程中，得到了中共河南省委宣传部、郑州中华之源与嵩山文明研究会、河南博物院、河南省文物建筑保护研究院、郑州嵩山文明研究院的大力支持。中国社会科学院学部委员、原中国社会科学院考古研究所所长、郑州大学历史学院院长刘庆柱先生不吝赐序，张建华、郑泰森、王蔚波、李卫国、牛爱红等诸位先生提供相关图片，文物出版社编辑智朴、《中原文物》编辑部主任武玮等为本书的出版付出了大量心血，在此深表感谢。

编　者